2019 러시아는 어디로 가는가?

이 도서의 국립중앙도서관 출판예정도서목록(CIP)은 서지정보유통지원시스템 홈페이지(http://seoji.nl.go.kr)
와 국가자료공동목록시스템(http://www.nl.go.kr/kolisnet)에서 이용하실 수 있습니다.
CIP제어번호: CIP2019010254

한국외국어대학교 러시아연구소
시사칼럼집 제10권

한국외국어대학교 러시아연구소
HK 연구사업단 학술연구총서 32

2019 러시아는
어디로 가는가?

강덕수·김선래·최우익 편저

한울
아카데미

일러두기

- 러시아 관련 외래어는 국립국어원(http://www.korean.go.kr)의 외래어 표기법(러시아어 자모와 한글 대조표)에 따라 작성되었다. 하지만 러시아어의 고유한 맛을 느끼도록 의도한 일부 용어는 저자의 표기 방식대로 두었다.
- 대부분의 글은 ≪Russia-Eurasia FOCUS≫에 투고된 시점을 중심으로 현안 문제를 다루고 있다. 따라서 각 글 말미에 표시된 작성 시점을 참조해 내용과 시제를 이해할 필요가 있다. 또한 저자의 소속과 지위도 글을 투고한 시점대로 기록했다.

여는 글

2018년 5월 7일 취임해 러시아를 위대한 강대국으로 만들겠다고 선언한 푸틴 대통령의 4기 집권이 어느덧 1년이 되어간다. 이 1년 동안 러시아에는 많은 일이 있었다. 2018년 러시아에서 개최된 FIFA 월드컵에서 러시아가 예상을 뒤엎고 8강에 오르자 러시아 국민은 마치 세계의 중심에 자신들이 서 있는 것처럼 들떴다. 하지만 곧이어 연금 수령 연령을 상향한 연금개혁안이 발표되자 러시아는 한동안 몸살을 앓았다. 연금개혁은 없을 것이라던 푸틴의 약속을 그동안 굳게 믿었던지라 국민들이 느낀 배신감은 더욱 깊었다. 뒤이어 푸틴의 지지율은 급락했고, 2018년 9월 9일 지방선거에서 여당은 여러 지역에서 패배를 맛보아야 했다. 실로 러시아의 이상과 현실이 교차하는 순간이었다.

이제 2019년을 맞은 러시아 앞에는 무엇보다도 민심을 달래고 세계 속에서 러시아의 위상을 곧추세워야 할 과제가 제기되었다. 과연 푸틴 정부가 이 과제를 어떻게 풀어갈지 귀추가 주목된다. 게다가 2014년 러시아의 크림 합병 이후 가해진 미국의 대러시아 경제제재도 그동안 위축된 경제를 어떻게 회복할지도 중대한 관건이다. 이에 대한 여러 문제를 진단하고 전망하기 위해 한국외대 러시아연구소의 『러시아는 어디로 가는가?』 시사칼럼집이 다시 선보이게 되었다.

이 책에는 러시아 국내 정치, 경제, 대외관계, 군사, 한·러 관계, 사회 문화에 대한 분야별 평가와 전망 외에도 푸틴 4기 집권을 분석·예측하는 심도 있는 글들이 실렸다. 또한 러시아를 중심으로 한 세계질서의 재편과 영향력, 그리고 한·러 관계에 대해서도 조망하고 있다.

러시아 사회 분야에서는 러시아 국민이 한국을 인식하는 수준에 대한 설문 조사, 러시아 관련 다양한 학술대회 정보 등을 실었다. 특히 러시아 지역에 대한 여러 글을 소개하고 있는데, 이를 통해 독자들은 마치 러시아 지방 여기저기를 여행하는 기분을 만끽할 수 있을 것이다. 러시아 문화와 역사 분야에서는 경계를 넘나드는 러시아 영화, 한·러 음악의 하모니를 보고 들을 수 있으며, 러시아사에 아로새겨 있는 고려인의 흔적도 발견할 수 있을 것이다. 특히 이 책에는 부록으로 푸틴 대통령의 이모저모를 정리해 실었으므로 푸틴에 관한 독자들의 호기심을 크게 채울 수 있을 것이다.

『러시아는 어디로 가는가?』 시사칼럼집은 2010년부터 매해 출판되어 2019년 바야흐로 10권째를 맞았다. 이 시사칼럼집은 러시아연구소에서 매주 발행하는 ≪러시아·유라시아 포커스(Russia-Eurasia FOCUS)≫의 1년치 칼럼을 분야 및 주제별로 재구성한 것이다.

매주 발행되는 ≪러시아·유라시아 포커스≫의 기획과 교정 업무를 담당하고 있는 김선래 교수와 라승도 교수, 『러시아는 어디로 가는가?』 시사칼럼집의 편집 책임자 최우익 교수에게 감사드린다. 원고 교정 작업에 참여한 러시아연구소 이양경, 박현선, 김시현, 설우진 조교, 그리고

부록을 정리한 손정주 조교에게도 고마운 마음을 전한다. 한국연구재단
(NRF-362-2009-1-B00005) 지원으로 출간되는 이 책이 러시아에 관한 국민
의 이해와 국가 정책 수립에 기여하기를 바다.

2019년 3월
한국외대 러시아연구소 소장
강덕수

차례

제1장 2018년 분야별 평가와 2019년 전망

━ 분야별 평가와 전망

━ 푸틴 4기 집권 분석

제2장 러시아와 국제관계

■ 러시아와 세계

■ 러시아와 한반도

■ 한·러 관계

제3장 러시아 사회와 지역

■ 러시아 사회

■ 러시아 지역

■ 러시아 학술

제4장 러시아 문화와 역사

▬ 러시아 문화

▬ 러시아 역사

2018년 분야별 평가와 2019년 전망

- 분야별 평가와 전망
- 푸틴 4기 집권 분석

분야별 평가와 전망

2019년 러시아 국내 정치 전망

장세호 | 국가안보전략연구원 부연구위원

러시아에 있어 2018년은 무엇보다 국내 정치적으로 푸틴 4기 정부가 출범하고 향후 6년의 국정 운영을 위한 정책적·인적 토대가 구축된 한 해였다. 또한 연금개혁 과정에서 당국에 대한 시민들의 불만이 노골적으로 표출되는 등 정치적 파고가 컸던 해이기도 하다.

2018년 러시아의 최대 정치 이슈는 단연 3·18 대선이었다. 푸틴의 당선이야 의심할 바 없었지만, 러시아 집권 세력에게 '단순한' 승리는 의미가 없었다. 장기 집권과 경제적 정체 상태로 말미암은 내외의 비판을 고려할 때 말 그대로 '압도적' 승리가 절실했다. 그리고 푸틴은 지정학 이슈가 선거전을 지배한 가운데 76.69%라는 경이적 득표율과 전체 유권자의 절반을 뛰어넘는 득표수를 기록하는 기염을 토했다.

이처럼 국민 다수의 압도적 지지를 통해 2018년 5월 7일 집권 4기의 문을 연 푸틴은 이른바 '5월 대통령령'을 발포함으로써 러시아의 사회·경제적 '도약'에 대한 새로운 청사진을 제시했다. 집권 3기 6년 동안 눈부

▌2018년 러시아 정부의 연금개혁 추진은 국민의 강력한 반발에 부딪혔다(자료: www.svoboda.org).

신 대외적 성취를 거두었으나 이로 말미암아 제자리걸음을, 아니 뒷걸음 질을 치고 있는 국내적 상황을 개선하는 데 우선적 노력을 기울이겠다는 의지의 표현이었다. 푸틴은 안정적인 경제 성장을 통해 국민 복리를 획기적으로 증진하고 러시아를 세계 5대 경제 대국으로 발돋움시키겠다는 장밋빛 미래를 그려 보였다.

하지만 이상과 현실 사이의 괴리는 크고도 깊었다. 제도 수립 90년 만에 야심차게 추진된 연금개혁은 커다란 역풍을 초래했다. 연방정부의 입장에서 '5월 대통령령'을 원만하게 구현하기 위해 그동안 재정 운용에 커다란 부담이던 연금제도를 개혁하는 것은 어쩌면 불가피한 선택이었다. 그러나 사회주의적 전통이 강한 러시아에서 시민들은 예상을 뛰어넘는 강력한 분노를 쏟아냈다. 그 결과 일부 타협을 통해 연금개혁안이 통과되기는 했지만, 개혁을 밀어붙인 연방정부는 물론 난공불락의 요새처럼 견고했던 푸틴의 지지율도 크게 하락했다.

연금개혁을 통해 표출된 시민들의 불만은 9·9 지방선거의 '이례적' 결과로 이어졌다. 최근 수년간 러시아에서 지방선거는 사실상 여당 후보들의 공식적 추인 절차로서 그 의미가 축소되어 왔고, 그 결과 여당인 통합러시아당은 연방주체 지역 정부와 의회를 사실상 독점해 왔다. 그러나 2018년 지방선거에서 러시아 유권자들은 상당수 지역에서 당국과 여당에 대한 불만 표출의 의미로 야당 후보에게 표를 던졌다. 그 결과 여당은 다섯 개 지역 주지사 선거와 세 개 지역 의회 선거에서 패배의 쓴잔을 마셔야만 했다.

역동적 경제 발전을 위한 토대 구축과 '국민 삶의 질'의 실질적 향상이라는 목표에도 불구하고, 러시아에 2019년은 국내 정치에서나 사회·경제적 측면에서 실질적 진전을 이루는 데 여러모로 쉽지 않은 한 해가 될 것으로 예상된다. 무엇보다 미·러 관계를 비롯한 대미, 대서방 관계에서 새로운 돌파구를 찾기 어려운 현실이 국내적 도약에 큰 걸림돌이 될 것으로 전망된다. 이러한 가운데 연금개혁을 통해 본격적으로 표출되기 시작한 당국과 여당에 대한 반감 및 민심의 질적 변화에 대처하기 위한 노력이 적극적으로 경주될 것이다. 현재 푸틴의 국정 수행 지지도는 연금개혁의 파고 속에서도 60%를 웃도는 비교적 안정적인 수준을 유지하고 있다. 다만, 9·9 지방선거, 특히 네 개 지역 주지사 2차 투표 과정에서 나타난 민심은 비단 연금개혁뿐만 아니라 낙후한 지역경제와 낮은 삶의 질에 대해서도 상당한 분노를 함축하고 있다. 이는 단순한 수치로 표현될 수 없는 민심의 질적 변화가 일어나고 있음을, 즉 푸틴과 푸틴 체제에 대한 전략적·수동적 지지가 더욱 강해지고 있음을 의미한다.

따라서 러시아 당국은 알렉세이 나발니를 비롯한 재야의 반정부 시위 기도를 원천 봉쇄하기 위해 최우선 노력을 기울일 것으로 보인다. 이와 함께 9·9 지방선거에서 나타난 체제 야당의 '일탈 행위'와 관련해 당근과 채찍을 혼용해 주요 3개 야당을 안정적으로 관리하는 데에도 상당한 관심을 쏟을 것이다. 또한 집권 4기 착수와 함께 푸틴이 약속한 사회 전 분야에 걸친 자유의 확대, 민주적 제도, 지방자치, 시민사회의 강화는 수사로서만 존재할 가능성이 크며, 오히려 보수적 법제 확립 등 다양한 기제를 활용한 사회적 통제가 두드러질 것으로 예상된다.

중요한 정치 일정으로는 9월 8일 지방선거가 있다. 2019년 지방선거에서는 18개 연방주체 수반 선거와 13개 연방주체 의회 선거가 치러질 예정이다. 특히 연방시 지위를 갖고 있을 뿐만 아니라 최근 저항 시위의 메카로도 부상하고 있는 상트페테르부르크 시장 선거가 관심을 끈다. 러시아 당국은 2019년 지방선거에서는 9·9 지방선거에서 나타난 '이변'이 반복되지 않도록 하려고 전력을 다할 것이다. 무엇보다 상트페테르부르크 시장 선거와 극동·시베리아 지역 선거에 역량을 집중할 것이다. 장기적으로는 지방 차원의 선거제도 개편이 모색될 가능성이 있다. 2018년 지방선거에서 예상 밖의 결과가 도출된 만큼 러시아 당국이 점차 주지사 직선제를 간선제로 전환하도록 유도하거나 '2차(결선) 투표제'를 폐지할 가능성이 있다.

지역 차원의 인적 쇄신, 즉 주지사 교체도 지속할 것으로 전망된다. 대체로 선거 승리, 세대교체, 테크노크라트 선호, 푸틴 측근 인사의 경력 상승 통로 마련, 핵심 기업과 엘리트 파벌 간 세력 균형 등의 요소가 복합적으로 작용할 것으로 판단된다. 또한 러시아 주요 엘리트 파벌 간 세력 균형 체제는 당분간 큰 파열음 없이 유지될 것으로 보인다. 단기적으로 푸틴의 후계 문제가 크게 부각될 가능성이 크지는 않지만, 체제와 파벌, 인물 차원에서 후계 체제를 구축하는 상황에 주목할 필요가 있다.

마지막으로, 눈여겨보아야 할 한 가지 흐름에 대해 언급하고자 한다. 언젠가부터 푸틴과 집권 세력은 이른바 '소극적 다수'를 전취하기 위한 노력보다 '충직하고 적극적인 소수'에 의지하려는 모습을 자주 드러내고 있다. 푸틴의 장기 집권이 지속되면서 대중들만 푸틴과 푸틴 체제에 '피로감'을 느끼는 것이 아니라, 체제와 엘리트 역시 대중에 '피로감'을 느끼고 있는 것은 아닌지 의문을 품게 된다.

　이를테면, 푸틴은 9·9 지방선거에서 여당 후보를 누르고 당선된 야당 주지사들을 한참 동안 만나주지 않았다. 사실 이런 행보는 야당 주지사들에 대한 못마땅함을 드러내는 것이기도 했지만, 이들에게 표를 준 유권자들에 대한 무언의 시위이기도 했다. 마찬가지로 12월 20일 연례 기자회견에서는 야당 주지사들의 대중 영합주의적 공약을 비판하는 데 상당 시간을 할애했다. 이는 물론 일부 야당 후보의 헛된 공약을 꾸짖는 형식이었지만, 경우에 따라서는 이들을 당선시킨 시민들에 대한 불만 표출로 해석될 여지도 적지 않았다.

　"과거의 푸틴은 인민의 대변자였다. 그러나 이제 그는 (소수) 엘리트의 대변인이 되었다"라는 어느 논평가의 언급이 불현듯 떠오른다. 자신에 대한 과도한 확신은 그동안 어렵게 이룬 성취에 취하게 만들어 스스로 저지른 잘못에 둔감해지거나 그 정당화에만 주력하는 오류를 초래할 가능성이 크다. 이런 점에서 푸틴과 러시아의 집권 세력은 9·9 지방선거를 통해 나타난 민심의 본질, 그리고 그 심각성을 더욱 분명하게 인식할 필요가 있다. 이 점에서 푸틴은 스스로 제시한 러시아의 장밋빛 미래상을 현실화하기 위해서라도 겸허하고 냉정한 자세로 자신과 주변 환경을 초심에 기초해 반추해 보아야 할 것이다.

▎2019년 2월 4일 제514호

2019년 러시아 경제,
안정적 성장 궤도로 정착할 것인가?

이종문 | 부산외국어대학교 터키중앙아시아학부 교수

2018년 러시아 경제는 실질 GDP(국내총생산) 증가율이 2017년 1.6% 보다 0.7%포인트 높은 2.3%를 기록했다. 이로써 2014년에서 2016년에 걸친 스태그플레이션 충격에서 완전히 벗어나 플러스 성장 궤도로의 진입에 안착한 것으로 평가할 수 있다. 그러나 경제 성장이 광공업과 운송, 건설 부문 등 단기 부양적 성격이 강한 산업 부문과 대외 변수에 영향을 받는 에너지 자원의 수출 물량 증가를 바탕으로 이루어지면서, 안정적이고 지속 가능한 성장 바탕을 확보하지는 못했다. 특히 4분기에는 2.5%에 달하는 급성장을 보였는데, 이는 연말에 유용 광물 자원 채굴 부문에서 7.2%에 달하는 밀어내기식 생산을 한 덕분이었다. 그리고 물가상승률은 정부의 목표치인 4%를 넘어선 4.3%를 기록하면서 물가 안정 기조가 다시 흔들렸다. 2018년 소비자 물가 불안을 이끈 요인은 인플레이션 기대 심리와 환율(실질 환율 상승률 10.8%), 그리고 농업 생산의 감소(0.6%)였다. 2018년 러시아 경제는 외형상 기대치를 초과했지만, 내

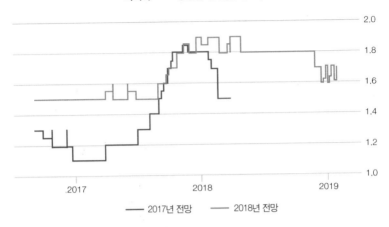

러시아 GDP 성장률 전망(단위: %)

2017년 전망 ──── 2018년 전망

자료: 블룸버그(2019. 2. 1).

실을 다지는 데 성공하지는 못했다.

2019년 러시아 경제 전망은 매우 밝지 못하다. 먼저 경제성장률은 다시 1%대로 떨어지고, 물가는 목표치인 4%를 훨씬 웃돌면서 이중의 고통을 겪을 것으로 예상된다. 러시아 경제발전부는 2019년 경제성장률을 1.3%,로 중앙은행은 1.2~1.7%로 예상한다. 국제통화기금(IMF), 세계은행(WB), 경제협력개발기구(OECD), 유럽연합(EU) 집행위원회 등 국제기관들도 러시아 경제성장률이 1.5~1.6%에 그칠 것으로 예측한다. 반면 물가상승률은 5.0~5.5%에 달할 것으로 러시아 중앙은행이 예상하고 있다는 점에서 경기 침체하의 물가 상승이 다시 재현될 것으로 예상된다. 그러나 경기 둔화와 물가 상승 기조는 2019년 한 해에 그치고 2020년부터는 경제성장률이 다시 2%를 회복한 후 2021년부터는 3%대를 넘어서며, 물가상승률은 목표치인 4% 내에서 잡힐 것으로 러시아 정부와 국제

금융기구는 예상한다.

2019년 러시아 경제에 대한 기대치가 낮은 근거는 러시아 경제를 둘러싼 대내 여건과 대외 변수가 우호적이지 않다는 점이다. 이를 구체적으로 살펴보면, 먼저 국내 요인으로는 2019년 1월 1일부로 시행된 부가가치세 인상(18% → 20%)으로 인한 인플레이션 압력과 소비 수요의 감소를 들 수 있다. 러시아 중앙은행에 따르면 부가가치세 인상에 따른 2019년 경제성장률 축소 폭은 0.8%포인트, 물가상승률 폭은 1.3%포인트에 달할 것으로 평가되었다. 외부 요인으로는 러시아의 가장 중요한 교역 파트너인 독일 등 유로화 지대에서의 성장세 둔화와 중국을 중심으로 한 신흥개발도상국의 성장률 둔화, 국제 유가 하락과 미국과 중국 간 무역 갈등을 들 수 있다. IMF는 2019년 1월 세계 경제 전망 수정에서 2019년 세계 경제 성장을 전년 3.7%보다 0.2% 낮춘 3.5%로 제시했는데, 특히 EU와 중국의 성장률이 2018년과 비교해 각각 0.2%포인트, 0.4%포인트 감소할 것으로 예상했다. 그리고 국제 유가도 배럴당 68.58달러에서 58.95달러로 14.1% 하락할 것으로 예측했다. 이처럼 2019년 러시아 경제에서 인플레이션 압력이 높아지고 소비 수요가 감소하면서 물가 불안과 성장 둔화라는 불안정이 불가피할 것으로 보인다. 그러나 부가가치세 인상을 통해 연간 6200억 루블의 세수를 추가 확보했고 2018년 연금 개혁 추진에 성공하면서 재정 건전성을 확보했다는 점은 긍정적이라고 할 수 있다.

2020년 이후 러시아 경제는 다시 2~3%의 안정적인 성장을 구가할 것으로 기대된다. 무엇보다 국내 변수인 부가가치세 인상의 영향력이 2019년 상반기에 그치고 정부의 세수 확보에 따른 투자 지출 확대가 나타날 것으로 예상되기 때문이다. 특히 2018년 5월 대통령령에 따라 연방

■ 2020년 이후 러시아 경제는 다시 2~3%의 안정적인 성장을 구가할 것
 으로 기대된다(자료: www.vedomosti.ru).

정부가 장기적인 경제 성장 잠재력을 확보하기 위한 사회·산업 인프라
확충과 현대화를 목표로 2019년부터 2024년까지 9개 국가 발전 목표와
12개 우선 전략 과제에 6년간 총 13조 루블 이상의 예산을 투입할 예정
인데, 이는 성장 잠재력 확충에 적지 않게 이바지할 것이며 그 효과가
2020년부터 서서히 나타날 것으로 보인다. 그리고 2020년부터 세계 경
제 성장률이 다시 3.6%대를 회복하고 국제 유가도 하락세를 멈추어
58.75달러로 안정될 것으로 예상되면서 러시아 경제에 긍정적인 요인으
로 작용할 것이다.

　2017년부터 러시아 경제는 2014년 이후 진행된 국제 유가 폭락과 서
방 경제 제재의 충격 여파에서 벗어나 회복 단계로 진입하고 있다. 무엇
보다도 OPEC(석유수출국기구) 회원국과 러시아를 비롯한 비회원 산유국
10개 나라로 구성된 'OPEC 플러스' 간의 감산 합의로 국제 유가가 배럴
당 50달러를 회복한 데 이어 60달러를 돌파하는 등 하락 국면에서 완전
히 벗어나면서 러시아 경제에서의 국제 유가 위험 요인이 감소했다. 그

리고 서방의 경제 제재를 계기로 푸틴 정부가 경제 정책 방향을 단기적 경기 부양보다는 성장 잠재력에 초점을 둔 총 공급 확대로 전환했고 수입 대체와 국내 산업 육성, 규제 완화와 행정 절차 간소화를 통한 기업 환경 개선, 중소기업 지원을 통한 제조업과 혁신 산업 육성, 운송 인프라 구축 등 경제 구조의 다변화와 더불어 극동 지역 개발을 위한 신동방정책 등이 서서히 효과를 발휘하면서 경제 기반이 점진적으로 강화되고 있다는 점은 러시아 경제 전망에서 대단히 긍정적인 요인이다. 러시아 경제 성장의 지속 가능 여부는 대외적으로는 국제 유가의 급변동성, 미국의 보호무역주의 강화, 중국과 EU의 경기 둔화라는 외부 변수에 얼마나 잘 대처하느냐에 달려 있다. 정책적으로는 물가 안정을 위한 통화 정책과 신용 정책, 재정 건전성을 확보하기 위한 예산 정책, 환율 안정을 위한 외환시장 정책 등을 조합된 패키지로 운영해 대내외 경제 변수의 움직임에 적절히 대응해야 할 것이다. 이와 동시에 기업의 투자 활동 활성화와 생산성 향상을 위한 제도적·행정적 체계를 더욱더 정비해야 하고, 경제·산업 구조의 다변화와 선진화를 위한 지속적인 구조 개혁이 동반되어야 한다.

❙ 2019년 3월 4일 제518호

2018년 러시아 대외관계 결산과 2019년 대외정책 과제

제성훈 | 한국외국어대학교 노어과 교수

필자는 2018년 2월 12일 자 ≪러시아·유라시아 포커스≫ 463호를 통해 러시아 앞에는 중동에서의 시리아 내전, 유럽에서의 '우크라이나 위기', 동북아에서의 북한 핵·미사일 프로그램, 그리고 미국과의 '신냉전'이라는 네 개의 전선이 펼쳐져 있으며, 바로 이 네 개 전선에서 러시아가 어떻게 대응해 어떤 성과를 거두느냐가 향후 새로운 국제질서와 그 속에서의 러시아의 역할을 상당 부분 결정하게 되리라고 주장한 바 있다. 따라서 이 글에서는 미·러 관계, 케르치해협 위기, 시리아 내전 등 몇 가지 이슈를 중심으로 2018년 러시아 대외관계를 결산해 보고자 한다.

'신냉전'의 본격화

2018년 3월 영국 비밀정보부를 위해 일하는 스크리팔 전 러시아군 정찰총국(GRU) 대령과 그의 딸이 의식불명 상태로 발견되는 사건이 벌어지자 영국은 이를 러시아의 '독살 시도'로 규정하고 외교관 23명을 추방했으며, 미국을 비롯한 다른 북대서양조약기구(NATO)와 EU 회원국들도 이에 동참해 자국 주재 러시아 외교관들을 추방했다. 이에 맞서 러시아는 혐의를 전면 부인하면서 보복 조치를 단행했다. 또한 미국 재무부가 2017년 제정된 '제재를 통한 미국의 적 대응법'에 따라 의회에 「크렘린 보고서」를 제출하고 나서 미국의 대러 제재가 수차례 추가 확대되자 러시아도 '미국과 다른 외국의 비우호적 행동 대응 조치에 대한' 법을 제정하기에 이르렀다.

2018년 10월 트럼프 대통령이 러시아의 조약 위반을 이유로 냉전기부터 오늘날에 이르기까지 양국 간 핵무기 경쟁, 정확히는 핵무기 운반 수단의 개발을 제한하는 국제 안보의 기반으로 기능해 온 중거리핵전략조약(INF) 탈퇴 의사를 언급하자, 드미트리 페스코프 크렘린 대변인은 이를 규탄하며 미국이 구체적인 행동에 착수한다면 러시아는 균형 회복을 위해 필요한 대응을 할 것이라고 언급했다. 미국은 그동안 러시아의 지상발사순항미사일 9M729 개발과 배치가 INF 위반이라고 주장해 온 반면, 러시아는 오히려 미국이 유럽 미사일방어체계(MD)를 구축하기 위해 배치한 MK-41 수직발사체계가 INF 위반이라고 비난해 왔다. 결국 블라디미르 푸틴 러시아 대통령은 탄도탄요격유도탄조약(ABM)이 이미 폐기되었고, 이제 INF 폐기 논의가 이루어지고 있으며, 신전략무기감축협정(New START)의 운명도 불확실하다면서, 냉전기부터 양국 간 전략적 균형을 보장하는 국제 안보 레짐이 연쇄적으로 붕괴하는 데 대한 우려를 표명했다.

물론 양국 정상 간에 대화와 타협을 하려는 의지 표명이 없었던 것은 아니다. 도널드 트럼프 미국 대통령은 러시아의 복귀를 전제로 하는 주

■ 미·러 간 신냉전이 본격화하고 있다(자료: www.pravda.ru).

요 8개국(G8)의 부활을 제안했고, 푸틴 대통령은 양국 관계가 악화된 책임을 미국의 치열한 국내 정치 투쟁 탓으로 돌리면서 대결을 원치 않는다고 강조했다. 하지만 관심을 모았던 헬싱키 정상회담에서 양국 간 가장 시급한 문제인 신전략무기감축협정 연장과 INF 위반 문제에 대한 합의가 이루어지지 못했고, 게다가 부에노스아이레스 정상회담은 케르치 해협 위기로 인해 불과 하루 전에 취소되었다.

　푸틴 대통령은 2018년 6월에 가진 '국민과의 대화'에서 지구적 차원의 분쟁을 방지하기 위한 주요 군사 강국 간 전략적 균형의 중요성을 강조하면서 경제 제재와 같은 이기적인 정책 수단을 통해 국가 이익을 추구해서는 안 된다고 역설했다. 이는 미국이 러시아를 지구적 차원의 전략적 균형을 보장하는 파트너로 인정하고 서로의 고유한 이익을 경제 제재 등을 통해 침해하지 않을 때 양국의 갈등이 종식될 것이라는 의미였다.

케르치해협 위기: 분쟁의 동결화 vs 분쟁의 국제화

러시아와 우크라이나 간 갈등은 계속 심화했다. 2018년 3월 초 가스프롬의 가스 공급 계약 및 경유 계약 파기를 두고 양국의 공방이 이어진 후 우크라이나는 미국의 대러 추가 제재에 보조를 맞추기 위해 대러 제재를 확대하고, 독립국가연합(CIS)의 모든 기관에서 우크라이나 대표들을 소환했으며, 우크라이나와 러시아 간 우호협력파트너십 조약 효력 중지를 결정했다. 러시아 역시 이에 맞서 '러시아연방 국민과 법인에 대한 우크라이나의 비우호적 행위와 관련한 특별 경제 조치 적용에 대한' 명령을 공포하고, 이에 따라 자국 내 우크라이나인과 기업의 각종 자산을 동결했다. 또한 터키스트림 해저 구간을 완공하고 여러 유럽 국가와 가스 공급을 위한 절차를 시작하는 등 우크라이나에 대한 경제적 압박을 계속했다. 우크라이나와 러시아가 서로 상대국 선박을 나포하면서 크림반도 주변에서 긴장이 고조되는 가운데 러시아는 크림반도의 실효 지배 강화와 케르치해협 통제권을 보장하는 크림대교를 2018년 5월 조기 완공해 우크라이나의 위기감을 더욱더 자극했다.

따라서 2018년 11월부터 시작된 케르치해협 위기는 우발적인 사건이 아니라 크게는 러시아의 크림반도 합병과 동부지역 내전으로 요약되는 우크라이나 위기로 인한, 작게는 2018년 내내 이어지던 크림반도 주변의 긴장 고조로 인한 필연적인 사건이라 할 수 있다. 다시 말해, 러시아와 우크라이나의 상호 경제 제재 확대, 터키스트림 해저 구간 완공을 통한 러시아의 경제적 압박, 군사적 대립이 심화되는 가운데 이루어진 상호 선박 나포, 크림대교 완공으로 인한 우크라이나의 위기감 등이 케르치해협 위기를 구조적으로 야기한 것이다.

여기서 주목할 점은 우크라이나는 계엄령 선포, 국경 통제 강화, 러시아와의 우호협력파트너십 조약 효력 중지, 우크라이나 정교회 분리·독립 등을 통해 마치 기다렸다는 듯이 긴장을 고조시키려고 노력한 반면, 러시아는 위기가 확대되는 것을 극도로 꺼리는 모습을 보였다는 것이다. 그 이유는 우크라이나는 '분쟁의 국제화'를 통해 서방의 경제·군사적 지원과 정치적 지지를 얻어내려 한 반면, 러시아는 '분쟁의 동결화'를 통해 크림반도에 대한 실효 지배를 강화하는 동시에 정치적 부담을 더는 가중하지 않으면서 우크라이나의 NATO 및 EU 가입을 저지할 수 있는 정도로 상황이 안정화되기를 바랐기 때문이다. 우크라이나가 가장 우려하는 시나리오는 미국을 비롯한 서방이 러시아와의 타협을 통해 어떤 방식으로든 우크라이나의 영토적 통합성을 훼손하는 것인 반면, 러시아가 가장 우려하는 시나리오는 우크라이나와의 갈등이 2008년 8월 러시아-조지아 전쟁처럼 전면전으로 확대되는 것이다.

시리아 내전과 중동의 새로운 축 형성: 러시아-터키-이란

시리아 정부군이 2018년 4월 12일 마침내 동구타(East Ghouta)의 두마를 장악했다. 2016년 말 알레포, 2017년 3월 홈스, 2018년 4월 동구타를 차례로 탈환하면서 러시아와 시리아는 서북부에 위치한 반군의 마지막 거점인 이들리브에 대한 공세에 집중할 수 있게 되었다.

시리아 내전 과정에서 형성된 러시아-터키-이란 3자 연대는 더욱 강화되었다. 러시아는 터키와의 연대를 유지하기 위해 터키 정부가 친터키 '온건 반군'과 함께 알레포주의 아프린에 주둔하고 있던 쿠르드 민병대인 인민수비대(YPG)를 축출하고 터키와 시리아 간 국경에 완충지대를 조성하기 위해 수행한 '올리브 가지' 작전을 묵인했다. 또한 아쿠유 원전 기공, S-400 조기 공급 합의, 무역액 220억 달러 돌파, 터키스트림 해저 구간 완공 등 러시아와 터키의 경제·군사 협력도 가시적인 성과를 보였다. 유라시아경제연합(EAEU)과 이란 간에 자유무역지대(FTA)를 조성하기 위한 임시협정 체결, 터키의 대이란 제재 불참 선언 등 이란과의 연대도 강화되었다. 러시아, 터키, 이란은 수차례의 정상회담과 대표회담을 통해 시리아 내전 종식과 평화 프로세스에 대한 논의를 진전시켰다.

하지만 러시아와 터키 간에도 이들리브 문제와 쿠르드 문제를 놓고 이견이 존재한다. 2018년 9월 러시아가 터키의 반대에도 불구하고 그동안 유일한 긴장 완화 지대로 남아 있던 이들리브에 대한 군사작전을 시작하자 푸틴 대통령과 레제프 타이이프 에르도안 터키 대통령은 이들리브에 비무장지대를 설치하기로 합의했고 터키의 지원을 받는 반군조직 민족해방전선(NLF)이 비무장지대 예정지에서 중화기를 철수했다. 하지만 아사드 정권을 지지하는 러시아와 '온건 반군'을 지지하는 터키의 입장은 여전히 수렴되지 못하고 있다. 2018년 12월 트럼프 대통령이 시리아에 파견된 미군 철수를 선언하자 쿠르드 문제가 수면 위에 떠올랐다. 시리아 정부군이 쿠르드 민병대인 인민수비대의 협조로 그동안 미군이 통제해 온 시리아 북부 알레포주의 만비즈를 장악하자 쿠르드 세력 확대에 민감한 터키는 불편한 심기를 드러냈다.

굴복할 것인가, 저항할 것인가

우크라이나 위기 발발 이후 시작된 '신냉전'은 과거 냉전기처럼 이념적 대립의 수준에서 전개되고 있지는 않지만, 지구적 차원에서 서로 다른 지정학적 구상의 대립이 전개되고 있으며 화해할 수 없는 근본적인 갈등의 지점이 존재한다. 또한 직접적인 군사적 충돌은 부재하다는 점에서 과거의 냉전과 유사한 측면이 있다. 필자는 2016년 말 트럼프 정부 출범을 앞두고 다수의 전문가가 미·러 관계에서 '제2의 재설정(Reset)'을 전망했음에도 불구하고, 기대와 달리 갈등이 장기화하리라는 입장을 고수한 바 있다. 이는 우크라이나 위기로 표면화된 양국 간 갈등이 탈냉전기에 반복되어 온 화해와 갈등의 사이클을 벗어나 이제 질적으로 다른 차원에서 전개되고 있다고 보았기 때문이다. 우크라이나 위기 과정에서 러시아가 크림반도 합병을 행동으로 옮긴 순간 타협의 가능성은 사라졌다. 그리고 그 기저에는 워싱턴의 '얄타 트라우마'와 모스크바의 '몰타 트라우마' 간의 수렴될 수 없는 대립이 존재한다. 미·러 갈등은 이제 '제재의 법제화'를 넘어 '무력 충돌이 부재한 군사적 대립'으로 확대되고 있으며, 냉전기부터 전략적 안정성을 보장하기 위해 양국의 합의에 따라 형성된 국제 안보 레짐도 연쇄적인 붕괴 위기에 놓였다. '얄타 트라우마'에 사로잡힌 워싱턴의 전략가들은 러시아에 '굴복'을 요구하면서 압박의 수위를 높이고 있다. 따라서 러시아가 '굴복' 대신 '저항'을 선택하는 한, 미·러 갈등은 근본적으로 해소되지 못할 것이다. 양국의 갈등을 근본적으로 해결하는 유일한 방안은 '몰타 체제'의 종언, 다시 말해 '탈탈냉전기(Post-Post-Cold War)'의 새로운 세계 질서와 새로운 '게임의 규칙', 그리고 그 속에서의 각자의 역할에 대해 합의하는 길밖에 없다.

2019년 러시아 대외정책의 우선 과제

갈등의 장기화에도 불구하고 러시아는 과거 냉전기와 마찬가지로 주요 국제 문제를 관리하고 국제 안보 레짐을 유지하기 위해 미국과 '제한적 협력 관계'를 설정하는 것을 포기하지 않을 것이다. 이는 전략적 안정성 파괴로 인한 군비경쟁은 1980년대에 그랬듯이 러시아 경제에 치명적인 타격을 입힐 것이 명백하기 때문이기도 하다. 따라서 미국과의 '제한적 협력 관계' 설정은 2019년에도 여전히 러시아 대외정책의 최우선 과제로 남을 것이다.

또한 러시아는 우크라이나 위기와 관련한 '분쟁의 동결화', 다시 말해 크림반도에 대한 실효 지배 강화와 우크라이나 동부지역에 대한 최소한의 지원을 통한 '분쟁의 장기적 관리', 터키, 이란과의 연대가 유지되는 조건에서 시리아 내전 종식을 위한 마지막 공세와 평화 협상 주도 등에 총력을 기울일 것으로 보인다.

역사적인 패턴에서 확인할 수 있듯이, 미국을 비롯한 서방과의 갈등은 러시아로 하여금 아시아·태평양 지역, 특히 동북아, 동남아, 남아시아에 더 관심을 기울이게 할 것이 분명하다. 특히 미·중 갈등이 심화하고 미국의 인도·태평양 전략이 본격화한다면, 러시아는 중국과의 양자 협력, 러·중·인 3자 협력 등을 지주(支柱)로 삼는 한편, 영토 문제를 이용해 미·일 관계의 균열 가능성을 계속 타진할 것이다.

❙ 2019년 2월 11일 제515호

2018년 러시아 군사전략과
2019년 군사정책 전망

김규철 | 한국외국어대학교 러시아연구소 초빙연구위원

러시아는 세계 안보 체제가 다극화하고 세계적·지역적 주도권 쟁탈전이 심화하는 상황에서 다양한 위협에 대응해 국익을 수호하기 위한 수단으로 군사력 발전을 핵심 당면 과제로 추진하고 있다. 2018년 러시아군은 '국가무장계획 2018~2027'에 입각한 무기 현대화 추진, 실전적·경쟁적 기법에 따른 군사훈련, 영향력 확대를 위한 대외 군사 및 군사기술 협력을 적극 시행했다. 러시아가 인식하는 기본 위협은 미국과 NATO의 대러시아 억제 및 적대적 군사 활동이며, 이에 대해 러시아는 전략 핵전력으로 억제 태세를 유지하되 일반 목적군의 선진화를 통해 유사시 즉각 방어 및 국익 관련 지역으로 신속한 투입을 보장하는 데 중점을 두고 있다.

군사력의 질적 성장

2018년 러시아의 군사력은 블라디미르 푸틴 대통령이 "의미심장하고

강력한 진보를 보였다"라고 선언한 바와 같이 양적·질적 성장을 이루었다. 병력 충원 문제 해결, 전투력 향상, 각 군의 무기 현대화, 신형무기 사용을 위한 격납고 및 탄약고 시설 확충 등 전반적인 체질을 개선했다.

병력 충원 면에서 러시아군은 봉급 인상, 주택 보급, 군사도시 주거시설 개선 등 사회적 보장 대책과 전 국민적 애국심 함양 노력으로 모병 인원이 증가하고 있다. 모병은 2014년부터 징병 인원을 초과하기 시작해 전문기술군대로 진입하고 있으며, 현재 39만 명에서 2025년까지 47.5만 명 수준으로 증가시킬 계획이다. 또한 과거에 골칫거리였던 군 복무 기피 현상도 대폭 감소하고 있다.

전투력 향상 면에서는, 2015년 시리아 이슬람국가(IS) 격멸 작전에 러시아군을 투입한 이후 주요 지휘관과 간부들을 순환식으로 투입해 실전 경험을 획득케 했다. 여단장과 연대장 이상급 간부들의 96%가 실전 경험을 보유해 전투 지휘 능력과 사기를 대폭 북돋웠다.

무기 현대화도 2011년 이후 견실하게 추진하고 있다. 2018년부터는 '국가무장계획 2018~2027'을 추진하여 현대화 수준이 2017년 59%에서 2018년 61.5%로 증가했다. 러시아군은 현대화된 무기의 시험 사격 및 시험 운용을 활발히 전개했다. 보레이급 핵잠수함 '유리 돌고루키'는 불라바 미사일 4기 동시 사격에 성공했으며, Tu-160 전략폭격기는 X-101 미사일 시험 사격 12회를 성공시키기도 했다.

주목할 사항은 푸틴 대통령이 2018년 3월 1일 의회 국정연설에서 러시아군의 최신 전략무기 개발 현황을 발표했다는 사실이다. 먼저, 음속 20배의 대륙간탄도미사일(ICBM) '아방가르드'는 운석 형태로 대륙 간 표적을 타격할 수 있으며, 2019년 배치 예정이다. 둘째, 탄두위력이 세계 최강(750KT)인 ICBM '사르마드'의 시험을 완료하고 1~2년 이내에 배치

할 예정이다. 셋째, 적 해안 지역과 항공모함을 공격할 수 있는 어뢰 형태의 무인잠수정 '포세이돈'도 시험을 완료하고 2020년경 배치 예정이다. 넷째, 음속 10배의 공대지미사일 '킨잘'은 현재 시험 운용 중이다. 마지막으로, 레이저 무기 '페레스베트'는 장갑차량, 무인기, 미사일 등을 타격하며 현재 시험 운용 중이다. 이러한 최신 전략무기들은 전반적인 세계 전략 균형에 변화를 초래하는 심각한 요소가 될 수 있다.

러시아군은 병력과 무기의 질적 향상과 함께 군사력 사용 여건을 보장하기 위한 건설 활동을 활발히 전개했다. NATO 군사력 강화에 대응해 크림반도를 포함한 서부 지역과 북극해 일대에서 군사력 사용 여건을 향상했다. 크림반도 일대의 케르치반도와 타만반도를 연결하는 교량 공사를 2016년부터 건설해 2018년 말에 완공함으로써 지역 일대의 병참 지원을 원활하게 했다. 또한 북극해를 장악하기 위해 지속해서 군사 인프라를 건설하고 있다. 세베로모르스크 공군기지에 20개 건물을 완공했고, 코텔섬에서 공군기지를 재건축했으며, 제믈랴 알렉산드르섬에 군사도시를 건설했다. 또한 틱시에 북해함대에 소속된 방공부대용 군사도시 건설에 착공했고, 스레드니섬, 브란겔섬, 시미트곶 등지에 방공부대 기지를 건설하고 있다. 러시아군은 2018년 한 해 동안 각 군에 신형무기가 배치됨에 따라 이를 위한 격납고와 탄약고 221개소를 비롯해 각종 건물 3573개를 건설했다.

러시아는 군사력 건설을 지원하기 위해 2019년에 GDP의 2.8%인 2.9조 루블을 예산으로 책정했다. '국가무장계획 2011~2020'을 대체하는 '국가무장계획 2018~2027'을 위해서는 과거와 동일한 규모인 20조 루블을 책정했다. 이 중 19조 루블은 무기 구매와 개발에, 1조 루블은 군사 인프라 건설에 할당했다. 러시아는 2019년 정부 예산에서 유가를 배럴당

57~63달러로 예상하는 등 비교적 낙관적 관점에서 예산을 편성해 유가가 인하할 시에는 국방 예산과 각종 군사 활동 강도가 약해질 수도 있다. 러시아 국방부는 예산을 효율적으로 사용하기 위해 예산 사용 감독 강화, 군용 부동산의 민간 이양, 정비 능력 향상, 급양 시스템 개선, 난방 시설 개선 등을 통해서 약 1000억 루블을 절약하는 등 경제적 군 운용을 위해서도 노력하고 있다.

세력 확장을 위해 적극적으로 군사력 사용

2018년 러시아군의 군사력 사용은 시리아 분쟁 조정과 난민 관련 인도적 지원, 자체 훈련과 연합훈련, 대외 군사 협력으로 구분할 수 있다. 먼저 시리아 내 활동을 보면, 러시아군은 2015년 9월부터 2017년 12월까지 약 27개월 간 시리아 IS 격멸 작전을 성공적으로 수행해 현재 시리아 정부 통제 지역은 전 국토의 96%가 되었다. 러시아는 주력부대가 철수한 후 흐메이밈 공군기지와 타르투스 해군기지를 상시 운용하면서 군사 고문관, 특수부대 요원, 헌병을 주축으로 정부군과 반군 간의 분쟁 조정, 시리아 난민 복귀와 인도적 지원, 지뢰 제거 작전 등을 시행하고 있다. 러시아 분쟁조정센터 주도로 시리아 내에서 민족대화와 제헌위원회를 가동한 이후 반군 장비 650대를 회수하고 반군 4만 명을 정부군에 합류시키는 성과를 보였다. 러시아는 2018년에 난민 6만 8000명의 복귀를 지원했고, 294회에 걸쳐 인도적 지원 활동을 펼쳤으며, 86회에 걸쳐 UN 구호물자를 호송했다. 또 3만 7000명에게 의료를, 16만 3000명에게 식량을 지원했다. 러시아는 터키, 이란과 협력해 시리아 내에서 대화 정국을 조성하고 UN, 국제적십자사와 협력해 인도적 지원을 주도하면서 중동 지역에서의 영향력을 확대하고 있다.

2018년 러시아는 사상 최대의 훈련을 두 건 실시했다. 하나는 전략 기동훈련 '동부-2018'로, 9월 11일부터 17일까지 동부 군관구 내 아홉 개 훈련장, 동해, 오호츠크해, 베링해 일대에서 시행했다. 훈련에는 러시아군 동부·중부 군관구, 태평양·북해함대 병력 총 30만 명, 전차·장갑차 3만 6000대, 항공기 1000대, 함정 80척, 중국군 병력 3500명, 기계화 차량 600대, 항공기 30대, 여러 개의 몽골군 대대급 부대가 참가했다. 훈련은 각급 부대의 전투 준비 태세 불시 점검, 원거리 병력 투사 및 임의지역 임무 수행, 공중 급유 및 불시 이착륙, 함정 전투 기동 및 사격 훈련, 베링해 상륙 훈련 등을 시행했다. 훈련의 특징으로는 소련의 '서부-1981' 훈련 이후 사상 최대 규모의 훈련을 아시아 지역에서 실시한 점, 북해함대가 북극해를 이동해 태평양에 전개하고 중부 군관구 병력이 장거리 이동으로 동부군관구를 지원한 점, 자체 전략훈련에 중국·몽골 등 외국군을 참가시켜 연합훈련 성격을 띤 점을 들 수 있다. 러시아는 '동부-2018' 훈련을 통해 아시아·태평양 지역에서 강화된 군사력과 전투력을 과시함으로써 아시아 국가로서의 위상을 확보하는 한편, 유사시 중국, 몽골과 협력을 강화해 역내 전략적 억제와 영향력 확대를 추구한 것으로 평가된다.

또 다른 대규모 훈련은 지중해에서 이루어진 해군 훈련 '대양의 방패'다. 2018년 9월 1일부터 8일까지 함정 26척(잠수함 2척 포함), 해군 항공기 34대, 전략 항공기 Tu-160, 조기 경보기 A-50, 공중 급유기 Il-78 등이 참가했다. 훈련 내용은 북해함대, 발트함대, 흑해함대, 카스피해함대를 통합한 연합함대 세력의 전술과 해군 항공 지원 체제 등 유사시 해상 작전 요령을 연습하는 것이었다. 훈련기간 동안 북해함대와 발트함대 함정은 4500마일의 장거리를 이동하고 각종 해협과 수로를 통과하면서 실전에

■ 사상 최대 규모로 치러진 '동부-2018' 훈련(자료: www.1tv.ru).

서 발생 가능한 상황을 훈련했다. 해군 항공기는 각 기지로부터 5000km 이상을 비행하여 시리아 흐메이밈 기지로 전개하고 지휘는 타르투스 기지에서 수행함으로써 지중해 일대에서 상황 발생 시 시리아 내 러시아군 기지를 활용하는 해·공군 작전 절차를 연습한 것으로 평가된다.

러시아군은 2018년 7월 28일부터 8월 11일까지 제4차 국제군인경기를 개최했다. 주특기 종목 총 28개에 32개국 181개 팀 4700명이 참가했으며, 7개국(러시아, 중국, 아르메니아, 아제르바이잔, 벨라루스, 카자흐스탄, 이란) 훈련장에서 진행되었다. 경기 종목은 각 군종 및 병종별 화기 사격, 기동, 장비 운용이었고, 종합 성적은 1위 러시아, 2위 중국, 3위 카자흐스탄이었다. 경기 기간 중 인터넷 구독을 포함해 총 관중 7000만 명을 기록했다. 러시아는 국제군인경기를 통해 동맹국 및 우호국과 상호 작전성 증대, 무기 홍보, 자체 훈련 수준 향상, 무기 개발 자료 축적 등의 효과를 보고 있다.

러시아는 유리한 안보 환경 조성과 집단안보 체제 강화를 위해 2018년에 총 25회의 연합훈련을 시행했으며, 집단안보조약기구(CSTO) 동맹국 훈련과 상하이협력기구(SCO) 훈련을 비롯해 중국, 인도, 몽골, 파키스탄, 일본 등과 다양한 연합훈련을 실시했다.

러시아는 대외 군사 협력을 통해 CSTO, SCO, CIS 등과의 동맹 관계를 강화했다. 한편 중국, 인도를 비롯해 중동, 아프리카, 동남아시아 국가들과는 군사기술 협력을 전 방위적으로 추진했다. 특히 CSTO는 집단안보를 위한 역할 강화, UN과의 협력 강화, 신속 대응군 훈련 체제 발전, 회원국 간 무기 거래 특혜 부여 등을 통해 CSTO의 위상을 제고하고 CIS 지역 내 러시아의 배타적 영향력을 유지하고자 노력했다.

2018년 러시아의 군사력 건설과 사용 내용을 종합해 보면, 러시아는 과거 10년 이상 꾸준히 추진해 온 군사력 증강을 통해 전투력이 강한 선진 군대를 이룬 것으로 평가된다. 특히 미국이나 NATO 국가들의 방어 능력을 초과하는 신형 전략무기 개발에 성공함으로써 전략적 억제와 재래식 무장 분쟁에서 승리할 수 있다는 자신감을 확보한 것으로 보인다. 군사력에 대한 이러한 자신감은 국제사회에서 러시아의 적극적인 행보를 뒷받침해 주고 있다. 또한 강력한 군사력을 바탕으로 CIS, 중동, 유럽, 아시아 지역 국가들을 대상으로 무기 판매, 연합훈련, 군사적 지원 활동 등을 전개함으로써 세력을 확장하고 있는 것으로 보인다.

2019년 군사정책 전망

2019년에 예상되는 군사·정치 상황은 미국의 '미국 우선주의'와 경제 논리 위주의 정책 성향, 미군의 시리아 철수, 우크라이나에 대한 관심 저조 등으로 다극화 현상이 가속할 것으로 보인다. 이에 따라 지역별 지역 중심 국가 간의 주도권 다툼과 함께 무력 분쟁 가능성이 증대할 것으로 보인다. 또한 미국과 중국이 대결하는 상황에서 러시아는 군사력 증강에 더욱 집중할 여건을 확보할 수 있으며, 국익이 보장되는 분야에서 균형자적 태도를 보일 가능성도 있다. 다극화 현상이 깊어질수록 군사력을 국익 실현의 최고 수단으로 간주하는 러시아에 유리한 상황이 전개될 가능성이 클 것으로 보인다.

러시아 입장에서 볼 때 러시아에 대한 NATO와 미국의 위협은 지속될 것으로 보인다. 미국의 INF 탈퇴, 러시아를 중요한 경쟁자로 지목하는 안보 전략, NATO의 전력 강화, 미국의 미사일방어체계 전력 증강, 정밀 무기 발전, 반러시아 정보전 등은 러시아의 정체성 유지와 영향력 확대에 여전히 위협이 될 것이다. 또한 국제 테러리즘과 러시아에 반대하는 서방의 정서 등은 러시아 경제와 사회 발전에 지속적인 위협이 될 것으로 전망된다.

2019년 러시아는 무력 분쟁과 군비 경쟁 가능성이 증대되는 다극화 세계에서 푸틴이 "아무도 우리 말을 듣고 싶어 하지 않았지만, 이제는 들어라"라고 발언한 것처럼 강한 군사력을 배경으로 각종 국제 및 지역 문제에서 적극적인 행보를 보일 것으로 예상된다. 먼저, 무기 현대화 노선을 지속적으로 추진할 것으로 보인다. 러시아는 무기의 70%를 현대화하겠다는 목표를 달성하기 위해 계속 노력할 것이다. 이와 함께 무기를 운용하는 기술 병력과 부대를 지휘하는 간부들의 능력을 향상하기 위해 실전적인 훈련을 위한 불시 점검 훈련과 국제군인경기 등을 지속해서 발전시킬 것으로 보인다.

둘째, 전략적 억제력을 완비하는 노력을 지속할 것으로 예상된다. 미국의 미사일방어체계를 극복하고 INF 탈퇴로 인한 새로운 군비 경쟁 상황에 대비하기 위해 성능이 월등한 신형 전략무기를 조기 배치하려고 노력할 것으로 보이며, 개발이 완성된 무기의 성능을 과시하기 위해 사격 훈련을 하고 유사시 이를 사용할 가능성도 크다.

셋째, 다극화 세계에서 승리하기 위해 세력을 확장하는 노력을 지속할 것으로 전망된다. 유라시아 남부와 동부에 우호적인 환경을 조성하기 위해 CIS 통합 노력을 지속하고, 중국·인도와 군사 기술 협력 및 연합 훈련을 활성화할 것으로 보인다. NATO에 대해서는 단결력을 약화하기 위해 가스 등 자원을 무기로 삼아 가능한 범위 내에서 일부 국가들과 우호 관계를 유지하되, 필요시에는 군사력을 이용한 압박도 병행할 것으로 보인다. 미국과 중국의 경쟁이 심화할 경우 선택적으로 미국과 협력할 가능성도 있다.

넷째, 러시아는 국가 이익과 관련된 상황이 발생할 시 적극적으로 군사력을 사용할 것으로 보인다. 2014년 크림 합병과 2015년 기습적인 시리아 개입 사례에 비추어 볼 때, 국익과 관련한 상황이 발생할 시에는 기습적·공세적으로 군사력을 사용할 것이며, 러시아가 성능이 월등한 전략무기를 배경으로 군사력을 사용할 경우 러시아에 대한 제지 수단이 극히 제한될 것으로 보인다.

❚ 2019년 2월 18일 제516호

2018년 한·러 관계 회고와 2019년 전망

현승수 | 통일연구원 국제전략연구실 부연구위원

정치·안보 분야: 전략적 소통 강화를 통한 신뢰 증진

2018년 급진전한 남북 관계 개선 추세는 최근 4~5년간 침체되어 왔던 러시아와의 교류·협력도 활성화하는 계기로 작용했다. 이는 한국 정부가 제시하고 있는 한반도신경제구상이나 동아시아철도공동체 등의 비전이 남북한과 러시아를 연계시키고 있을 뿐 아니라, 남북 화해로 북한과의 경제 협력이 실현될 수 있는 기반이 조성되고 있는 데 따른 것이다.

그러나 국제사회, 특히 미국의 대북 제재가 오히려 강화되고 있는 상황은 북한과의 경협은 물론 러시아와의 협력에도 제약 요인으로 작용하고 있다. 이를 인식하고 있는 한국과 러시아는 정부와 민간 차원에서 향후 조건이 성숙되면 실질적인 남·북·러 경협이 가능할 수 있도록 전략적 소통과 공동 대응을 강화해 나가려는 의지를 보이고 있다.

▌ 러시아와 중국은 글로벌 및 동북아 국제정치에서 암묵적 분업을 추구하고 있는 것으로 보인다(자료: www.tvc.ru).

러시아는 남북한 관계 개선의 기조에 적극적인 지지를 표명하며, 한 반도 화해 프로세스가 러시아와 중국이 공동 제안한 구상에 따라 진행되고 있음을 긍정적으로 평가하고 있다. 또 북한에 대한 경제 제재를 부분적으로 완화하는 데 대해서도 러시아는 한국과 의견이 일치해 2018년은 남·북·러 간 신뢰 구축의 기반이 조성된 한 해였다고 평가된다.

그럼에도 불구하고, 2018년 한 해 빠르게 변화하는 한반도 정세 속에서 러시아는 다소 소극적인 입장을 드러내 보였다. 사실 러시아는 북한의 핵·미사일 개발로 전운이 고조되던 2017년에도 대한반도 정책에서 대단히 제한적이고 관망하는 자세를 보였다. 이러한 태도는 몇 가지 원인에 따른 것으로 분석된다. 첫째, 글로벌 및 동북아 국제정치 속에서 러시아는 중국과의 분업을 확실하게 추구하는 측면이 있다. 즉, 유럽과 중동에서는 러시아가, 동북아에서는 중국이 주도권을 쥐고 나머지 한 측이 이를 추종 또는 묵인한다는 암묵적 합의가 중·러 양자 간 전략적 제휴 관계의 중요한 양태라고 볼 수 있다. 둘째, NATO와의 길항, 우크라이나 문제 등 서부 국경에서 난제에 직면해 있는 러시아는 동부 국경의 정세 변화에 외교력을 투사하기가 수월하지 않은 실정이다. 셋째, 한반도 문제를 극동 지역 개발과 연계시켜 인식하는 러시아로서는 북핵 사태의 장기화와 경제 제재 등으로 인해 극동 개발의 추동력이 약화되면서 경제적 수단을 동원해 한반도 문제 해결에 이바지하려는 사고가 위축될 수밖에 없었다. 이러한 이유로 인해 2018년 러시아의 소극적 관망세는 한반도 문제 해결에서 러시아의 입지를 더욱 축소하는 결과를 초래한 것이 사실이다. 일본과 함께 러시아는 한반도 평화 프로세스에서 한 발짝 물러서 있는 형국이다.

그러나 신북방정책을 추동력으로 삼은 한국의 적극적 대러 협력 유인은 주효했다고 평가된다. 북핵 6자회담 수석대표 협의(2월 1일 모스크바, 12월 18일 서울), 한·러 외교부 장관 회담(2월 28일 제네바), 정의용 국가안보실장의 모스크바 방문(3월 13~14일) 등 북핵 문제 해결과 한·러 관계 발전을 위한 고위급 회담 외에도 두 차례의 정상회담이 열려 양국 간 신뢰 구축에 크게 이바지했다. 특히 문재인 대통령은 러시아 월드컵 기간인 6월 21~23일 러시아를 국빈 방문했다. 우리나라 정상의 러시아 국빈 방문은 1999년 김대중 대통령 이후 19년 만이다. 아울러 이 러시아 방문은 6월 12일 북·미 정상회담 이후 열리는 첫 정상외교 무대라는 점에서 특별한 의미가 있다.

문 대통령은 6월 21일 모스크바 도착 직후 러시아 하원을 방문해 하원 의장과 주요 정당 대표를 면담한 뒤 한국 대통령으로는 처음으로 하원에서 연설했다. 이 연설에서 문 대통령은 한반도 평화 체제 수립 이후 남·

북·러 3각 협력 및 동북아 다자평화안보협력 체제 구축에 대한 구상을 피력하는 한편, 한·러 간 경제 협력 3대 방안(미래 성장 동력 확충과 4차 산업혁명 선도, 9개 분야 협력 강화 및 극동 개발 협력 활성화, 의료기술 협력 확대)을 제시했다. 크렘린궁에서 진행된 정상회담에서 문 대통령은 한반도 문제 해결에서 러시아가 수행하고 있는 건설적인 역할을 높이 평가했다. 이에 푸틴 대통령은 한반도의 항구적 평화와 번영을 위한 한국의 중요한 역할을 높이 평가하고 한반도의 평화와 번영, 통일을 위한 4·27 판문점 선언 채택을 환영했다. 양 정상은 또 북·미 정상회담에서 도출된 결과를 긍정적으로 평가하는 동시에 북·미 정상 간 합의가 한반도의 완전한 비핵화와 항구적 평화 정착에 이바지하리라는 기대를 공동성명에 수록했다. 아울러 문 대통령은 방러 마지막 날인 23일에는 러시아 남부 도시 로스토프나도누에서 열리는 월드컵 한국-멕시코전을 관람하고 한국 선수단을 격려했다.

한편 11월 아세안(ASEAN) 관련 회의 참석차 싱가포르를 방문했던 양국 정상은 11월 14일에 58분간 정상회담을 진행했다. 이 자리에서 푸틴 대통령은 북한의 비핵화 조치에 진전이 있다면 그에 상응하는 조처가 뒤따라야 한다고 발언했고, 이에 대해 문 대통령은 북한의 과감한 비핵화 조처를 위해 러시아의 적극적인 역할을 당부하는 한편, 조건부이기는 해도 대북 제재를 완화할 필요성에 공감을 표시했다.

경제 분야: 신북방정책의 본격적 시동

장기적 침체에서 벗어나 2017년부터 늘어나기 시작한 한·러 교역량은 2018년에 뚜렷한 증가세를 보인 것으로 평가된다. 2018년 1~9월 한·

러 교역액은 180.7억 달러로 전년 동기(141.2억 달러) 대비 28% 증가했다. 하지만 대러 수출은 54.4억 달러로 전년 동기(54.4억 달러) 대비 0.2% 증가한 반면, 수입은 126.2억 달러로 전년 동기(86.9억 달러) 대비 45.3%로 대폭 증가했다. 이에 따라 대러 무역수지는 역대 최대 수준인 71.8억 달러의 적자(전년 동기 32.5억 달러 적자)를 기록했다. 대러 수출은 루블화 환율 상승 영향으로 수출 증가세가 둔화했고 전년 동기에 발생한 수출 급증(2017년 1~9월, 54.4억 달러, 56.3% 증가)의 기저효과 등으로 인해 증가율이 미미했던 것으로 분석된다. 이에 반해 대러 수입은 높은 수입금액 증가율(45.3%)과 비교해 수입물량 증가율(14.5%)이 비교적 낮은 수준이었다. 원유 및 천연가스 등 국제 원자재 가격이 상승한 것이 큰 영향을 미쳤을 것이라는 게 전문가들의 분석이다.

2018년에는 대통령 직속 북방경제협력위원회를 중심으로 정부의 신북방정책과 한·러 경협의 중심 과제인 '나인 브리지(Nine Bridge)' 전략을 지원하기 위한 다양한 활동(3월 9일 한·러 협의회 출범 등)이 전개되었다. 11월 7일 취임한 권구훈 신임 북방위 위원장은 12월 12일 열린 북방위 제3차 회의에서 2022년 러시아와 몽골 등 북방 지역에 대한 농기자재(현지 맞춤형 K-스마트팜 모델 개발 및 우수 품종 개발·보급) 1억 달러 수출 및 100만 톤 식량 확보 비전 제시, 러시아 블라디보스토크에 냉동창고와 물류 기능이 통합된 수산물류가공 복합단지 조성 적극 지원 계획 등 신북방정책의 구체적인 방안을 제안했다.

이 밖에도 2018년에는 제15차 한·러 자원협력위원회(2월 21일 서울), 제1차 한·러 농업 분야 비즈니스 다이얼로그(4월 18일 블라디보스토크), 이낙연 국무총리의 제4차 동방경제포럼 참석(9월 10~12일 블라디보스토크) 등 한·러 경협의 실질적 논의가 지속된 가운데 문재인 대통령의 러시아 국빈 방문을 계기로 모스크바에서 한·러 비즈니스 포럼 개최(6월 22일), '2018 이노프롬'에 한국 참가(7월 9~12일 예카테린부르크) 등 의미 있는 행사들도 다수 열렸다. 특히 러시아에서 열린 혁신산업박람회 '2018 이노프롬' 행사에 한국이 파트너국으로 참가한 것은 주목할 만하다. 특정 국가가 이노프롬에 파트너국 자격으로 참가한 것은 2015년 파트너국 제도가 생긴 이래 중국, 인도, 일본에 이어 우리나라가 넷째다.

사회·문화 분야: 체육 교류와 지자체 협력의 활성화

2018년에는 평창 동계올림픽과 6월 러시아 월드컵을 계기로 한·러 양국의 체육·문화 교류도 모처럼 활기를 띠었다. 러시아는 국가적 차원의 도핑 스캔들로 인해 국제올림픽위원회(IOC)로부터 올림픽 참가 자격을 박탈당했고 선수들은 러시아 대표가 아닌 '러시아 출신 올림픽 선수' 자격으로 대회에 참가할 수밖에 없었으나 한국은 여당인 더불어민주당을 중심으로 러시아 응원단을 구성했고, 2월 20일 문재인 대통령은 청와대에서 이고리 레비틴 대통령 보좌관과 스타니슬라프 포즈드냐코프 올림픽 선수단장 등을 접견하며 격려했다. 러시아는 메달 합계 17개로 종합 순위 13위에 그쳤다.

이 밖에 한·러 간 민관 대화 채널인 '한·러대화(KRD)' 제4차 포럼이 문재인 대통령의 방러 기간인 2018년 6월 22일 모스크바에서 열렸다. 또한국국제교류재단이 인문·예술 분야에서 한·러 간 협력을 모색하는 제5회 한·러 인문교류포럼을 2018년 10월 30일 상트페테르부르크에서 개최했다. 특히 양국 문화 교류에서 주목할 만한 사건으로는 상트페테르부르크국립대학교 내 현대조각정원에 『토지』의 작가 박경리의 동상을

▌2018년 6월 러시아를 국빈 방문한 문재인 대통령이 블라디미르 푸틴 러시아 대통령과 함께 크렘린궁 정
상회담장으로 입장하고 있다(자료: www.mir24.tv).

건립(6월 20일)한 일을 들 수 있다. 이 동상은 한·러 문화외교사업의 일환
으로 2013년부터 추진된 것으로, 2012년 서울에 푸시킨 동상을 건립한
데 대한 화답의 의미를 지니고 있다.

한편 한·러 양국의 지자체 협력을 본격화하는 한·러 지방협력 포럼이
2018년 11월 7~9일 포항에서 열렸다. 포럼에는 국내 17개 시장·도지사
와 러시아연방 9개 주지사, 기업인, 전문가가 참석해 양국 간 경제, 통상,
과학, 물류, 에너지 등 다양한 분야에서 협력 방안을 논의했다. 포항에서
는 행사 기간에 '한·러 문화광장' 개소식, 한·러 지방정부 회담(서밋),
한·러 지방협력 포럼 출범식이 잇달아 열렸다. 남북 경제 협력이 본격화
하면 남·북·러 삼각 협력에도 탄력이 붙을 것으로 양국의 지자체는 예
상하고 있다.

2019년 한·러 관계 전망

그동안 국제사회의 대러 제재와 대북 제재 국면이 장기화된 데 직간접적인 영향을 받아 진전을 보지 못했던 한·러 관계는 2018년 급진전한 남북 관계와 북·미 화해 움직임에 추동되어 활성화되는 분위기다. 북핵 문제 해결과 한반도 평화 프로세스의 진전이 기본적으로 러시아와 중국이 제안한 구상에 기초해 진행되는 데 대해 러시아 정부는 만족감을 느끼고 있다. 한국 정부는 한반도 평화 정착에서 러시아의 긍정적인 역할을 기대하고 있다는 점을 적극적으로 피력하고 있는데, 이는 2019년 한·러 관계가 가일층 발전하는 데 긍정적으로 이바지할 것으로 판단된다. 하지만 2018년 한반도에서 러시아가 보여준 신중하고 소극적인 자세는 2019년에도 크게 변하지 않으리라고 예상된다. 러시아는 미국 패권 견제로 추동된 대중 전략적 공조를 유지하는 것을 바탕으로 하되, 동북아와 한반도에서 정치·안보적 역할을 강화할 것으로 보이지는 않는다.

2019년 한반도 정세의 관건은 북·미 관계가 개선되는 추이이며, 한·러 관계와 북·러 관계 역시 이와 직접 연동되어 있다. 만일 북·미 관계가 획기적으로 개선되더라도 북한의 성의 있는 비핵화 실천 의지가 국제적 검증을 거쳐야 하는 과정이 남아 있다. 따라서 대북 제재의 부분적 완화나 완전 해제까지는 지난한 프로세스가 예상되며, 이는 한·러 관계 발전의 가시적 성과인 극동 개발 협력과 남·북·러 삼각 경협이 당장 실현되기는 쉽지 않음을 시사한다.

따라서 한국은 2018년에 보여준 적극적 대러 협력 유인 기조를 유지하면서, 러시아가 미국의 독주를 막는 UN 안보리 상임이사국으로서의 책무를 긍정적으로 발휘할 수 있도록 공조하고, 여건이 성숙하면 남·

북·러 삼각 경협을 조속히 실현할 수 있도록 지속적인 관심을 견지해 나가야 한다. 아울러 2019년에는 김정은 북한 국무위원장의 방러와 푸틴 대통령의 방한도 예상되므로 한국은 이를 환영하고 남·북·러 신뢰 강화의 계기로 삼되, 한반도에서 강대국 간 지정학적 관성이 드러나지 않도록 외교적 노력을 기울여야 한다.

끝으로, 양국 정상은 수교 30년이 되는 2020년에 교역량 300억 달러, 인적교류 100만 명 달성 목표를 제시한 바 있으므로 이를 실현하기 위해 매진할 필요가 있다.

▌2019년 2월 25일 제517호

_연합뉴스 기사와 주러 대한민국 대사관 홈페이지 등을 인용·참고해 작성

2018년 러시아 사회문화와 2019년 전망

라승도 | 한국외국어대학교 러시아연구소 HK연구교수

.

2018년 상반기의 러시아를 돌아보면, 3월 18일에는 블라디미르 푸틴 대통령이 네 번째로 나선 대선에서 76.69%의 기록적인 득표율로 압승하고, 5월 15일에는 2014년 3월 크림반도 합병 이후 착공된 크림대교가 푸틴 대통령이 자국산 덤프트럭을 직접 몰고 다리를 건너가는 등 성대한 행사와 함께 개통하며, 6~7월에는 월드컵이 열리는 등 전반적으로 축제 분위기였다. 특히 6월 14일에서 7월 15일까지 모스크바와 상트페테르부르크 등 11개 도시에서 열린 월드컵에서는 러시아 축구 국가대표팀이 예상 밖의 선전을 펼쳐 사우디아라비아를 상대로 개막전 대승을 거두고 8강전까지 승승장구하자 환희의 도가니에 빠져들었다. 월드컵 축제 열기는 6월부터 시작해 7월까지 뜨거웠고 8월에도 여운이 가시지 않을 정도였다.

그러나 축제가 끝나고 난 뒤 9월에 접어들면서 러시아는 푸틴 정부의 연금 개혁 추진에 반발하는 반정부 시위가 전국적으로 확산하고 산적한

■ 2018 러시아 월드컵은 대회 기간 내내 러시아 국민을 환희의 도가니로 몰아넣었다(자료: www.vedomosti. ru).

국내 현안에 대해 푸틴 대통령의 책임을 묻는 국민 여론이 비등하는 등 푸틴 정부에 대한 환멸의 분위기가 팽배했다. 이런 가운데 푸틴 대통령에 대한 지지율이 곤두박질했고 9월 지방선거에서는 하바롭스크 등 일부 지역에서 야당 출신이 주지사에 당선되는 이변이 펼쳐졌다. 이처럼 2018년 러시아 사회와 문화는 큰 틀에서 볼 때 월드컵 축제로 조성된 환희의 분위기가 연금 개혁안으로 촉발된 환멸의 분위기로 반전되는 극적인 과정에서 파악할 수 있다.

러시아는 2013년 카잔 하계 유니버시아드와 모스크바 세계육상선수권대회를 시작으로 2014년 소치 동계 올림픽과 포뮬러 1 그랑프리, 2015년 카잔 세계수영선수권대회를 거쳐 2019년 크라스노야르스크 동계 유니버시아드로 이어지는 국제 스포츠 메가 이벤트를 연이어 개최했는데,

2018년 러시아 월드컵은 그중에서도 정점을 찍었다. 특히 러시아 축구 국가대표팀은 대회 이전 많은 사람의 비관적인 전망을 비웃기라도 하듯 사우디아라비아와 격돌한 개막전에서 4 대 0 대승을 거두었다. 그리고 8강전까지 진출하며 위대한 승리 신화로 러시아 축구 역사를 새롭게 씀으로써 자국 축구의 위상을 끌어올린 동시에 러시아 국민에게 커다란 자신감과 자부심을 심어주었다.

2010년 12월 월드컵 유치권 획득에서 시작해 2018년 6~7월 성공적인 월드컵 개최에 이르기까지의 과정을 거치며 러시아는 월드컵 8강 신화라는 뜻밖의 수확을 거두었고, 이는 러시아 정부가 국제 스포츠 메가 이벤트 중에서도 최대 흥행작인 월드컵을 통해 실현하고자 한 목표, 즉 스포츠 민족주의와 애국주의 고양, 국가 이미지 향상 등을 달성하는 데 있어 시너지 효과를 톡톡히 냈다. 이런 효과는 특히 대회 이전에 서방 국가들에서 팽배한 이른바 루소포비아[러시아 공포증 또는 공로증(恐露症)]와 러시아 국내에서 만연한 제노포비아(외국인 혐오증)를 동시에 불식시키기에 충분했다.

다른 한편, 러시아 사회와 문화에서 2018년은 2014년 우크라이나 사태와 러시아의 크림 합병 이후 날로 심화하는 군사화 또는 군사주의 경향이 어느 때보다도 뚜렷하게 드러난 한 해였다. 러시아 사회의 군사화 경향이 심화되는 것을 보여주는 대표적인 사례로는 2015년 창설된 소년군을 들 수 있는데, 이 준군사조직은 창설 당시 러시아 전국에 걸쳐 8000명에 불과했으나 1년 만인 2016년에 4만 명으로 확대되었고 2018년 대선 직전에는 19만 명까지 급증했다. '청소년들에게 러시아 지리와 역사, 민족, 영웅, 위대한 학자와 장군들에 관한 관심을 불러일으킬' 목적으로 창설된 소년군은 2017년 처음으로 '승리의 날' 군사행진에 참여한 이후 각종 주요 행사에서 빠지지 않고 존재감을 드러내고 있어 주목할 만하다. 그중에서도 '2016~2020 러시아 시민 애국주의 교육' 프로그램을 보면 청소년 교육 강화를 특히 강조하고 있는데, 여기서 제시된 구체적인 교육 프로그램 가운데 하나가 바로 군사 교육 프로그램이다.

2017년 볼고그라드의 한 교사가 제작한 동영상에서는 어린 학생들이 '내일 전쟁이 나서 싸워야 한다면 보바 아저씨(블라디미르 푸틴 대통령)와 함께할 것이다'라고 노래 부르는 장면이 나오는데, 이는 청소년을 대상으로 한 '군사적 애국주의' 선전 교육이 다양하고 적극적으로 이루어지고 있음을 짐작케 한다. 이와 비슷하게 2018년에는 상트페테르부르크의 한 학교에서 어린 학생들에게 자신의 아버지가 전선에 나갔다고 생각하고 아버지에게 편지를 써보라고 해서 물의를 빚었는데, 이 사건 역시 러시아 사회에서 청소년들을 대상으로 끈질기게 이루어지는 군사화 경향을 뒷받침해 준다. 2018년 '아르트도크페스트' 다큐멘터리 영화제에 출품된 알렉산드르 주보블렌코 감독의 영화 〈용기 수업〉도 푸틴 치하의 현대 러시아에서 어린 학생들을 대상으로 한 군사주의 교육이 어떻게 실시되고 있는지 잘 보여준다.

이와 함께 2017년 12월 25일 레바다센터가 소련 수립 95주년을 맞아 시행한 설문 조사 결과에 따르면, 러시아 국민 58%가 소련의 붕괴를 아쉬워한다고 인정한 것으로 나타났다. 이는 2009년 이후 '소비에트 노스텔지어' 수치가 최고치를 기록한 것으로, 시간이 흐르면 흐를수록 점점 약화할 것으로 보였던 '소련 향수'가 오히려 더 높아져서 그 배경에 비상한 관심이 모였다. 하지만 그로부터 1년 후 2018년에 시행된 레바다센터 설문 조사에서는 소련 붕괴를 아쉬워한다고 답한 러시아인 수가 놀랍게도 전년보다 8% 증가한 66%를 기록해 소비에트 노스텔지어가 1년 만에 급증한 원인을 찾는 데 관심이 집중되었다. 소비에트 노스탤지어가 최근 10년간 최고치를 기록한 것은 푸틴 정부가 월드컵 개막일을 틈타 전격적으로 발표한 연금 개혁에 대한 반발에서 비롯된 것으로 설명할 수 있다. 다른 한편, 소비에트 노스탤지어 수치가 급증한 것은 현재 러시아 정부에 대한 불만과 환멸이 그만큼 깊다는 것을 방증한다.

2019년 3월 2일 동계 유니버시아드가 시베리아 도시 크라스노야르스크에서 열리면서 푸틴 시대에 진행된 국제 스포츠 메가 이벤트의 대미를 장식할 예정이지만, 이전에 열린 대회들과 비교해 큰 흥미를 끌기는 어려울 것으로 보인다. 이제 푸틴 정권은 러시아 국민에게 환희의 분위기를 조성해 줄 기회가 거의 없으며 자신들에 대한 환멸감만 줄 수도 있다. 2018년 유명 래퍼들의 콘서트를 금지하는 조치에서 볼 수 있듯이, 표현의 자유를 가로막고 진정한 소통을 외면하고 통제와 관리만 내세운다면 더 거센 역풍을 맞을 수도 있다. 러시아의 국가 이미지는 월드컵 같은 초대형 스포츠 이벤트를 통해 어느 정도 향상될 수는 있지만, 정치·경제에서 사회·문화까지 전 방위에 걸친 내부 개혁과 개방이 선행되지 않는 한 언제든지 곤두박질할 수 있다. 그래서일까? 2019년 2월 20일 가진 의회 연두교서에서 푸틴 대통령은 최첨단 미사일 소개 등 호전성 짙은 대외 메시지를 주로 담았던 2018년 교서와는 매우 대조적으로 러시아의 성난 민심을 달래는 데 교서의 상당 부분을 할애했다. 하지만 그의 의지가 구체적인 실천적 행보로 이어질지는 앞으로 두고 볼 일이다.

▍2019년 3월 11일 제519호

푸틴 4기 집권 분석

21세기 '신차르' 푸틴의 재등극
러시아 '푸틴호'는 어디로?

서동주 | 국가안보전략연구원 수석연구위원

76.7%의 득표율, 푸틴의 예상된 압승

2018년 3월 18일 러시아에서 대통령 선거가 치러졌다. 블라디미르 푸틴 현 대통령의 당선이 기정사실이었기에 그다지 큰 관심을 끌지는 못했다. 그렇지만 푸틴 대통령이 2000년부터 지금까지 18년 동안 권좌에 있었으며, 향후 6년을 더 집권하게 되었으므로 장기집권이라는 측면에서 관심을 모았다. 특히 최근 이웃 나라 중국의 시진핑 국가주석이 연임 제한을 푸는 헌법 개정을 단행하고 일인 치하 체제를 구축하는 모습과 연계되면서 국제적인 이목을 끌었다.

모두 여덟 명이 출마한 가운데 예상했던 대로 푸틴 대통령이 압도적 승리를 거두었다. 이번에 획득한 득표율 76.7%는 역대 대통령 선거에서 푸틴이 획득한 표 가운데 가장 높다. 대선 신기록을 세운 셈이다. 참고로 푸틴 대통령은 2000년 처음 치른 선거에서는 52.6%를 얻었으며, 2004년

2012년과 2018년 대선 결과

2012년 3월 4일		2018년 3월 18일	
후보	득표율	후보	득표율
푸틴	63.60%	푸틴	76.69%
주가노프	17.18%	그루디닌	11.80%
프로호로프	7.98%	지리놉스키	5.66%
지리놉스키	6.22%	솝차크	1.67%
미로노프	3.85%	야블린스키	1.04%

자료: 러시아 중앙선거관리위원회(www.cikrf.ru). 2018년은 개표율 99.83% 기준.

재선 시에는 71.3%를, 그리고 다시 등장한 2012년에는 63.6%를 획득한 바 있다.

사실 2018년 선거와 관련해 주목받은 것은 '크림반도'였다. 무엇보다 대선일인 3월 18일이 바로 4년 전 러시아가 크림반도를 병합한 바로 그날이며, 이번 선거에는 크림 지역 주민들이 러시아 대선에 처음으로 참여하는 것이었기 때문이다. 이러한 분위기에 화답하듯 크림 지역 주민들은 여타 지역보다 높은 투표율을 보였으며, 푸틴에 대한 지지율도 92%에 달했다.

또 다른 관전 포인트는 러시아 국민이 얼마나 투표에 참여하며, 푸틴의 득표율이 얼마를 기록하느냐 하는 것이었다. 2012년과 비교해 어떤 결과를 보이느냐에 관심이 쏠린 것이다. 이번 선거는 푸틴이 권좌에 복귀한 후 수행한 국정 운영에 대한 전반적인 평가를 담고 있으며, 권력의 공고화, 정치적 정통성의 확보라는 측면을 가늠해 보는 잣대였기 때문이다.

투표율도 67.5%로 2012년 65.3%보다 다소 높았고, 득표율도 이전과 비교해 10% 이상 높게 나옴으로써 푸틴에 대한 러시아 국민의 애정이 여전하다는 것을 보여주었다. 또한 정치적 정통성이라는 면에서도 더욱 더 굳건한 권력 기반을 구축하고 과감한 정국 운영을 펼칠 수 있는 기반을 마련한 것으로 판단된다. 때마침 선거 전인 3월 14일 테리사 메이 영국 총리가 러시아 출신 이중간첩 세르게이 스크리팔과 딸 율리야가 독살된 사건과 관련해 러시아 외교관 23명을 추방 조치했다. 역설적으로 선거를 앞둔 시점에 영국과의 정치적 긴장이 높아진 상황도 러시아 내 애국주의적 정서를 불러일으키는 데 일조한 것으로 보인다. 연합뉴스에 따르면 선거 후 엘라 팜필로바 러시아 중앙선거관리위원회 위원장은 "우리 국민은 항상 어려울 때 뭉친다. 우리 국민의 단합에 긍정적으로 기여한 일부 서방 국가 지도자들에게 큰 사의를 표하고 싶다"라고 비꼬아 표현하기도 했다.

푸틴의 비전과 국정 운영 방향: 삶의 질 향상과 강국 러시아 실현

푸틴 대통령이 비록 압승을 거두고 향후 6년 동안 새롭게 집권했지만, 대내외에 놓인 현실은 녹록지 않다. 무엇보다 2014년 3월 크림 병합 이후 미국을 위시한 EU권 국가들의 대러 경제 제재가 아직도 진행되고 있다. 물론 러시아는 수입 대체 산업 육성, 산업 다각화, 극동·시베리아 개발 등을 통해 제재를 극복하려 하지만 일정한 한계가 있는 것도 사실이다. 러시아는 지난 3년간 마이너스 성장을 하고, 2017년에 이르러서야 1.7% 플러스 성장으로 돌아선 상태이다.

2018년 3월 1일 푸틴 대통령은 연례교서를 발표했다. 선거를 앞두고 이루어진 발표여서 이것은 선거 공약을 발표하는 것이자 러시아 미래에 대한 비전을 제시한다는 의미를 담고 있었다. 연설의 핵심은 두 가지로

▌2018년 3월 1일 푸틴 대통령이 연례교서를 발표하고 있다. 이날 발표한 주요 내용 가운데 하나는 경제 발전을 이룩해 러시아 국민의 '삶의 질'을 획기적으로 높이겠다는 것이었다(자료: www.ria.ru).

집약되는데, 하나는 경제 발전을 이룩해 러시아 국민의 '삶의 질'을 획기적으로 높이겠다는 것이었으며, 다른 하나는 군사력 증강과 현대화를 통해 군사 강국으로서의 러시아의 면모를 지속해서 가꾸어 나가겠다는 것이었다. 후자의 경우 연설 중간에 비디오 영상을 보여주면서 애국심과 자긍심을 갖도록 연출되기도 했다. 큰 틀에서 보면 2012년에 제시된 '강한 경제, 강한 러시아'라는 기조에서 벗어나지 않았다.

푸틴은 대내적으로 빈곤 수준 축소, 최저 임금 적용, 고용 구조 개선, 노령자 지원, 사회보장 확대, 평균 수명 연장 등 삶의 질을 향상하는 사안들을 우선순위 목표로 내세웠다. 이는 대내 경제 성장과 발전에 진력할 것임을 시사한다. 2018년 5월 신내각 출범 시 새로운 경제 진용이 구축될 것이라는 전망도 나오고 있다. 문제는 실제로 이를 실현해 낼 수 있는가 하는 것이다. 푸틴 대통령의 능력을 진짜로 보여줘야 할 때가 된 것이다.

대외적으로는 신 전 방위 실용적 강대국 노선을 견지해 나갈 것으로 보인다. 즉, 기존의 '적극적 실용주의 노선', '독자적 강대국 노선', '강대국으로서의 러시아 정상화 전략', '공세적 방어주의' 등으로 명명된 대외정책 기조를 견지할 것으로 예상된다. 현재 러시아는 서방권에서 다소 멀어져 외교적으로 어느 정도 고립된 상황에 놓여 있고, 도널드 트럼프 미국 행정부와의 관계도 예상처럼 크게 개선되지 못하고 있다. 대신 유라시아 세력 균형의 측면에서 중국과의 전략적 동반자 관계를 강화하고 있는데, 이러한 입장은 당분간 지속할 가능성이 커 보인다. 그렇지만 다른 한편으로 시진핑 1인 체제 구축과 함께 국제적 영향력을 높이고 있는 중국의 부상으로 인해 러시아는 글로벌 차원에서 미래의 전략적 위상을 다시금 생각하지 않을 수 없는 것도 사실이다. 특히 연례교서에서 미사일방어체계를 뚫는 사르마트 미사일 등 첨단무기를 소개하고 신무기 개발을 통한 군사 강국으로서의 면모를 과시한 것은 앞으로 '신냉전'으로 일컬을 수 있는 새로운 지정학적 경쟁이 가시화할 수 있음을 예고하고 있어 주목해야 한다.

정치적 피로감과 푸틴 이후의 시대

푸틴 대통령은 미국 경제지 ≪포브스≫가 선정한 '세계에서 가장 영향력이 큰 인물' 순위에서 지난 4년 동안 계속해서 1위 자리를 차지했다. 푸틴 대통령은 크림반도 병합, 시리아 내전 개입과 평화협상 주도, 이란 핵 문제 해결 공헌 등 최근 국제무대에서 자신의 존재감을 크게 과시하고 있다. 또한 2018년 선거 결과에는 푸틴이 국제무대에서 강대국 러시아의 존재감을 보여주고 국민적 자긍심을 높여준 것에 대한 국민의 화답이 스며들어 있다. 서방에 포위되어 요새화된 러시아라고 명명된 가운데 주변국들의 공격으로부터 자국을 방어한다는 생각, 똘똘 뭉쳐 외세를 물리친다는 생각 등 러시아 특유의 애국주의적 정서가 밑바탕에 깔린 것이다.

푸틴 대통령과 연관된 핵심어들은 푸틴주의, 신푸틴독트린, 실로비키(siloviki), 애국주의, 주권민주주의, 권위주의 체제, 대유라시아(Greater Eurasia), 신동방정책 등이다. 푸틴 대통령은 개인보다 국가를 먼저 생각하고, 유연성과 자유스러움보다는 근육질로 이루어진 행동과 사고를 더 강조한다. 이러한 특징이 단기적으로 정책 효율성을 높이고 어느 정도 성과를 내는 데 강점이 있다는 것을 부인하기는 어렵다. 반면에 자유분방한 사고와 러시아적 예술과 문학을 담아내는 특유의 발랄한 정서가 러시아 국민 내면에 있다는 것도 무시할 수 없다. 반정부 시위를 이끌었고 괴한에게 피살된 보리스 넴초프를 추모하는 행사가 현재 모스크바에서는 매년 2월 열린다. 이를 계기로 시민들은 반정부적 견해를 밝히고 나름대로 의미 있는 시민운동을 전개하고 있다. 나발니가 대선에 출마하지 못한 사실을 포함해 서방에서는 푸틴 체제가 권위주의적 성격이 강하며 아직 성숙한 민주주의를 이루지 못하고 있다고 평가한다.

이제 집권 4기를 맞는 푸틴 대통령은 비록 전폭적인 국민의 지지를 받고 있지만, 다른 한편으로는 오랫동안 권력을 유지하는 데서 비롯된 '정치적 피로감'을 극복해야 할 것이다. 새로운 비전을 제시함으로써 밝은 미래의 러시아를 이끌어가고 담아내야 할 과제를 안고 있는 셈이다. 2018년 6월에는 FIFA 주최로 러시아에서 월드컵 대회가 열린다. 이는

2014년 소치 동계올림픽에 이어 러시아의 국제적 존재감과 민족적 자긍심을 일궈나갈 기회이기도 하다.

다른 한편으로는 6년 뒤인 2024년 이후에도 푸틴이 권좌에 있을 것인지 아닌지가 벌써 사람들 입에 오르내리고 있다. 이러한 연장선에서 푸틴 이후의 시대를 누가, 어떤 지배 엘리트 그룹이 이끌어나갈 것인가 하는 점도 논의되고 있다. 향후 6년 동안의 푸틴 집권 4기에는 대내적으로 정치적 민주화, 사회의 다원화, 사회관계망서비스(SNS)의 발달 및 보편화에 따라 사회도 많이 변할 것이다. 푸틴은 국민에게 공언한 약속들을 장밋빛 청사진에 그치지 않고 실현해 내야 하는 과제를 안고 있다.

새로 출범한 푸틴호와 '한반도의 봄'

우리나라와 관련해 푸틴의 재집권은 기존 한·러 관계의 발전은 물론 극동·시베리아 개발을 위한 한·러 협력에도 긍정적으로 작용할 것이다. 그간 푸틴 대통령은 내각에 극동개발부를 신설하는 등 극동·시베리아 개발에 높은 관심을 보였으며, 동방경제포럼, 신동방정책 등도 일관성과 지속성을 띠고 추진될 것이기 때문이다.

러시아와 국경을 접하고 있는 한반도에서는 남북 정상회담, 미·북 정상회담을 비롯해 국제질서가 재편되는 움직임이 활발히 이루어지고 있다. '한반도의 봄'을 맞이할 준비에 바쁘다. 한반도 문제와 관련해 러시아는 한반도 비핵화와 평화 체제 구축이라는 과정에서 실익을 제고할 방안과 한반도와 접한 당사자로서의 역할과 개입에 관심을 두고 있다. 러시아로서는 현재 한반도 정세가 도전과 기회를 동시에 가져다주는 전략 게임의 장으로 인식될 수 있다.

2018년은 한·러 양국이 '전략적 협력 동반자 관계'로 격상된 지 10주년이 되는 해다. 양국이 여기에 담긴 의미를 되새기는 가운데 새로 출범하는 푸틴 정부가 전략적 균형자, 건설적 중재자, 한반도 평화 체제 보장자 등의 제반 역할을 충실히 실천해 나가고 한반도 평화와 번영에 이바지하기를 기대해 본다.

▎2018년 4월 2일 제470호

_ 국가안보전략연구원 ≪이슈브리핑≫ 18-7에 실린 필자의 글을 일부 수정·전재

러시아 대선을 삼킨 '푸틴주의'

홍완석 | 한국외국어대학교 국제지역대학원 교수

2018년 3월 18일에 치러진 러시아 대선은 '기정사실'을 공식적으로 확인하는 장이었다. 블라디미르 푸틴을 제외한 일곱 명의 출마자는 중과부적의 '들러리'였고 오합지졸의 '잔잔바리'에 지나지 않았다. 적수 없는 푸틴 대세론에 대선 흥행이 심히 걱정되었다. 위장 후보를 세우고 경품까지 내걸 정도였다. 아무튼 다양한 선거 독려 기법을 동원해 67.5%의 투표율에 76.7%의 높은 득표율로 당선된 21세기 차르는 2024년까지 6년 임기의 네 번째 크렘린 권좌를 예약했다.

글로벌 강대국인 러시아의 대선은 시진핑의 장기 집권 시나리오와 겹치면서 국제사회의 이목을 집중시켰다. 서구가 내심 기대했던 반푸틴 정서의 확산은 희망사항에 불과했다. 푸틴 피로 현상은커녕 오히려 열광적 지지가 러시아 전역을 뒤덮었다. 그렇다면 국제 유가 폭락과 서구의 제재로 경제위기가 엄중한 상황에서도 푸틴이 압도적 승리를 거둔 동인은 무엇일까?

▌2018년 3월 18일 치러진 러시아 대선에서 당선이 확정된 직후의 모습. 블라디미르 푸틴 러시아 대통령은
76.7%의 높은 득표율로 네 번째로 크렘린 권좌를 차지했다(자료: news-front.info).

　푸틴이 펼친 애국 마케팅이 러시아 국민의 '불안'과 '열망'에 적중했기 때문이다. 러시아 국민은 서방이 항상 자국을 포위·봉쇄해 고사시키려 한다는 피해 의식에 사로잡혀 있다. NATO의 지속적인 동진 팽창, 탈소 비에트 공간에서의 색깔 혁명의 확산, 우크라이나 야누코비치 친러정권의 제거와 러시아에 대한 국제적 고립 기도 등이 그 명백한 증거라고 확신한다. 푸틴은 서구의 위협에 대한 민초들의 집단적 히스테리를 자극하는 가운데 '포위당한 성채' 러시아를 방어하기 위해 전 국민적인 단합을 호소했고 조국 수호의 유일한 지도자로서의 상징 조작을 통해 정치적 지지를 확보하는 데 성공했다.

　손상된 러시아의 대국적 자존심을 회복시켜 준 점도 중요한 대선 승리 요인이다. 집권 3기 푸틴은 정치 안정과 경제 성장의 자신감을 토대로 힘과 영향력을 외부로 겸치 투사했고 강한 근육 질의 군사력을 과시해 전통적·역사적 세력권을 일부 복구하는 데 성공했다. 폴란드 및 체코에 배치하려던 미국 미사일방어체계 무력화, 크림반도 접수, 키르기스스탄에서 미군 축출, 유라시아경제연합 창설, 시리아 아사드 정권 지원을 통한 역외 군사기지 획득과 중동 질서의 주도적 재편 등이 적절한 사례일 것이다. 이는 '제국 증후군'에서 헤어나지 못한 러시아 국민이 갖고 있는 과거 초강대국의 영광에 대한 향수를 해소해 주기에 충분했다.

　푸틴의 네 번째 대권 쟁취가 갖는 핵심적인 의미는 이른바 '푸틴주의'가 국가·사회적으로 여전히 유효하고 그 기제가 지속해서 작동될 것이라는 점이다. 푸틴주의는 한마디로 시장민주주의를 러시아적으로 수용함으로써 유라시아적 정체성과 독자적인 국가 발전 모델을 통해 글로벌 초강대국으로 자리 잡겠다는 것이다. '주권민주주의'와 '국가자본주의'로 표현되는 이 푸틴주의의 작동원리는 이렇다. 푸틴 자신의 강력한 리더십으로 대내적으로는 국내의 질서, 안정 및 경제 성장을 구현하고 대외적으로는 위대한 강대국 러시아의 위상을 확보하는 과정에서 정치적·시민적 권리와 자유, 시장 원리는 당분간 유보할 수 있다는 것이다. 말하자면 '안정'과 '국가 권력의 자의성'을 교환하는 것인데, 이러한 '푸틴과의 계약(Putin Contract)'은 선거라는 절차적 민주주의를 통해 대중의 자발적 동의와 지지를 얻었다.

　'썩은 독재라도 혼돈에 대한 공포보다는 낫다'라는 여론에서 확인되듯, 2000년 푸틴 시대가 개막할 당시 맺은 일종의 묵시적인 계약은 2018년 대선에서도 유효했다. 이는 러시아가 여전히 2000년 체제에 갇혀 있다는 점을 방증하고, 푸틴 4.0 시대에도 과도하게 집권화·사인화된 권력 구조하에서 통치 체제 및 사회·경제적 제도의 큰 변화 없이 서구와 대립각을 세우는 방향으로 국정을 운영할 공산이 크다는 점을 예고한다. 이는 시대적 개혁과 변화의 물결을 거부하면서 사회주의 이념의 허상을 붙잡은 채 서구와의 무리한 패권투쟁과 군비경쟁에 몰입했던, 그럼으로써 깊은 정체의 나락으로 빠져 소련 해체의 단초를 제공했던 브레즈네프 시대를 보는 듯한 기시감을 느끼게 한다. 21세기 푸틴의 러시아는 어디로 갈 것인가?

▌2018년 3월 26일 제469호

_≪동아일보≫ '기고'(2018년 3월 20일)에 실린 필자의 글을 수정·보완

푸틴 권력에 대한 본질적 이해

기연수 | 한국외국어대학교 노어과 명예교수·한러교류협회 회장

푸틴은 서구 사회에서 언제나 악만 행하는 존재로 의심받고 있다. …… 하지만 푸틴이 러시아인 대다수의 지지를 업고 여러 차례 당선되었다는 것. 그런데 '서방' 매체들은 흔히 러시아의 선거가 조작되었다는 말을 덧붙인다. 그러나 러시아에서 진행된 설문조사는 다른 모습을 제시한다. 러시아 내에서 푸틴은 현재 80%가 넘는 지지율로 역대 최고의 인기몰이를 하고 있다.[*]

주지하다시피 2018년 5월 7일 제4기 집권 취임식을 가진 푸틴 대통령은 3월 대선 투표에서 77%에 달하는 득표율로 압도적인 지지를 받아 새로이 6년 임기의 제7대 대통령직 수행에 들어갔다. 이는 푸틴 자신이 목표로 했던 70% 선이나 프치옴(러시아여론연구센터)이 선거 직전 실시한 여론조사 결과인 69~73%를 훨씬 뛰어넘는 득표율이다. 그리고 벌써 지

---

[*]   후베르트 자이펠, 『푸틴 권력의 논리』, 김세나 옮김(지식갤러리, 2018), 8쪽.

지자들 사이에서는 8대 대통령 추대설까지 나돌고 있다.

이처럼 푸틴에 대한 러시아 국민의 열렬한 지지는 서방 세계의 평가나 시각과는 달리 더욱 탄탄해지고 있다. 왜 그럴까? 오늘날 국제정치 무대, 특히 우리나라가 속해 있는 동북아시아 무대에서 미·중·일과 더불어 결정적 행위자인 러시아에서 푸틴 대통령이 지닌 강력한 중앙집권적 통치 권력의 절대성은 도대체 어디서 나오는 것일까? 이를 확실하게 이해하지 않는다면 우리는 19세기 말 아관파천 시대의 데자뷰를 보게 될 것이다.

러시아는 영토가 1700만km^{2}에 달하는 참으로 광막한 나라다. 이 가운데 세계 자연자원의 보고라고 일컫는 시베리아가 무려 1400만km^{2}에 달해 인문지리적 환경이 매우 가혹한 나라이기도 하다. 러시아인들은 이처럼 광대무변의 가혹한 자연환경 속에서 역사의 시작부터 운명적으로 살아갈 수밖에 없었다. 러시아인들은 생존을 위해 서로 끈끈하게 뭉쳐진 미르(mir)*라는 촌락공동체를 이루어 살기 시작했다. 그러면서 인간의 힘으로서는 어쩔 수 없는 거대한 절대자인 자연에 도전하기보다는 자연에 대한 외경심을 가졌고, 이와 더불어 촌장을 중심으로 베체(veche)**를 통해 일치단결해 자연에 적응해 가는 인종과 순응의 자세를 갖게 되었다. 바꿔 말하면 러시아 민족은 처음부터 생존 자체를 위해 자연이라는 거대한 절대자에게 저항하기보다는 '미르'의 '베체'를 통해 집단의 일인

---

* '농촌공동체'라는 뜻과 더불어 '우주, 세계' 및 '평화'라는 의미도 동시에 갖고 있다. 그래서 러시아인들은 자신들이 몸담고 있는 공동체가 곧 전체 우주이고 전 세계이며, 이 공동체의 안락함이 곧 자신의 행복이라는 생각을 갖고 있다.
** '민회(民會)'로 번역될 수 있는 일종의 사랑방 모임 같은 것으로, 여기서는 만장일치제로 의사 결정이 이루어졌다. 이는 서구 의회민주주의의 기원인 고대 아테네 사회의 '민회', 즉 에클레시아(ecclesia)의 나누셀세와 줄빌부려 나튼나.

자에게 일종의 종교적 신앙심과도 같은 순종과 인종의 태도를 가지고 살게 되었다는 것이다. 그래서 20세기 초 러시아가 자랑하는 종교철학자 니콜라이 베르댜예프는 이미 "러시아 민족은 영토의 무한함과 불가피한 자연환경의 힘에 의한 희생자"라고 지적한 바 있다.* 우리는 이를 통해 러시아인들이 공동운명체적 집단주의를 바탕으로 한 중앙집권적 절대 권력에 묵시적으로 동의하는 정서와 성향을 역사의 시작과 더불어 갖게 되었음을 알 수 있다.

한편 역사적 경험을 보더라도 수세기에 걸친 아시아 쪽 유목민들의 침략, 특히 몽골제국 킵차크한국(Golden Horde)의 2세기 반에 걸친 장구한 세월의 압제(1240~1480), 폴란드의 크렘린 침탈(1610~1613), 나폴레옹의 모스크바 유린(1812), 히틀러의 침공에 따른 러시아 심장부 도시들의 초토화(1941~1945) 등 러시아인들이 외침으로 당한 수난과 고통은 극도로 가혹했다. 그래서 러시아인들은 그야말로 '뭉치면 살고 흩어지면 죽는다'는 신념을 가지게 되었고 '굶으라면 굶을 테니 제발 지도자를 중심으로 일사불란하게 강력한 국가를 만들어 외적에게 당하는 고통만은 없도록 해달라'는 것이 통치자를 향한 간절한 국민적 소망이 되었다. 이는 민족의 생존을 위한 공동운명체적 집단주의 의식의 자연스러운 발로이자 강화이며, 지도자에게 절대권력을 부여한다는 데 대한 국민들의 묵시적이고 심리적인 동의다. 그러면서 이러한 집단주의적 공동체 의식이 효과적으로 작용해 민족의 생존을 위한 애국심을 극대화하기 위해서는 강력한 1인 지도자를 중심으로 한 중앙의 권력이 필요해졌다. 그것이 바로

---

* H. A. Бердяев, "Философия свободы: Истоки и смысл русского коммунизма", *Сварог и К*(Москва: ЗАО, 1997), p. 237.

▌ 고대 러시아 '베체'의 모습(자료: zen.yandex.ru/media/ruslegalhistory).

'미르'의 '베체'를 통한 만장일치제적 중앙집권주의라고 할 수 있는 것이
며, 이를 훗날 정치적으로 정식화한 것이 바로 이른바 레닌의 '민주적 중
앙집중제', 즉 소비에트 민주주의다.

　전술한 바와 같은 자연환경과 역사적 수난의 경험에 따른 공동운명체
적 집단주의와 만장일치제적 중앙집권주의를 바탕으로 한 지도자의 절
대권력을 이데올로기적으로 더 확실하게 담보해 주는 것이 바로 1000여
년 동안 러시아 역사 속에 녹아 면면히 흐르며 작용하고 있는 이른바 황
제교황주의다.

　러시아는 862년 국가가 시작되어 988년 동로마제국에서 정교회를 받
아들일 때, 동로마제국의 통치 이데올로기인 황제교황주의를 동시에 수
용했다.* 이에 따라 푸틴 대통령이 지닌 절대적 통치권의 역사적 계보를

---

* 　황제가 세속권과 교회권을 동시에 장악하는 황제교황주의 국가에서는 세속권과 교회권이
　일치하므로 세속의 왕권과 로마의 교황권이 대립하는 서유럽에서처럼 시민계급이 생장할
　기회가 없었다. 따라서 오늘날까지도 황제교황주의의 통치 이데올로기가 작용하고 있는

따라 올라가보면 레닌을 비롯한 소련 공산당의 최고 권력자들, 표트르 대제(1682~1725)를 비롯한 제정 러시아의 황제들, 그리고 모스크바 대공국의 통치자들, 바로 그 정점에 러시아 최초의 차르인 모스크바의 통치자 이반 4세[일명 이반 '뇌제(雷帝)', 1533~1584]가 자리 잡고 있다.* 이반 4세는 "차르는 현세에서는 물론 사후의 세계에서도 백성을 구원할 책임이 있다"라고 천명하면서** 교회를 실질적으로 장악함과 동시에 상비군을 창설하고 관료제를 정비했으며, 이로써 황제교황주의자로서 무소불위의 중앙집권적 절대권력으로 국가를 통치했다.

그 후 푸틴 대통령의 역사적 멘토로 불리는 표트르 대제는 정부의 한 행정기관으로 신성종무원(神聖宗務院)을 창설해 교회를 관장함으로써 러시아 역사에서 가장 확실하게 황제교황주의를 구현한 통치자다. 그는 재빨리 문제의 핵심을 파악해 일단 결심한 문제에 대해서는 굽힘 없는 의지로 단호하게 헤쳐나갔다. 이러한 표트르 대제의 성격은 그가 절대권을 가지고 위로부터의 국가 개혁을 단행할 때 유감없이 발휘되었다. 그는 절대군주제 옹호자로서 자신이 전권을 가진 나라의 주인이라고 생각했으며, 국가주의자였던 그는 강력한 국가 건설은 강제적인 국민 동원을 통한 중앙집권적 절대권에 의해서만 가능하다고 믿었다. 그리고 이러한 표트르 대제의 국가 운영으로 인해 러시아의 신민(臣民)들은 고통 속에서 국가 건설에 내몰리면서도 서구 열강과 대등한 위치에 올라서는

러시아에서는 시민계급의 형성과 활동이 제대로 이루어지지 못하고 있다.

* 차르(Tsar)라는 칭호는 로마의 황제 케사르(Caesar)의 러시아식 발음인 체자리(Цезарь)에서 유래했다. 이반 4세는 1547년 당시 크렘린에서 러시아 정교회의 수장이던 마카리 대주교가 황권신수설을 선포함과 더불어 최초의 공식 차르로 즉위식을 가졌다.

** Н. А. Бердяев, "Философия свободы: Истоки и смысл русского коммунизма", p. 249.

강력한 조국의 모습에 자부심을 느꼈고 자신들의 절대 통치자를 적극 지지하고 추종했다. 그래서 훗날 근대 러시아 사학의 아버지 바실리 클류체프스키(1841~1911)는 자신의 조국 러시아 역사의 특징을 "국가는 살쪄가는데 인민들은 여위어갔다"라고 설파한 바 있다.*

1952년 상트페테르부르크의 한 가난한 소시민 가정에서 태어난 푸틴은 말수가 적고 우정과 신뢰를 매우 소중하게 여겼으며, "항상 무(無)에서 시작하지만 결국엔 뭐든지 해내고야 마는 성격"**을 지녔었다고 한다. 어려서부터 남을 배려하는 성향이 강했지만, 승부욕 또한 대단했다. 그는 아이들과 어울리는 것을 별로 좋아하지 않으면서도 초등학교 시절 소년단에 입단해서는 곧바로 회장을 맡기도 했다. 평소 누구든지 배신하거나 비겁하게 굴면 결코 용서하지 못하는 성격이었으며, 항상 최고가 되기 위해 공부뿐만 아니라 운동도 열심히 했다.

1975년 레닌그라드국립대학교(현 상트페테르부르크국립대학교) 법대 졸업과 함께 동경하던 비밀경찰조직인 국가보안위원회(KGB)에 들어갔다. '전 군대가 할 수 없는 일을 첩보원 한 사람이 해낼 수 있으며, 첩보원 한 명이 수천 명의 운명을 결정한다'고 생각한 그는 KGB의 요청이 있자 주저 없이 첩보아카데미에 들어가 저돌적으로 열심히 훈련에 임함으로써 '위험불감증'이라는 평가를 받기도 했다. 첩보교육 과정을 마친 후 본부 정보국에서 10년 동안 근무한 끝에 1985년 푸틴은 동독의 드레스덴 지부로 파견되었다. 1990년 귀국해서는 모교 은사로서 당시 레닌그라드 소비에트 의장이던 아나톨리 숍차크의 보좌관이 되었다가 1991년 숍차

---

* 　같은 글, p. 248.
** 　N. 게보르 외, 『푸틴 자서전』, 표윤경 옮김(문학사상사, 2001), 239쪽.

▌젊은 시절 푸틴이 유도장에서 운동하는 모습(자료: diletant.media).

크가 레닌그라드 첫 민선 시장에 당선되면서 대외관계위원회 위원장을
맡았으며, 1994년에는 제1부시장에 올랐다. 그러나 1996년 솝차크가 재
선에 실패하자 푸틴은 유임해 달라는 새 시장의 간청에도 불구하고 은사
와의 의리를 지켜 실직자의 길을 걸었다. 그러다가 같은 해 8월 동향 출
신인 제1부총리 알렉세이 볼샤코프의 추천으로 대통령행정실 총무부실
장으로 크렘린에 첫발을 내디디면서 보리스 옐친 대통령과 인연을 맺었
다. 이렇게 크렘린에 입성한 푸틴은 1997년 대통령행정실 총감독부장,
1998년 KGB의 후신인 연방보안국(FSB) 국장, 1999년 3월 국가보안회의
의장을 맡은 데 이어, 동년 8월 총리에 취임했으며, 12월 31일에는 옐친
대통령의 사임으로 대통령 권한대행을 맡았다. 그리고 2000년 3월 드디
어 제3대 대통령에 당선되어 오늘에 이르고 있다.

  블라디미르 푸틴이 2000년 5월 3대 대통령에 취임했을 당시 러시아는
소련 붕괴 후 10년 동안 과도기적 체제 이행기라는 특수한 역사적 상황
에서 정치적·경제적·사회문화적으로 극심하게 표류하던 때였다. 그래

서 대통령에 취임한 푸틴은 취임 두 달 만인 7월 의회에 보낸 연례교서를 통해 연방정부의 '수직적 집행체제' 확립을 바탕으로 '강력하고 효율적인 국가'를 건설하는 것이 자신의 목표라고 천명했다. 수직적 집행체제를 확립함으로써 강력한 국가를 건설하겠다는 것은 곧 소련 붕괴 후 10년에 걸쳐 옐친 정권이 과도기적으로 표류하던 시기를 청산하고 강력한 중앙정부를 복원해 최고 통치자인 대통령의 권한을 강화함으로써 소련 시절은 물론 제정 러시아 시절과 같은 강력하고 영광스러운 조국 재건에 박차를 가하겠다는 선포였다. 푸틴의 이런 작심과 단호한 모습은 과연 그의 선대 통치자인 이반 4세는 물론 표트르 대제, 심지어는 스탈린까지 떠올리게 한다. 오늘날 푸틴은 자신의 꿈을 어느 정도 실현했다고 자타가 공인하는 가운데 러시아 내에서는 물론 국제무대에서도 '21세기의 차르' 또는 '제2의 표트르 대제'라고 일컬어지고 있다.

❙ 2018년 7월 23일 제486호

러시아 혁신성장 정책에 대한 평가와 '국가 기술 이니셔티브 2035'

박지원 | 대한무역투자진흥공사 전문위원

혁신 산업 육성과 이를 바탕으로 한 경제 성장이라는 명제는 현재 러시아 정부가 최대 역점을 두고 추진하는 중요한 과제 가운데 하나다. 자원의존형 경제 구조에서 탈피하고 혁신 산업을 육성하려는 러시아 정부의 의지는 2005년 신경제특구 도입에서 '기술·혁신 경제특구'를 지정하는 것으로 처음 표면화한 이후 2009년 당시 드미트리 메드베데프 대통령의 5대 혁신 산업 육성안으로 이어진 바 있다. 이후 2010년대 들어 러시아 정부는 혁신 발전을 위한 전략과 디지털 경제 육성안 등을 내놓으며 혁신 산업을 러시아의 주요 경제 동력으로 삼고자 노력해 왔으며, 특히 푸틴 4기 정권 출범을 계기로 혁신 산업을 육성하려는 정부의 의지는 더욱 공고화되고 있다.

그렇다면 러시아 정부의 혁신 산업 육성 정책이 본격화된 2010년부터 푸틴 4기 정권 출범 초기인 2018년까지 정부의 혁신 산업 육성 정책을 평가해 보자. 각 항목은 프랑스 인시아드(INSEAD)대학의 사미 마로움 교

┃ 블라디미르 푸틴 러시아 대통령이 로봇과 악수하고 있다(자료: sputniknews.com).

수를 중심으로 개발된 '혁신 효과성 지수(Innovation Efficacy Index: IEI)'를 기반으로 세계은행과 세계경제포럼(World Economic Forum)의 지표를 이용해 계산했다.

먼저 혁신의 잠재력을 평가한 혁신 역량의 다섯 가지 항목에서 러시아의 접근성과 생산성 지표는 2010년과 비교해 2018년에는 객관적으로 눈에 띄게 개선된 결과를 나타냈다. 접근성 면에서는 인터넷 사용자 등이 확대되면서 정보기술(IT)을 기반으로 한 정보 접근성이 개선된 영향이 크며, 생산성 지표가 향상된 것은 그동안 러시아의 지식재산권 보호 정책이 강화되면서 혁신적인 콘텐츠나 아이템 생산을 위한 저변이 확대된 덕분이라고 평가할 수 있다. 다만 접근성은 세계적 관점에서 볼 때 러시아의 상대적인 순위가 2010년대 초반보다 하락했는데, 이는 타국들의 정보 접근성이 러시아보다 더 빠르게 개선되고 있음을 보여준다. 혁신 역량 평가의 나머지 세 가지 항목인 기저, 확산, 활용에서는 2010년부터

2010~2018년 러시아 혁신 역량·실행 결과 평가

구분	접근성	기저	확산	생산성	활용
혁신 역량	개선	정체	정체	개선	정체
혁신 실행	개선	정체	정체	개선	개선

주 1: 혁신 역량·실행의 각 항목은 2010~2018년 사이 변화도를 의미함.
주 2: 각 항목은 세부 지표에 의해 1~7까지의 지표로 평가되었으며, 0.3 이상 지표가 상승하면 개선으로, 그 미만은 정체로 구분함.

2018년까지 개선의 폭이 크지 않았다. 기저 역량은 금융 시장에서 러시아의 소액투자자 보호 제도와 관련한 개선이 미흡해 오히려 2010년대 초반보다 소폭 하락한 결과를 보여주었다. 확산과 활용 역량도 기존보다 각각 0.1포인트 상승에 그쳐 매우 미미한 개선을 나타냈다. 이러한 평가를 통해 볼 때, 러시아의 혁신 역량은 정보의 접근성과 생산을 위한 역량이 개선되긴 했지만, 이를 활용해 기업이 혁신적인 서비스를 만들거나 상품을 내놓는 등 혁신적인 아이디어를 확산하는 역량은 크게 나아지지 않았음을 알 수 있다.

혁신의 결과를 평가한 실행 평가를 보면, 혁신 접근성과 생산성에 더해 활용성 측면이 크게 개선되었다. 접근성은 러시아 가치사슬의 폭이 넓어진 것으로 해석되는데 제조업에서 일정 부분 특정 기업의 수가 확대되고 서비스의 질이 개선된 것으로 평가할 수 있다. 이것이 결국 공산품 수출 증가로 늘어나 혁신 활용성의 개선으로까지 연계된 것으로 볼 수 있다. 다만, 혁신 활용성 지표에서 공산품 수출의 증가는 실제 공산품의 수출이 증가한 것이 원인이기도 하지만, 2014년 이후 국제 원자재 가격이 하락한 영향이 크다.

또한 혁신의 생산성에서도 고등교육 진학률의 증가는 혁신을 실행하는 촉매제 역할을 하고 있음이 나타났다. 반면 혁신 기저와 확산은 2010

년대 초반에 비해 큰 변화가 없는 것으로 드러났다. 기저의 실행은 2010년대 중반부터 계속된 러시아 경기 불황과 이로 인한 외국인 직접투자 감소가 부정적인 영향을 준 것으로 판단된다. 기술 유입과 직접적인 관계가 있는 제조업 분야에서 외국인 투자가 줄어든 것이 기술 이전을 통한 혁신 기저에 악영향을 주고 있고, 이러한 결과로 인해 기술 유입, 기술 인지도 향상, 생산 과정 심화라는 혁신 확산 지표 역시 동반 하락하고 있다.

다양한 지표를 통해 살펴본 결과, 2010년대 이후 러시아의 혁신성장 정책은 혁신의 접근성과 생산성이라는 측면에서 일부 개선되고 있음이 분명하다. 특히 제조업 분야에서 일정 부분 성과를 보이는 것은 주목할 만하다. 그러나 특정 부문에서는 정체가 계속되고 있다. 러시아 정부의 주요 육성 혁신 산업 분야는 '국가 기술 이니셔티브 2035'에 잘 드러나 있다. '국가 기술 이니셔티브 2035'는 4차 산업혁명에 대한 논의가 본격화된 2014년 12월 푸틴 대통령이 이와 관련된 계획 마련을 언급하면서 2015년에 발표한 전략이다. 기존의 다른 혁신 전략과 달리 '국가 기술 이니셔티브 2035'는 제4차 산업혁명에 대응해 러시아 정부가 육성하고자 하는 미래 산업을 목록화한 것으로, 여기에는 인공지능, 무인 항공기, 개인맞춤형 의료 시스템 등 주요 산업이 포함되어 있다. 그러나 중요한 것은 산업 육성과 발전을 위해 산업별로 육성 방식과 재원 투입 방법을 구체화하고 실천하는 것이며 이 과정에서 명목상으로가 아닌 실제로 단계별 성장이 가시화되어야 한다.

현재 많은 국가가 4차 산업혁명을 계기로 혁신 산업 육성을 국가 발전의 최우선 과제 가운데 하나로 여기고 있다. 러시아가 이에 뒤처지지 않으려면 전통적인 제조업을 육성함과 동시에 균형 잡힌 혁신성장 정책을 올바로 추진해 나가야 한다. 이를 통해서만 지속 가능한 경제 구조를 구축하고 외부 환경 변화에 내성을 갖춘 안정적인 경제 성장을 할 수 있을 것이다.

ㅣ 2019년 1월 7일 제510호

한국인들은 푸틴 대통령을 어떻게 생각할까?

국내 여론조사에 나타난 푸틴 호감도

오승호 | 한국리서치 차장

우리나라 사람들은 블라디미르 푸틴 러시아 대통령에 대해 어떻게 생각하고 있을까? 이를 알기 위한 가장 좋은 방법은 인물에 대해 다면 평가를 실시하는 것이다. 그러나 국내에서 해외 지도자에 대한 다면 평가 조사를 독자적으로 시행하는 것은 사실상 불가능하다. 이러한 관계로 제한적이나마 한국갤럽의 데일리 오피니언 조사와 갤럽인터내셔널 조사를 통해 발표된 최근의 여론조사 결과를 바탕으로 푸틴 대통령에 대한 한국인의 인식을 유추해 보고자 한다.

푸틴에 대한 호감도

우리나라 국민은 푸틴 대통령을 얼마나 좋아할까? 불행히도 그에 대해 호감을 보이는 비율보다 비호감을 보인 비율이 다섯 배 가까이 높았다. 2017년 실시한 한국갤럽 데일리 오피니언 조사*에서 우리나라 국민

주변국 정치 지도자에 대한 호감도

	표본 수	호감	비호감	모름/응답 거절	합계
시진핑	1003명	29%	59%	13%	100%
트럼프	1003명	25%	66%	10%	100%
푸틴	1003명	14%	68%	18%	100%
아베	1003명	6%	89%	6%	100%

14%가 푸틴에 대해 호감이 간다고 응답했지만, 68%는 호감이 가지 않는다고 밝혔다.

푸틴 대통령 외에 시진핑 중국 국가주석, 도널드 트럼프 미국 대통령, 아베 신조 일본 총리에 대해서도 물었는데, 4국 정상 모두 호감이 가지 않는다는 비율이 반수 이상인 가운데, 시진핑의 호감 비율이 29%로 그나마 가장 높았고, 다음으로 트럼프(25%), 푸틴(14%), 아베(6%) 순이었다.

2013년부터 네 차례 진행된 푸틴 호감도 조사를 살펴보면, 호감 비율이 26%에서 최근 14%로 절반 가까이 하락한 것을 볼 수 있다. 우리 정부의 북방 경제 협력 의지에도 불구하고 우리 국민에게 푸틴의 이미지는 점점 더 부정적으로 변해간다고 할 수 있다.

우리 국민의 푸틴 호감도는 연령대와 이념 성향별로 차이가 없다는 것이 특징이다. 예를 들어 시진핑, 트럼프, 아베의 경우 연령대가 높을수록, 보수일수록 호감도가 높은 경향을 보였지만, 푸틴의 경우에는 거의 차이가 없다는 것을 알 수 있다.

---

* 조사개요: 2017년 11월 14~16일, 휴대전화 RDD 조사(집전화 보완), 유효표본 전국 성인 1003명, 표본오차 ±3.1%포인트(95% 신뢰수준), 응답률 17%(총 통화 5904명 중 1003명 응답 완료)

푸틴 대통령에 대한 호감도 추이

	표본 수	호감	비호감	모름/응답 거절	합계
2013년 8월 1주(5~8일)	1207명	26%	36%	38%	100%
2013년 9월 4주(23~26일)	1208명	31%	31%	38%	100%
2017년 5월 4주(23~25일)	1003명	13%	67%	20%	100%
2017년 11월 3주(14~16일)	1003명	14%	68%	18%	100%

주변국 정치 지도자에 대한 연령별·이념 성향별 호감도

호감 비율		표본 수	시진핑	트럼프	아베	푸틴
2017년 11월 3주 (14~16일)		1003명	29%	25%	6%	14%
연령별	19~29세	192명	12%	16%	3%	15%
	30대	177명	20%	18%	5%	15%
	40대	191명	31%	16%	3%	14%
	50대	208명	34%	31%	4%	12%
	60대 이상	235명	40%	38%	11%	14%
이념 성향별	보수	266명	32%	34%	10%	13%
	중도	293명	28%	20%	4%	17%
	진보	316명	28%	15%	2%	12%
모름/응답 거절		128명	24%	40%	8%	14%

지도자로서의 푸틴 대통령에 대한 한국인의 인식

우리나라 국민은 푸틴 대통령에 대해 지도자로서 어떻게 생각하고 있을까? 이를 유추하기 위해 만약 우리나라 지도자로 트럼프 대통령과 푸틴 대통령 중에서 한 사람을 골라야 한다면 누구를 선택할지 물어본 흥미로운 조사가 있어 소개하고자 한다.

2017년 11월 한국갤럽에서 조사한 세계 정치 지도자에 대한 호감도

한국 지도자로 트럼프와 푸틴 중 한 사람을 골라야 한다면?

표본 수	트럼프	푸틴	둘 다 싫다	모름/응답 거절	합계
1500명	26%	13%	58%	3%	100%

조사*가 바로 그것인데, 그 결과를 보면 둘 다 싫다는 의견이 58%로 반수 이상인 가운데 트럼프가 더 낫다는 응답이 26%로 푸틴을 꼽은 응답(13%)보다 2배 더 높았다. 우리나라 국민은 둘 다 싫지만, 푸틴보다는 차라리 트럼프가 낫다는 생각을 하고 있다는 것이다. 아베 대 푸틴과 같은 구도로 묻지 않는 한 푸틴이 상상 속에서라도 우리의 지도자가 되기는 어려워 보인다.

지도자에 대한 호감도 조사가 주는 시사점

주변국 정치 지도자에 대한 호감도는 정치 지도자 개인에 대한 이미지뿐 아니라 국가 이미지, 과거 역사적 배경과 현재 한국과의 정치·외교적 관계, 국내 언론의 보도 태도 등 여러 가지 요소가 복합적으로 작용한 결과로 보아야 할 것이다. 푸틴 러시아 대통령에 대한 호감도 역시 이러한 요소가 복합적으로 작용해 나타났을 것이다.

그런데도 푸틴에 대한 호감도가 낮고 또 낮아지고 있다는 점은 향후 한·러 관계 발전에서 걸림돌이 될 것으로 보인다. 더구나 하위집단별로 차이 없이 전반적으로 낮다는 점은 푸틴에 대한 우호 세력이 없다는 방

---

* 조사개요: 2017년 11월 8~28일 전국(제주 제외) 만 19세 이상 남녀 1500명 면접 조사, 표본오차 ±2.5%포인트(95% 신뢰수준), 2단계 층화 집락 지역 무작위 추출 후 표본 지점 내 성·연령별 할당, 응답률 31%(총 접촉 4765명 중 1500명 응답 완료)

증으로, 단기간 내에 호감도를 올리기도 쉽지 않아 보인다. 앞으로 러시아를 중심으로 한 북방 경제 협력을 추진하기 위해서라도 한국인에게 인식된 푸틴의 이미지를 개선해야 할 것이다.

❙ 2018년 3월 12일 제467호

러시아와 국제관계

러시아와 세계

스크리팔 독살 시도 사건으로 본
브렉시트 이후 영국의 대러시아 정책

윤성욱 | 충북대학교 정치외교학과 교수

2018년 3월 4일 전직 러시아 이중 스파이 세르게이 스크리팔과 그의 딸 율리야가 영국 솔스베리의 한 레스토랑 앞 벤치에서 의식을 잃은 채 발견되었다. 러시아의 기밀을 영국 정보국 MI6에 넘긴 죄로 수감 생활을 하다 스파이 맞교환으로 영국으로 망명한 스크리팔과 그의 딸이 의식불명 상태로 발견된 것과 관련해 영국 정부는 러시아 정부의 개입을 주장했다. 이들 부녀가 과거 1970~1980년대 구소련에서 개발된 신경작용제 노비초크에 의해 독살 시도되었다는 것이 그 이유였다. 노비초크는 2017년 김정남을 독살하는 데 사용된 VX 신경작용제보다 독성이 10배 이상 더 많은 것으로 알려졌다. 영국 정부는 이에 대한 조치로 러시아 외교관과 그 가족 23명을 추방했고, 영국과의 공조를 표명한 29개국에서 러시아 관료 145명이 지금까지 추방되었다. 또한 2018년 4월 12일 영국 정부가 채취한 샘플에 대해 화학무기금지기구(OPCW)의 조사 결과가 발표되었는데, 조사 결과는 노비초크 신경작용제가 사용되었다는 영국 정

▌세르게이 스크리팔과 그의 딸 율리야(자료: www.utro.ru).

부의 주장을 뒷받침했다. 영국은 오직 러시아만이 노비초크 같은 특정 화학물질을 생산할 수 있다고 주장하고 있다.

이에 대해 러시아는 자국 정부의 개입을 강력히 부인하며 상응하는 조치로 영국 외교관 23명과 미국 외교관 등 65명을 추방했으며, 영국 문화원과 상트페테르부르크의 영국 영사관도 폐쇄했다. 물론 러시아는 푸틴이 스크리팔 암살 시도 배후에 있고 러시아가 암살에 사용한 신경작용제를 저장해 오고 있다는 영국 정부의 주장도 모두 부인했다. 오히려 영국이 체코, 슬로바키아, 스웨덴, 그리고 미국 등과 함께 신경작용제의 근원지라고 주장했다. ≪더 타임스≫와 ≪더 선≫ 등 영국 신문들은 전직 러시아 정보원들과 러시아 외교부의 언급을 인용해, 스크리팔 사건에 러시아 정부가 개입했다는 논리는 러시아를 겨냥한 서방 국가들의 프레임이라는 주장을 전했다. 러시아 정부가 스크리팔을 살해하려는 의도가 있었다면 굳이 영국이 아닌 러시아에서 할 수도 있었으며, 무엇보다도 러시아 대선을 목전에 두고 푸틴의 대선 승리가 확실한 상황에서 과연 러시아 정부가 전직 정보원에 대한 독살을 주도했겠느냐는 것이다. 이런 러시아 측의 주장도 충분히 설득력 있다.

지금까지 많은 언론 등을 통해 이 사건의 내용이 보도되었듯이 러시아와 영국 양측의 주장은 상반되고 있다. 영국의 입장에서 그나마 다행스러운 것은 EU를 포함해 NATO와 그 회원국 등이 영국의 입장을 지지하고 있다는 것이다. 그러나 영국에 대해 지지를 표명하는 많은 국가, 특히 EU와 그 회원국들의 입장을 더 자세히 살펴볼 필요가 있다. 2018년 3월 14일 NATO의 성명서, 3월 15일 프랑스, 독일, 미국과 영국의 공동 성명서, 그리고 3월 19일 EU의 성명서는 모두 영국과의 굳건한 결속(solidarity)을 강조하고 있다. 그러나 이들의 성명서에서, 심지어 메이 영국 총리조차도 영국 의회와 UN 안보리에서 신경작용제에 대해 'of a type developed by Russia'라는 표현을 사용했다. 일부 전문가는 러시아에서 만들어졌거나(made) 생산되었거나(produced), 제조되었다(manufactured)는 단어를 사용하지 않은 것은 영국조차도 노비초크가 러시아에서 합성되었다는 확신이 없기 때문이라고 보고 있다. 그런데도 영국이 러시아에 대해 강경 대응 기조를 견지하는 이유는 무엇일까?

우선 영국 정부의 이번 조치는 과거 유사한 사례와는 사뭇 다르다고 할 수 있다. 2006년 방사성 물질이 함유된 차를 마시고 사망한 러시아 전직 정보원 알렉산드르 리트비넨코의 사례나 2015년 알렉산드르 페레필리치니의 사망에서도 러시아가 배후에 있다는 주장은 계속 제기되었다. 스크리팔 사건의 경우 노비초크가 사용된 것은 확인되었으며, 이 신경작용제가 구소련에서 개발되었다는 것만으로 영국 정부는 러시아를 사건의 배후라고 주장하고 있다. 그러나 영국이 스크리팔의 경우에서만 러시아에 대해 초강경 조처를 하는 이유는 무엇일까? 한 가지 분명한 점은 노비초크 신경작용제에 의한 독살 시도가 주말에 도심 한복판에서 발생했고, 많은 시민이 신경작용제에 노출될 수 있었기 때문일 것이다. 130여 명의 시민이 병원에서 검사를 받았지만, 다행히 의심 징후를 보인 사람은 없었다. 또한 사용 금지 화학물질을 사용했다는 것, 게다가 영국 영토에서 사용했다는 것도 영국 정부가 강경 대응한 동기였을 것이다.

그러나 이러한 점 외에도 영국의 상황, 특히 브렉시트(Brexit)와 그로 인한 국제무대에서의 영국의 위상 정립 간의 연관성에 주목할 필요가 있다. 주지하다시피 영국은 현재 EU 탈퇴 절차를 밟고 있다. 아직은 공식적으로 EU 회원국이지만, EU 탈퇴가 기정사실인 상황에서 영국은 EU를 포함한 미국 등 동맹국들과 굳건한 관계를 유지하고 있음을 대내외에 보여줄 필요가 있다. 과거 마스트리흐트 조약을 계기로 유로화 출범이 EU와 전 세계의 화두가 되었던 시절에 영국은 논의에서 제외되었다. 유로화 창설에 참여하지 않았기 때문이다. 가장 중요한 논의 과정에 참여하지 못한 영국은 1998년 프랑스 생 말로에서 개최된 유럽이사회에서 독자 방위 기구를 설치하는 안을 제안했다. 이러한 제안은 미국이 주도하는 NATO와 갈등을 유발할 수도 있다는 점, 그리고 무엇보다도 과거 유럽 통합 과정에서 영국이 보여준 태도를 고려할 때 상당히 놀라웠다. 영국은 유럽의 중심적 위치에 자리하길 원했던 것이다. 그리고 현재 EU를 탈퇴하기로 한 상황에서는 과거 유사한 사례와는 다른 강력한 조처로 전 세계의 이목을 집중시키고 EU와의 결속력을 보여주고 싶었던 것이 아닐까?

영국과 EU는 2019년 3월 말 브렉시트 이후 21개월 간, 즉 2020년 12월 31일까지 단일시장 접근, 관세 동맹국 지위 유지 등의 과도 기간을 갖기로 합의했다. 그러나 이 기간에 영국은 EU의 정책 결정에 참여할 수 없다. 유럽 통합 과정에서 이른바 '어색한 파트너(awkward partner)'로 불리며 비협조적이던 영국이 EU 탈퇴를 결정한 데 대해 EU 회원국들의 시선이 고울 리 없다. 더욱이 EU와 브렉시트를 협상하는 과정에서 영국이 보인 태도는 EU 회원국들, 특히 영국 동맹국 대다수에 더 큰 실망감을 주었다. EU의 테두리를 벗어나는 상황에서 영국은 유럽 국가들과의 새로운 관계 설정이 필요했는데, 스크리팔 사건에 대해 EU가 영국의 입장을 지지한 것은 영국의 대러시아 강경 대응에 큰 힘이 될 수밖에 없다. 다시 말해, 향후 영국이 단지 러시아뿐만 아니라 다양한 형태로 직면하게 될 안보 위협에 어떻게 대처해야 하는가는 영국에 남겨진 큰 숙제다. EU와의 브렉시트 협상에서 영국 측 대표였던 데이비드 데이비스도 EU 대표와의 합동 기자회견에서 영국은 다른 어떤 국가보다 EU와 더 굳건한 관계를 형성하기를 원한다고 언급했다. 이러한 영국의 반응은 브렉시트가 낳은 결과라 할 수 있다. 정치평론가 존 올리버는 영국의 EU 탈퇴는 영국, 러시아, 터키가 EU를 둘러싸는 다극 체제의 유럽을 만들 수 있다고 주장했다. 스크리팔의 사태는 올리버의 이러한 주장을 예상보다 빨리 보여주고 있으며, 결국 영국이 안보 측면에서 EU에 의존할 수밖에 없음을 보여주고 있다.

영국 정부는 추가 대러 제재를 고려하고 있다고 공공연히 언급했다. 그러나 두 가지 측면에서 사실상 영국의 대러 추가 조치가 쉽지만은 않다. 첫째는 영국 경제에서 차지하는 러시아의 중요성 때문이다. 일례로 2018년 3월 19일 CNBC의 보도에 따르면 러시아의 가스프롬은 약 7억 5000만 유로의 채권을 런던 시장에서 운용 중이다. 영국과 러시아의 교역도 중요하지만, 러시아는 영국의 서비스 산업에서 가장 중요한 고객이

기도 하다. 둘째, EU가 과연 어디까지 영국과 공동 대응을 해줄 것인지 의문이기 때문이다. EU의 외교·안보 정책은 사실상 회원국들이 많은 권한을 가지고 있다. 즉, 자국의 이해관계에 따라 분열된 모습을 보이고 있다. 또한 EU는 러시아에 대한 에너지 의존을 줄이기 위해 오랫동안 노력해 오고 있지만 아직도 러시아 자원에 대한 의존도가 높은 실정이다. 러시아에서 발트해를 거쳐 독일을 잇는 가스관 건설 프로젝트인 약 110억 달러 규모의 노드 스트림 2에 독일은 전폭적인 지원을 약속해 왔다. 독일뿐만 아니라 EU의 많은 회원국에도, 그리고 EU 자체에도 러시아는 가장 중요한 외교 대상국 중 하나였다. 현재까지 EU가 보여준 영국에 대한 지지가 영국의 추가 강경 조치에서도 계속 이어질 수 있을지 의문스러운 이유다.

더욱이 영국이 EU 회원국의 지위를 유지하는 한 러시아에 대한 EU 차원의 제재는 EU법에 근거한다. 다시 말해 EU 회원국으로서 영국이 단독으로 제재를 시행할 수 있는 법적 근거가 없다. 최근 영국과 EU가 합의한 바에 따르면, 브렉시트 이후 과도 기간 중 영국은 정책 결정권 없이 EU 규정에 구속된다. 이러한 논리에 따르면 영국이 회원국으로서 EU 차원에서 러시아에 강력한 제재를 취하도록 요구할 수 있는 시간은 1년이 채 남지 않았다. 영국은 곧 EU를 떠나는 상황이고 EU 회원국들에 러시아가 갖는 경제적·정치적 중요성을 고려할 때, EU가 영국의 대러 추가 강경 조치를 계속 지지하면서 결속력을 보이기는 쉽지 않을 것이다. 영국이 EU 차원의 추가 조치를 기대하거나 주장하기는 더욱 어려워 보인다. 만약 영국이 러시아에 대해 시행할 추가적인 조치를 EU 차원에서 논의할 경우 러시아를 둘러싼 회원국들의 이해관계가 달라 자칫하면 분열되는 민낯을 보여줄 가능성이 있다. EU에는 더 치명적일 수도 있다.

스크리팔 사건은 브렉시트 이후 안보 분야에서 영국과 EU 간 새로운 관계 설정이 필요하다는 것을 각인시켜 준다. 스크리팔 사건은 EU 테두리를 벗어나 영국 단독으로 러시아를 상대하기가 쉽지 않음을 보여주고 있기 때문이다. 그동안 브렉시트와 관련해 내부적인 또는 경제적인 이슈에 대한 논쟁이 주를 이루었다면, 이제 대외정책으로까지 논쟁이 확대될 것으로 보인다. 브렉시트가 마냥 행복한 결말이 아닐 수도 있음을 보여주는 또 하나의 사례가 바로 스크리팔 사건이다.

▮ 2018년 5월 7일 제475호

중·러 동부 가스관 건설과 중국의 러시아산 LNG 수입

조정원 | 한양대학교 에너지거버넌스센터 전임연구원

중국과 러시아는 2014년 11월 '시베리아의 힘' 2기 가스관을 건설하고 30년 동안 매년 300억㎥의 러시아산 천연가스를 수출하는 데 합의했다. 그로부터 7개월 후인 2015년 6월 29일 중국석유는 '시베리아의 힘' 가스관과 중국을 연결하는 중·러 동부 가스관의 중국 구간 건설을 시작했다. 중·러 동부 가스관의 중국 구간 기점은 극동 러시아의 블라고베센스크와 국경을 맞대고 있는 헤이룽장성의 헤이허(黑河)다. 3371km에 걸쳐서 건설되는 중·러 동부 가스관은 헤이룽장성 헤이허를 시작으로 중부 구간인 지린성 창링(長岭) - 허베이성 융칭(永淸) 노선, 남부 구간인 허베이성 융칭 - 상하이(上海) 노선으로 나눠서 건설하고 있다. 중국석유는 2019년 10월부터 북부 구간에 러시아산 천연가스 공급을 시작하고 2020년 12월부터는 전 구간에 러시아산 천연가스를 공급할 계획이다.

중국은 중·러 동부 가스관을 건설하는 동안 러시아에서 LNG를 수입했다. 그러나 러시아에서 도입한 LNG의 양은 2016년 25만 7000톤으로

중국 전체 LNG 수입량의 0.98%에 불과했으며, 2017년에는 44만 5000 톤으로 중국 전체 LNG 수입량의 1.2%에 그쳤다.

그러나 중국석유가 20%, 중국 실크로드기금이 9.9%의 지분을 투자한 러시아 야말-네네츠 자치구의 LNG 터미널 공사가 완공되어 2017년 12월 8일 쇄빙 LNG선을 통해 대중국 LNG 수출이 시작되면서 2018년 중국의 러시아산 LNG 수입량이 늘어나는 계기가 마련되었다. 야말 LNG 터미널을 통한 러시아산 LNG의 대중국 수출이 가능해진 데는 중국석유와 중국 실크로드기금의 지분 투자와 더불어 2016년 4월 중국수출입은행이 15년간 93억 유로, 중국국가개발은행이 15년간 98억 위안의 대출을 제공한 것도 큰 도움이 되었다.

야말 LNG 터미널에 대한 중국의 엄청난 지원이 가능할 수 있었던 데는 중국 중앙정부 국무원이 2015년 3월 '국제산업에너지, 장비 제조 협력 가이드라인(國務院關于推進國際産能和裝備制造合作的指導意見)'(이하 국제산업 협력 가이드라인)을 내놓았기 때문이다. 국제산업 협력 가이드라인은 중국 중앙정부의 국무원 국가발전개혁위원회와 외교부, 상무부가 함께 발표한 '실크로드 경제권과 21세기 해상 실크로드 추진을 위한 전망과 행동(推動共建絲綢之路經濟帶和21世紀海上絲綢之路的願景与行動)'(이하 전망과 행동)과 같은 시기에 나온 정책이다. 전망과 행동에서는 송유관과 가스관의 연결, 자원 탐사와 개발 협력을 주요 과제 중의 하나로 명시했다. 국제산업 협력 가이드라인에서는 전망과 행동에서 주요 과제로 언급한 중국의 에너지 파이프라인의 연결, 자원 탐사와 자원 개발 협력을 뒷받침하기 위한 중국 로컬 은행들의 저금리 대출, 프로젝트 융자를 통한 해외에서의 대형 프로젝트 진행을 지원할 것임을 명시했다. 이처럼 중국 중앙정부와 중국 정책 금융 기관들의 막대한 자금 지원 및 중국 국

▌ 야말 LNG 터미널(자료: www.total.com).

영기업의 생산 능력이 뒷받침되었기에 야말 LNG의 대중국 수출이 가능할 수 있었다.

　중국으로서는 천연가스 수입선을 다변화함으로써 중동 국가들에 대한 의존을 줄여야 했는데, 이러한 작업은 중앙아시아-중국 가스관을 통한 투르크메니스탄 천연가스의 대량 수입, 우즈베키스탄과 카자흐스탄 천연가스 수입의 병행, 호주와 인도네시아, 말레이시아, 파푸아뉴기니 천연가스 수입 등을 통해 가시적인 성과를 내기 시작했다. 그러나 2017년 중국 중앙정부가 중국의 수도권 지역인 베이징(北京), 톈진(天津)과 허베이성을 중심으로 석탄의 천연가스 대체[煤改气]를 추진하면서 천연가스 수요가 급증했다. 그중 허베이성은 2017년 11월 28일 천연가스 공급 부족 경보를 발효했고, 그 후에도 천연가스 공급 부족으로 병원과 주택, 학교에서 난방과 연료 공급에 어려움을 겪기도 했다. 이처럼 중국 수도권의 천연가스 공급 부족을 근본적으로 해결하려면 국외 천연가스 수입량을 늘리는 방법밖에 없다. 특히 러시아와 지리적으로 멀지 않은 중국의 동북 지역과 수도권에는 러시아산 천연가스 공급을 늘려서 천연가스 수입 비용과 시간을 줄이고 천연가스 공급량을 늘려야 한다. 이를 위해 베이징천연가스그룹(北京燃气集團公司)은 2017년 6월 30일 러시아 산초스크 석유가스전 지분 20%를 매입해 러시아산 천연가스 수입을 늘리고자 했다. 그러나 중국 수도권 지역의 천연가스 수요를 충족시킬 정도의 물량은 아직 확보하지 못하고 있다. 따라서 중국은 현재 건설 중인 중·러 동부 가스관을 조속히 완공해 러시아산 천연가스 공급도 큰 폭으로 늘려야 한다. 중국석유가 계획한 대로 2020년 12월부터 중·러 동부 가스관을 통해 러시아산 천연가스 공급이 시작되면 허베이성을 비롯한 수도권 지역과 화동(華東)의 경제·산업 중심인 상하이에 천연가스 공급이 늘어날 것이다. 러시아산 천연가스 공급과 사용이 증가하면 전력 생산과 난방에 많이 사용되는 석탄과 자동차 연료로 사용되는 휘발유 사용이 감소해 중국 중앙정부가 바라는 대로 중국의 대기 오염 문제를 완화하는 데 도움이 될지도 지켜볼 필요가 있다.

| 2018년 7월 9일 제484호

유로마이단 혁명 5주년 즈음에 발생한
우크라이나 함정 나포 사건을 보며

김병호 | ≪매일경제≫ 차장·전 연합뉴스 모스크바 특파원

최근 러시아가 우크라이나 함정을 나포하고 승조원을 억류하는 사건이 발생하면서 그동안 잠잠하던 양국 간 분쟁이 재점화하는 것 아니냐는 우려를 낳고 있다. 러시아 해안경비대는 2018년 11월 25일 영해 침범을 이유로 흑해에서 아조프해로 들어가는 길목인 케르치해협에서 우크라이나 해군 함정 2척과 예인선 1척을 나포했고, 탑승한 24명의 수병을 수감했다. 사건 발생 직후 우크라이나 정부는 러시아와 인접한 자국의 주(州)들을 대상으로 계엄령을 선포하고 군사훈련을 시행했고, 러시아도 크림반도 북부에 중장거리 미사일 포대를 추가 배치하는 등 대결 국면으로 치닫고 있다. 2014년 크림반도 합병 및 우크라이나 동부 지역 친러 공화국의 분리주의 선언과 함께 러시아의 우크라이나 영토 지배가 현실화하고 있는 가운데 이번 사건으로 제해권까지 러시아가 넘보려 한다는 시각이 대두되면서 양국 관계는 봉합은커녕 악화일로를 걷고 있다.

필자는 2004년 우크라이나 '오렌지 혁명'이 일어나던 당시 모스크바

특파원으로 키예프에 있었고, 그로부터 10년 후 일어난 2014년 유로마이단 혁명 때도 키예프에 파견되어 현장을 취재했다. 2016~2017년 카자흐스탄 연수 시절 우크라이나를 수차례 다녀오는 등 러시아와 우크라이나 관계에 관심을 기울여 왔던 터라 이번 사건을 지켜보면서 몇 가지 사항을 얘기해 보고자 한다.

첫째는 우크라이나 함정 나포 사건에 대한 국제사회의 관심과 파급력이 예전과 달리 매우 미약하다는 것이다. 도널드 트럼프 미국 대통령이나 미 국무부는 아무런 반응을 내놓지 않았고, 예전 같으면 UN 안보리 결의라도 나왔겠지만 이번엔 잠잠했다. 페데리카 모게리니 EU 외교정책 대표가 며칠 뒤 러시아의 무력 사용 중단과 억류 승조원 석방을 요구한 것이 사실상 국제사회 대응의 전부다. 이는 2017년 키예프에서 만난 고르셰닌연구소의 알렉세이 레셴코 부소장이 서방에서 '우크라이나 피로감(fatigue)'이 나타나고 있다고 말한 바와 궤를 같이한다. 끝이 보이지 않는 러시아와의 지루한 분쟁에 서방이 적극적으로 끼어들 만큼 한가하지 않은 데다 우크라이나에 대한 지원 결과가 '밑 빠진 독에 물 붓기'식으로 되고 있어 일방적인 우크라이나 편들기는 더 이상 힘들다는 것이다. 전쟁으로 시끄러운 데다 가난하고 부패한 우크라이나를 EU에 들여놓기 위한 협상은 중단된 지 오래다. 특히 미국 정부가 우크라이나에 대해 보이는 소극적인 태도는 어느 정도 예상되었던 일이다. 2016년 미국 대선을 앞두고 우크라이나 정부가 트럼프 대신 일방적으로 힐러리 클린턴을 지원한 마당에 트럼프가 페트로 포로셴코 정부에 큰 애착을 느끼긴 어렵다. 대선 전부터 블라디미르 푸틴과 밀월을 과시한 트럼프를 향해 '위험한 이단아', '도를 넘는 어릿광대' 등의 비난을 퍼부은 사람들이 바로 우크라이나 고위 관료들이다. 레셴코 부소장은 "우크라이나 정부가 성급하게 힐러리를 공개적으로 지지한 원죄 때문에 트럼프 시대는 우크라이나 외교에 큰 고통이 될 것"이라고 밝혔다. 트럼프가 취임 직후 포로셴코와의 전화 통화를 보류한 채 방미한 야당 인사 율리야 티모셴코 전 총리부터 만난 것도 '우크라이나 길들이기'라는 정치적 계산에서 나온 행보였다.

나포 사건 직후 포로셴코 대통령은 미군 기지를 러시아 접경지대에 설치하는 문제를 협의하고 있다고 밝혔지만, 미국으로부터 구체적인 답변을 기대하는 것은 비현실적이다. 특히 트럼프로서는 중국과는 무역 분쟁을 벌이고 유럽과는 NATO군 비용 분담 등을 놓고 첨예한 갈등을 빚는 와중에 러시아를 자극해 대결 전선을 확대하는 것은 부담스럽다. 미군 주둔비 삭감 등 외국에 대한 비용 지출을 극도로 꺼리는 트럼프의 속성상 우크라이나에 대한 군사·재정 지원은 추가로 늘어나기 어려우며, 더욱이 무리하게 이를 시도해 러시아를 자극할 유인도 없다.

키예프에서 만난 올렉산드르 찰리 우크라이나 전 제1외교차관은 동서로 갈라진 우크라이나 분단 문제를 해결하는 데 힐러리보다는 트럼프가 낫다는 식으로 평가한 바 있다. 그는 러시아와 가까운 트럼프가 푸틴과 모종의 큰 합의를 함으로써 동부 지역이 우크라이나에 넘어올 기회가 생길 것으로 보았다. 힐러리가 속한 민주당의 버락 오바마 정권에서는 크림과 우크라이나 동부를 무력하게 내주고 지금의 고착 상태에 이르렀지만, 트럼프 같은 돌연변이가 나와 새로운 일을 벌여야 우크라이나 통일의 전기가 마련된다는 취지였다. 하지만 그의 말은 결과적으로 틀렸다. 트럼프는 우크라이나의 동서 분단에 대해 아무런 관심이 없으며, 이번 사태에 대한 침묵도 그 연장선상에 있다. 그로서는 러시아에 대해 지금 정도의 제재를 유지하는 것으로 충분하니 남의 문제에 더는 개입할

■ 페트로 포로셴코 우크라이나 대통령(자료: www.unian.net).

필요가 없다고 보는 것이다. 결국 예전과 달리 우크라이나 사태를 바라보는 서방의 시각은 싸늘해지고 있고 남에게 의존해 러시아를 압박하려는 우크라이나 측의 의중은 더 이상 먹히기 힘들다는 사실을 이번 사태는 보여주고 있다.

둘째, 우크라이나 함정 나포 사건이 유로마이단 혁명 5주년을 즈음해 벌어졌다는 것은 주목할 만하다. 5년여 전인 2013년 11월 21일 당시 빅토르 야누코비치 우크라이나 대통령이 유럽과의 협력협정 체결을 중단하자 정부의 부패에 염증을 느낀 시민들이 들고일어나면서 혁명의 막이 올랐다. 이후 야누코비치 대통령이 러시아로 줄행랑치면서 정권은 친서방을 표방한 포로셴코에게 넘어갔고, 이에 반발해 친러시아 성향의 동부는 러시아의 지원을 받아 키에프 중앙정부와 단절된 자치독립정부 수립을 선언했다. 크림반도에서는 러시아군이 파병되어 합병을 달성하면서 우크라이나는 영토가 상실되고 조국이 분단되는 현실을 맞았다. 이것이

유로마이단 혁명으로 인한 결과였다.

　우크라이나 함정 나포 사태가 발생한 2018년 11월 25일은 유로마이단 혁명이 발생한 지 5주년이 막 지난 시점으로, 러시아나 우크라이나 모두 정치적 노림수가 있었음이 분명해 보인다. 자작극을 벌여 내부 국민의 불만을 외부로 표출시킴으로써 권력 기반을 강화할 유인이 푸틴이나 포로셴코 모두에게 존재하고 있기 때문이다.

　푸틴은 장기 집권에 대한 거부감과 최근 연금 수령 시점을 늦추는 방안 등으로 인기가 예년 같지 못하고, 포로셴코도 지지부진한 개혁으로 2019년 3월 대선과 하반기 총선에서 승리를 장담하기 힘든 상황에 놓여 있다. 푸틴이 우크라이나 함정 나포 사태 직후 "우크라이나 대선전에 이용당하지 않겠다"면서 포로셴코의 전화 통화 요청을 거부한 것은 우크라이나의 책동을 경고한 것이다. 러시아에서는 푸틴 외에 뾰족한 리더십 대안이 없는 반면, 포로셴코의 경우 대체할 후보군이 상대적으로 많은 데다 당장 2019년 초 대선을 앞두고 있어 우크라이나가 사태를 촉발할 유인이 좀 더 컸을 수는 있다. 반대로 푸틴 대통령의 경우 이번 도발로 우크라이나 친서방 정권의 무능력을 내보이며 결과적으로 2019년 대선에서 친러시아 정권의 탄생을 도모했을 가능성도 배제할 수 없다.

　문제는 우크라이나가 혁명 후 거둔 개혁 성과에 대해 국민의 공감을 얻지 못할 경우, 이런 지엽적인 도발 사건은 민심을 바꿀 만한 소재로 작용하지 못한다는 것이다. 영국 경제지 ≪파이낸셜 타임스≫가 최근 우크라이나를 가리켜 "혁명에는 선수지만, 개혁에는 하수"라고 비아냥거린 것도 민심을 얻는 본질을 도외시한 채 옛 소련 유산인 공작과 도발 같은 것으로 답을 찾으려 하는 데 대한 비판이었다. 실제 국제기구와 외신들은 유로마이단 혁명 이후 시행된 우크라이나 개혁에 대해 대체로 부정적인 평가를 내리고 있다. IMF가 우크라이나가 부패로 GDP의 2%를 깎아먹는다고 지적한 것이 대표적이다. 유럽부흥개발은행(EBRD)은 우크라이나 정부의 투명성이 개선되지 않고 있고, 이로 인해 IMF나 원조국들의 자금 지원이 계속될 수밖에 없다고 지적했다. 부패 외에도 커지는 빈부 격차, 권력 유착 사법제도, 사유화 부진 등에 따른 시장질서 부진 등으로 개혁 작업은 전반적으로 미흡하다는 평가다. 유로마이단 혁명 이후 연평균 4%가량의 경제성장률을 기록하고 있지만, GDP에서 차지하는 국내외 투자 비중이 20%를 밑도는 것 역시 우크라이나 상황에 대한 부정적인 평가가 많음을 보여주는 방증이라는 해석도 있다.

셋째는 한국과 더불어 지구상에서 분단 상황을 겪고 있는 우크라이나의 통일 가능성이다. 우크라이나 함정 나포 사건을 통해 러시아는 크림반도와 인근 해역에서 자국 영토와 영해 수호를 명분으로 언제든 무력도발을 재개할 수 있다는 점을 다시 한 번 확인했다. 우크라이나 당국은 러시아 측의 도발로 몰아가며 국민 단결을 외치고 있지만, 수사에 그칠 뿐이다. 지난 5년간 영토를 되찾겠다는 말만 무수히 할 뿐 실행은 없었다. 친러시아 반군이 사실상 장악한 동부 지역에 대해 우크라이나 당국은 러시아 위세에 눌려 영토를 수복하기 위한 구체적인 목소리를 내지 못하고 있다. 전문가들도 사실상 해법이 없다며 고개를 젓는다. 고르세닌연구소의 빅토르 소콜로프 수석 부소장은 동부 땅을 찾는 데 1~2년이 아니라 오랜 시간이 걸릴 것이라고 솔직히 털어놨다. 그는 "아마 푸틴이 통치하는 기간에는 회복할 수 없을지 모른다. 동부의 돈바스는 우크라이나 전체를 불안정하게 만들려는 푸틴의 전략상 매우 중요하기 때문이다. 푸틴은 우크라이나가 EU와 NATO에 들어가지 못하도록 동부 지역을 붙잡아두고 계속 방해 공작을 하려고 한다"라고 설명했다.

개인적으로 우크라이나 대외정책은 근원적인 문제를 안고 있다고 생각한다. 유럽과 러시아 사이에서 한쪽만을 편드는 식의 외교가 우크라이나의 안정과 번영에 과연 도움이 되는지에 대한 치열한 논의부터 선행되어야 한다. 똑같은 슬라브 민족인 데다 역사적으로 오랜 시간 한 몸이었고 지금도 국경을 마주하고 있는 나라끼리 화합 대신 갈등만 키우는 것은 한 국가의 에너지를 고갈하는 일이다. 많은 동유럽 국가가 외세에 시달린 역사를 되풀이하지 않으려고 소련 해체 이후 NATO와 EU에 들어가 국가 안보를 도모하면서 그 여력을 경제 발전에 쓰고 있지만, 우크라이나는 아직도 무력 충돌의 우려에서 벗어나지 못하고 있다. 우크라이나 정치권은 국가 전체의 발전보다는 유럽을 지향하는 슬로건을 내세워 정권 유지에 급급하다. 러시아 눈치를 살피며 다른 방향에서 국론을 분열하는 상대 쪽도 마찬가지다.

　　우크라이나의 정치·사회 수준, 낙후된 경제 상황, 러시아의 반발 등을 고려하면 우크라이나가 EU 및 NATO에 가입하는 것은 요원한 일이다. 소련 붕괴 직후 서방에서 이것저것 따지지 않고 서둘러 받아주던 때와는 상황이 다르다. 우크라이나는 러시아와 유럽 사이에서 어떻게 하면 중간자적 이익을 얻을지 더 많은 고민이 필요하다. 나포 사건 같은 일로 정치적으로 유리한 국면을 조성하려는 시도는 지금의 후진적 상태를 탈피하는 데 도움이 되지 않는다. 이제 국제사회는 러시아와 우크라이나 간의 분쟁이 대규모 사상자를 내지 않는다면 큰 관심을 두지 않을 것이다. '아메리카 퍼스트', '차이나 퍼스트' 등을 외치며 각자 살기 바빠진 국가들로서는 한가하게 남의 일에 끼어들 여지가 없기 때문이다.

　　오렌지 혁명 이후 친서방 성향의 유셴코 정부에서 제1외교차관을 지낸 올렉산드르 촐리는 필자가 우크라이나의 균형 외교를 강조하자 "전적으로 맞다"라며 고개를 끄덕였다. 찰리 전 차관의 다음 발언 내용이 우크라이나가 나아가야 할 방향이라고 본다.

"우크라이나 항공사들은 이제 러시아 도시로 일절 운항하지 않는다. 유로마이단 혁명이 일어나고 1년여 만에 모든 러시아 노선을 중단했다. 이렇게 유럽만 바라보고 가는 게 과연 옳은가. 답변은 절대 그렇지 않다는 것이다. 우리 수출품은 곡물과 고기, 광물 정도인데 기술 제품은 첨단 시장인 EU에 진출하기 힘들다. 러시아와의 관계가 중단되면서 교역의 질도 낮아졌다는 얘기다. 우리는 좀 더 개방된 경제 환경을 갖추고 더 많은 외국인 투자를 유치해야 하는데 한쪽을 고의로 막고 있으면 그 자체가 투자 환경에 마이너스가 된다. 일방적인 서구 편향은 안 되며, 러시아와의 갈등 수위를 조절해야 한다."

▎2018년 12월 17일 제507호

카리모프 이후
더 큰 개방과 개혁으로 질주하는 우즈베키스탄

김석환 | 한국유라시아연구소 소장·한국외국어대학교 초빙교수

이슬람 카리모프가 사망한 지 벌써 1년 6개월여. 현재 우즈베키스탄에는 가히 혁명적이라 불릴 만한 변화들이 진행되고 있다. 샤브카트 미르지요예프 대통령은 카리모프의 충실한 후계자가 되리라는 예측을 넘어서고 있다. 미르지요예프 대통령은 한편으로는 전임자이자 건국 대통령인 카리모프를 기리면서도 다른 한편으로는 과거와의 결별을 결심한 듯 아주 빠른 속도로 카리모프 시대로부터 멀어지고 있다.

과거보다 '더 큰 개방과 더 큰 개혁'으로 칭할 만한 이러한 변화들은 대부분 우즈베키스탄 입법기관인 올리 마즐리스를 통해, 일부는 대통령 명령이나 행정부의 고시를 통해 이루어지고 있다. 그동안 CIS 국가에서는 권력 승계 이후 나타난 변화가 무력이나 충돌과 결부되는 경우가 많았는데 우즈베키스탄에서는 법치에 근거해 개혁과 개방이 이루어지고 있어 국내외 투자가들과 주변국들을 안심시키고 있다.

2016년 12월 14일 취임사를 통해 밝힌 6대 주요 과제에서는 경제 개혁

카리모프 이후 더 큰 개방과 개혁으로 질주하는 우즈베키스탄 **111**

및 자유화 부문이, 2017년 2월 채택된 '2017~2021 우즈베키스탄 발전 심화를 위한 행동 전략'에서 밝힌 5대 우선 과제에서는 사법 시스템 개선, 경제 자유화, 적극적 외교 정책 수행의 부문이 눈에 띄게 강조되고 있으며 일정 부분 성과도 내고 있다.

이에 따라 국내 권력 지형, 대내외 정책, 경제 협력 정책 등에서 큰 변화가 초래되었다. 당장 외환 자유화 정책, 국영 기업 사유화 정책, 대기업 관련 친화 정책 등에서 전임 카리모프 대통령 시절에는 상상할 수 없었던 현격한 변화가 시도되었다. 또한 러시아와 중국, 미국 등 강대국 간 견제와 균형 정책을 추진하면서도 러시아에 좀 더 우호적인 정책을 표명하고 있으며, 중앙아시아 주변국과의 공동 발전소 설립 및 협력 관계 정상화를 추진하는 등 지역 협력 정책도 추구하고 있다.

미르지요예프가 추구하는 이러한 정책은 결국에는 우즈베키스탄 내부와 중앙아시아 지역 내 파벌 간 역학 관계, 지역 엘리트 충원 및 자원 배분의 메커니즘에 영향을 미칠 수밖에 없다. 따라서 과연 이러한 변화가 언제까지 그리고 어느 범위까지 확장될지 귀추가 주목된다. 현재 미르지요예프 대통령은 카리모프 치하 핵심 실세와의 거리 두기 및 유력 세력들에 대한 힘 빼기 작업을 시도하고 있다. 그리고 그 과정에서 그가 권력 투쟁에서도 매우 능력이 있음을 보여주고 있다.

카리모프 시절 우즈베키스탄의 국내 정치는 비밀 경찰조직인 국가안보부(SNB)가, 대외경제는 재무부가 책임졌다. 양 기관의 책임자인 루스탐 이노야토프와 루스탐 아지모프 부총리는 대단한 권력을 누렸다. 특히 이노야토프는 사실상 2인자로서 기능했고 그를 통하지 않고는 고위직과 요직에 진출할 수 없었다. 경제 분야의 정상적인 투자와 협력 등도 SNB의 영향력을 벗어날 수 없었다. SNB는 옛 소련의 국가보안위원회

▌ 2016년 12월 14일 우즈베키스탄 2대 대통령으로 취임한 샤브카트 미르지요예프(자료: www.uza.uz).

(KGB)와 유사한 기능을 수행해 국경 관리, 방첩, 인사 및 주요 국내 정치 문제에 개입했다. 또 재무부는 공적개발원조(ODA)를 비롯해 채무 협상 등 대외경제 협력을 책임졌다. 미르지요예프 대통령은 이런 실세들을 일거에 무력화했다. SNB의 권한을 축소하고 라이벌 파벌의 핵심 실세를 복권하는 등 이노야토프를 무력화하고 있다. 금융 분야도 마찬가지다. 아지모프를 경질한 것에 그치지 않고 아지모프 왕국이라 불리던 재무부 및 대외경제와 관련된 내부의 권력관계를 그야말로 청소하고 있다.

미르지요예프 대통령은 올리가르흐(재벌)의 활용에서도 새로운 접근법을 보여주고 있다. 러시아의 대표적 올리가르흐인 알리셰르 우스마노프 외에도 우즈베키스탄 출신의 유력 기업인들이 미르지요예프 대통령과 수시로 회동하면서 투자 문제 등을 논의하는 것으로 알려졌다.

이러한 변화들을 자세히 관찰해 보면 미르지요예프 대통령은 전임자인 카리모프 대통령 시절 유지되던 권력 운용과 경제 운용 정책에서 근본적인 변화를 추구하고 있음을 알 수 있다.

카리모프 전임 대통령은 반재벌 정책으로 유명했다. 2009년의 선언은 이를 상징했다. 당시 카리모프 대통령은 우즈베키스탄 내의 소득 불균형을 좌시하지 않겠다면서 올리가르흐를 배제하는 경제 정책을 펼쳤다. 당시 유명했던 기업인들이 줄줄이 부패 혐의로 체포되었다. 대신 강력한 국영기업 제도가 그대로 유지되었다. 이 때문에 우즈베키스탄은 다른 옛 소련권 국가들과 달리 국영기업 민영화도 더뎠고 대기업이 존재하지 않고 국영기업이 영향력을 유지하는 구조를 유지해 왔다. 이는 러시아, 카자흐스탄, 우크라이나와 완전히 다른 정책이었다. 대기업과 올리가르흐 대신 관료와 국가가 우즈베키스탄 경제를 좌우했다. 관료의 힘이 강해졌고 관료의 임명과 해임을 결정지을 권력자들의 힘이 경제에 비정상적으로 개입했다.

이러한 정책은 한편으로는 '우즈베크의 역설(Uzbek Paradox)'이라 불릴 정도로 우즈베키스탄 경제에 안정을 가져왔지만, 다른 한편으로는 경제의 역동성과 현대화의 장애로 작용했다. 그 결과 카리모프의 신임을 등에 업고 '누가 누구를 통제할 것인가?'가 결정되는 구조가 2016년까지 이어졌다. 당연히 모든 영역에서 권력 투쟁이 격화되었다. 카리모프 후반기에는 SNB의 책임자 루스탐 이노야토프가 사실상 독주했다. 때때로 이노야토프와 카리모프의 딸 굴나라 간에 권력 투쟁이 벌어지기도 했지만, 이노야토프를 능가하지는 못했다. 카리모프 말기 굴나라의 사업은 이노야토프의 압력에 의해 산산조각 났고 굴나라는 사실상 연금 상태에 빠졌다.

그런데 미르지요예프는 취임하자마자 이러한 권력 구조와 정책 운용의 방향을 대대적으로 개편하겠다는 의지를 피력하고 이를 실천하고 있다. 이러한 그의 의지가 단순한 선언이 아닌 행동으로 이어질 것임은 2017년 미르지요예프가 뉴욕 UN 총회에 참석하면서 예견되었다.

뉴욕 UN 총회에 참석하면서 그는 카리모프가 사용하던 대통령 전용기를 타지 않았다. 대신 러시아의 대표적 올리가르히인 알리셰르 우스마노프의 개인 비행기를 빌렸다. 러시아 소치에서 열린 CIS 정상회담에 참석하면서도 역시 이 비행기를 이용했다. 우스마노프는 이와 관련해 당시를 회상하면서 당시 대통령이 탑승해 뉴욕까지 장거리 비행을 할 적절한 비행기가 우즈베키스탄 측에 없어서 "자신이 무료로 자가용 비행기를 빌려주겠다"라고 했지만 우즈베키스탄 측에서 "상업적으로 리스하겠다"고 하여 그렇게 계약을 했다고 말했다. 하지만 이 말을 그대로 믿는 사람은 아무도 없었다.

우스마노프는 우즈베키스탄 출신의 러시아 올리가르히이지만 그동안 우즈베키스탄에 대한 투자에 소극적이었던 인물이다. 하지만 미르지요예프가 등장한 후 이런 태도가 180도 변했다. 우스마노프는 "나는 이제 연로했고 내 능력을 우즈베키스탄 경제의 발전에 도움이 되는 데 쓰고 싶다"라는 등의 발언을 내놓면서 타슈켄트, 사마르칸트, 부하라 등지의 이슬람 유적지에 대규모 투자를 계획하고 있다. 특히 부하라에 이슬람 순례자와 관광객을 위한 대규모 리조트 단지를 개발하겠다고 밝혔다.

우스마노프는 미르지요예프 집안과 혈연적으로도 연결된다. 우스마노프의 조카 바브르와 미르지요예프 부인의 조카딸 디오라는 부부였다. 하지만 바브르는 2013년 교통사고로 사망했고 디오라는 재혼했다. 그러나 두 사람 사이에는 아들이 있다.

소식통에 띠르면 우스마노프는 현재 부하라의 옛 역사지구인 카디미부하로 관광지구에 관심을 두고 있다. 그는 여기에 쇼핑몰과 엔터테인 먼트 시설, 호텔 등을 포함한 대규모 관광특구 시설을 조성할 계획이다. 우즈베키스탄 정부는 현재 이 지역을 관광특구로 지정해 투자자를 모집 하고 있다. 우즈베키스탄 정부는 이곳에 투자하는 기업에는 2020년까지 각종 세금을 면제해 주겠다는 견해를 밝히고 있다. 우스마노프는 이 외 에도 우즈베키스탄 광산업과 텔레콤 사업 등에도 관심을 기울이고 있 다. 또 러시아와 우즈베키스탄 양국의 경제 협력을 확대하는 데에도 열 심이다. 2017년 4월 미르지요예프는 러시아를 방문했다. 미르지요예프 가 러시아를 방문한 기간에 우즈베키스탄과 러시아 측은 총 16억 달러에 달하는 양국 경제 협력 사업에 합의하고 서명했다. 러시아 연구기관들 과 언론 보도에 따르면 이들 사업 중 우스마노프가 관여한 사업의 규모 는 7억 달러에 달한다고 한다.

올리가르흐에 대한 미르지요예프 대통령의 유화적 태도와 미르지요 예프 대통령이 우스마노프의 개인 비행기를 대통령 전용기로 빌려 쓰는 것은 두 가지 분석을 가능케 한다.

하나는 우스마노프와의 친밀감을 과시한다는 것이고, 다른 하나는 이노야토프에 대한 불신을 보여준다는 것이다. 우즈베키스탄 비밀 경찰 조직인 SNB의 수장 이노야토프는 카리모프 사후 우즈베키스탄 정치의 미래를 가늠케 할 중요한 상징 중 하나다. 이노야토프는 우즈베키스탄 정치의 전통적 라이벌인 사마르칸트 파벌과 타슈켄트 파벌 간 권력 균형 과 투쟁을 좌우하는 가늠자였다. 이노야토프와 아지모프는 타슈켄트 파 벌의 핵심 실세이고 전임 카리모프 대통령과 현 미르지요예프 대통령은 모두 사마르칸트 파벌이다. 이 때문에 카리모프 사후 우즈베키스탄 내 권력과 파벌, 그리고 국가 기관과 지연(地緣)을 기반으로 한 세력과 정치인, 관료 집단 간의 이익 균형이 어떻게 형성되느냐를 두고 관심이 높았다. 현재까지는 사마르칸트 파벌을 기반으로 하는 미르지요예프 대통령의 독주로 이노야토프 등의 타슈켄트 파벌과 관료 집단이 약세에 처한 모습이다.

미르지요예프는 대통령 취임 후부터 이노야토프를 불신하는 듯한 움직임을 보여 왔다. 그는 카리모프 시절 대통령이 사용하던 관저를 거부하고 경호팀도 새롭게 교체했다. 대통령 전용기 교체도 이런 일련의 과정에서 나왔다. 당연히 이노야토프와 그 세력에 대한 불신을 반영한다는 분석이 나왔다. 아지모프 등 관료 집단에 대한 경질과 힘 빼기도 올리가르흐에 대한 우대와 함께 새로운 권력 지형을 만들고 있다.

신임 대통령이 올리가르흐를 상징하는 우스마노프와 자주 회동을 가지고 그의 비행기를 이용하는 상황은 우즈베키스탄의 투자 환경을 바꾸고 있다. 카리모프 시절 우즈베키스탄 경제에 투자하기를 주저하던 우즈베키스탄 출신의 많은 기업인이 우즈베키스탄 경제 진출을 선언하고 있다. 미르지요예프 대통령이 알리셰르 우스마노프와의 친밀감을 과시하는 것이나 우스마노프가 우즈키스탄 경제에 적극적으로 투자하겠다는 의사를 표명하는 것은 우즈베키스탄에 투자하고자 하는 많은 사람에게 상징적인 신호로 작용했다.

미르지요예프 대통령은 이처럼 취임 후 전 방위적으로 개혁을 시도하면서 우즈베키스탄의 현대화에 속도를 높이고 있다. 국제사회와 국내의 반응은 일단 우호적인 편이다.

하지만 우즈베키스탄은 옛 소련에서 독립한 대표적인 체제 '이행기 국가' 중 하나다. 이행기 국가들은 지도자가 바뀔 때마다 내부 권력 투쟁, 그리고 재벌관계, 국제관계 모두에서 만만치 않은 변화를 겪어왔다. 갈은 중앙아시아 체제 이행기 국가 중 키르기스스탄, 타지키스탄, 투르크메니스탄 등은 이러한 이행기에 우즈베키스탄보다 먼저 권력 교체를 경험했고 그 과정에서 다양한 결과를 연출했다. 그중에는 너무나 큰 희생을 치른 국가도 있고 비교적 순조로운 변화를 겪은 국가도 있다. 우즈베키스탄 국민은 이제 사실상 두 번째 대통령을 맞았다. 그리고 소련 독립 이후 두 번째 권력 교체를 '체제 이행기' 속에서 겪고 있다.

우즈베키스탄은 중앙아시아에서 인구와 경제 비중, 정치·사회적 영향력이 다른 국가들보다 압도적이다. 경제 규모는 카자흐스탄에 뒤지지만, 중앙아시아 역사와 문화유산의 절대다수가 우즈베키스탄에 있다. 교통의 요지이기도 하다. 우즈베키스탄은 중앙아시아 전체를 흔들 수 있는 전략적 요충지다. 따라서 우즈베키스탄의 이행기 과정은 매우 큰 주목을 받고 있다.

소련에서 독립한 이후 아직도 첫 대통령이 통치하고 있는 국가는 카자흐스탄이 유일하다. 카자흐스탄의 권력자가 교체되면 중앙아시아 국가들은 모두 권력의 이행과 지배집단의 이익 균형이라는 실험을 경험하게 된다. 특히 카자흐스탄에서도 우즈베키스탄과 마찬가지로 엘리트와 대통령의 가문, 그리고 가신과 지역 집단, 파벌 간의 갈등과 이익 균형이 매우 중요한 과제로 부상할 것이다. 그들이 어떤 방식으로 타협과 이익의 균형을 취해갈지는 주변국 모두의 관심거리다.

중앙아시아를 매개로 한 전략적 피라미드의 결합, 자원과 물류의 결합은 이러한 '이행기 권력 교체 과정'에 개입하려는 주변국과 지방 세력에 의해, 이익의 균형을 달성하는 방식에 의해 얼마든지 변화하고 왜곡될 수 있다. 우리는 그러한 상황을 우크라이나와 아프가니스탄, 조지아, 키르기스스탄 등에서 보아 왔다. 우즈베키스탄과 최근 중앙아시아 국가들이 권력을 이행하고 교체하는 과정에서 러시아가 수행한 주도적 역할, 중국·러시아 간의 암묵적 약속에 의한 개입 자제, 러시아의 정치적 영향력을 인정하는 듯한 모습 등도 이러한 측면에서 좀 더 면밀히 살펴보아야 한다.

우즈베키스탄의 이행기는 매우 깊이 있게 관찰할 필요가 있다. 우즈베키스탄의 이행기는 현재 비교적 성공적이고 안정적으로 진행되고 있다. 하지만 현재까지는 진행형이다. 우즈베키스탄에서뿐만 아니라 이행기 체제에 있는 유라시아 공간에서도 변화의 흐름을 제대로 읽고 선제적으로 대응해야 한국의 신북방정책이 성공할 수 있다. 유라시아에서 일어나는 변화가 상호 연동되어 있으며 그 연동성을 모두 종합해서 전략을 세워야 한다는 점을 명심해야 한다.

한국의 북방정책은 멀게는 삼국시대부터, 가깝게는 1980년대 말부터 시작된 장기적인 국가 대외 전략의 한 축이다. 그리고 이는 지속해서 진화해 왔다. 이런 점에서 일시적이고 표피적인 이해와 관심의 수준을 넘어서는 정책을 세워야 하며, 면밀한 분석과 장기적인 관점에서 전략의 흐름과 방향을 결정해야 한다.

❙ 2018년 3월 19일 제468호

중앙아시아와 루넷

신보람 | 한양대학교 아태지역연구센터 HK연구교수

루넷(RuNet)은 러시아 도메인 명칭이자 국가 코드인 'ru'와 인터넷을 의미하는 'net'이 합쳐진 용어로, 좁은 의미에서는 러시아에 서버를 둔 러시아 국가 도메인을 뜻하며, 넓은 의미에서는 러시아어를 공용어로 사용하는 유라시아 인터넷 사용자들이 공유하는 사이버 공간을 뜻한다. 루넷이 중앙아시아로 팽창한 배경에는 유라시아가 가지고 있는 공통된 언어와 문화적 동질성 외에도 중앙아시아 국가들이 인터넷 도입 초기부터 겪은 디지털 격차가 자리하고 있다. 2000년대 후반 중앙아시아에 인터넷이 보급되기 시작했지만, 통신기술 인프라 미흡과 고비용이라는 문제를 안고 있었다. 2010년대에 들어 정부의 통신기술 투자가 증가하면서 신기술과 모바일 기기가 보급되기 시작하자 인터넷 접속 환경이 대폭 개선되었다. 그 결과 인터넷 사용료도 꾸준히 감소했다. 2010년대 중반에 와서는 중앙아시아 인터넷 보급률이 급증했다.

2010년 이후부터는 중앙아시아 국가들에서 인터넷 콘텐츠 생산이 활

발하게 전개되었다. 그러나 같은 시기 중앙아시아의 인터넷상에서 가장 많이 사용된 언어는 러시아어였으며, 현재까지도 현지어 기반의 웹 콘텐츠와 서비스보다 러시아어 기반의 웹 자원이 더 널리 사용되는 추세다. 인터넷 도입 초기에는 인터넷 사용료가 매우 비싸 정부와 소수의 기업만 콘텐츠를 제작하거나 인터넷 기반 서비스를 제공할 수 있었다. 따라서 중앙아시아 사용자들이 소비할 수 있는 자국어 온라인 콘텐츠는 매우 한정적이었다. 중앙아시아 자국의 인터넷 공간은 콘텐츠의 양적인 면뿐만 아니라 질적인 면에서도 중앙아시아 네티즌의 인터넷 소비 욕구를 충족시키지 못했다. 반면 구소련의 유산으로 러시아와 공통의 언어 외에도 소통 방식, 지식·정보 체계와 문화를 공유하고 있는 중앙아시아의 네티즌들에게 루넷은 가장 쉽게 접근할 수 있는 인터넷 공간이었다. 중앙아시아 인터넷 사용자들은 자연스럽게 다양한 서비스와 콘텐츠를 제공하는 루넷에 편입되었다.

중앙아시아 정부는 유해하다고 판단하는 콘텐츠를 검열하고 있으며, 이를 게시한 웹사이트 접속 차단(blocking), 강제적 운영 정지(shutdown), 인터넷 서비스 사업자(ISP)에 대한 통제, 인터넷 정보 게시자의 개인정보 등록, 인터넷 카페 허가와 감시 등 다양한 유형의 인터넷 통제 정책을 펼치고 있다. 중앙아시아 5개국 중에서도 상대적으로 엄격하게 인터넷을 규제하는 우즈베키스탄에서는 2016년까지 BBC(bbc.co.uk/uzbek), 도이치 벨레(Deutsche Welle)(Dw.de), 미국의 소리(Voice of America)(voanews.com/uzbek), 자유유럽방송(Radio Free Europe/Radio Liberty)(ozodlik.org) 같은 서방 미디어에 대한 접속이 빈번히 차단되었으며, 반정부 목소리를 내는 우즈베크어 기반 독립 뉴스 매체인 uznews.net, fergananews.ru, harakat.net 등은 영구적으로 접속이 중지되기도 했다. 특히 접속이 차

중앙아시아의 루넷 사용자 수

벨라루스
440만 명

우크라이나
1550만 명

러시아
5970만 명

카자흐스탄
530만 명

자료: https://katyatrubilova.files.wordpress.com/2010/12/runet.jpg

단된 우즈베크어 독립 매체는 우즈베크어 포털 사이트 검색 결과에서도 삭제되었다. 사회적 불안을 일으킬 수 있는 국내외 사건·사고가 발생할 때는 정부의 판단에 따라 페이스북(Facebook), 라이브 저널(Live Journal), 트위터(Twitter), 와츠앱(WhatsApp) 등의 글로벌 SNS에 대한 접속이 전면적으로 차단되기도 했다. 우즈베키스탄 정부는 국제 인터넷 연결을 통제함으로써 특히 국외에 서버를 둔 매체들이 배포하는 우즈베크어 콘텐츠를 가장 엄격하게 다루었다. 즉, 우즈베키스탄 정부의 주요 검열 대상이 우즈베크어 콘텐츠였기 때문에 역설적으로 러시아어 기반인 루넷이 우즈베키스탄 네티즌에게 더 자유로운 소통 공간을 제공해 온 셈이다.

오늘날 중앙아시아 국가들은 루넷에 대한 자국의 의존도가 높은 데 대해 경각심을 가지고 있다. 특히 러시아인의 비율과 러시아어를 구사하는 인구의 비율이 높은 카자흐스탄의 전문가들은 루넷의 확산에 민감한 반응을 보이고 있으며, 2013년 우크라이나 사태 전후로는 러시아의 영향력에서 벗어난 카자흐어 미디어·정보 공간을 구축해야 할 중요성이 거듭 강조되기 시작했다. 카자흐스탄의 한 정치 분석가는 러시아가 우크라이나에 군사 개입한 사건을 다룬 카자흐스탄의 주요 온라인 미디어 보도 내용을 분석한 결과, 기사 대다수가 러시아의 입장에 편중되어 있으며 사태에 대한 심층적인 분석을 제공하지 않기 때문에 카자흐스탄 독자들이 언어적으로 접근성이 좋은 러시아 매체에 의존하게 된다고 평가했다. 그는 인터넷 규제는 "카자흐스탄 정보 산업에 경쟁력을 부여하는 것이 아니라 오히려 카자흐스탄을 해외 미디어 강자들의 정보 식민지로 전락시키는 데 이바지할 뿐이다"라고 주장했다.

중앙아시아 전문가들이 우려하는 바와 같이 루넷은 특히 러시아어 구사자 비율이 높은 중앙아시아 국가들에 위협적일 수 있다. 그러나 서방 미디어에 대항한 러시아의 디지털 외교가 본격적으로 개시되고 우크라이나 사태가 발발했던 2013년 이후 온라인에서 전개된 논쟁을 살펴보면 중앙아시아의 인터넷 공간이 러시아에 우호적인 성향으로 편중되어 있다고 볼 수는 없을 것이다. 러시아어를 사용하지만 .uz 또는 .kz 영역에 속해 있는 사이버 공간에서도 러시아에 대해 매우 비판적인 시각이 포착되기도 했다.

또한 중앙아시아의 인터넷 사용자들이 루넷 공동체의 구성원이자 참여자로서 루넷을 통해 중앙아시아의 민족적 감성을 고조시킨 사례도 있다. 2012년 러시아의 반푸틴 시위인 '#Occupyabai 운동'이 트위터를 통해 확산되자 카자흐스탄의 젊은이들은 카자흐스탄의 민족시인 아바이에 대한 러시아 네티즌들의 무지를 비난하기 시작했다. 이 캠페인을 주도한 정치 운동가 알렉세이 나발니가 참여자들에게 아바이를 두고 "정체불명의 카자흐인"이라고 명명했기 때문이다. 이에 자극을 받은 카자흐스탄의 젊은 네티즌들 사이에서 아바이 바로 알기 열풍이 일어나면서 사이버 공간에서 카자흐 민족주의가 고조되었다.

인터넷 기술의 늦은 도입과 디지털 자원 부족으로 생긴 디지털 격차로 말미암아 자국의 인터넷 영역이 루넷에 편입된 중앙아시아 국가들은 현재 루넷에 대한 의존도를 낮추고 자국의 인터넷 영역을 확장하기 위해 노력하고 있다. 그러나 인터넷 기술의 특성상 사이버 공간을 완벽하게 통제하는 것은 불가능하다. 정부의 인터넷 정책 또는 통제와 상관없이 루넷은 유라시아의 네티즌에 의해 유기적인 변화를 겪을 것이다. 이와 마찬가지로 현재 빠르게 확장되고 있는 UzNet, KazNet 등 중앙아시아어 기반의 사이버 공간 또한 사용자들의 주도로 루넷의 다양한 자원과 콘텐츠를 공유하며 성장할 것이다. 루넷 또한 비록 러시아 정부의 통제를 받고 있지만, 러시아의 패권적 공간으로 기능하기보다는 CIS 지역의 다양한 사용자가 참여하는 토론장으로 기능할 가능성이 커 보인다.

▎2018년 12월 31일 제509호

_「루넷(Ru.Net)과 유라시아-넷(Eurasia-Net): 중앙아시아에서의 러시아 인터넷의 위상」, ≪중소연구≫, 제42권 제2호(2018) 축약·보완

미군의 시리아 철수 논의와 쿠르드족의 운명
터키와 러시아의 반응은?

조용성 | 상트페테르부르크국립대학교 국제관계학부 박사과정

미군이 전격 철수한 배경과 시리아 쿠르드족의 위기

2018년 12월 19일 도널드 트럼프 미국 대통령은 시리아에 주둔하고 있는 미군 철수 계획을 전격적으로 발표했다. 이슬람국가(IS)가 2018년 말 주요 거점을 상실한 채 사실상 군소 무장 세력으로 전락했다는 것이 철군 이유였다. 하지만 공동의 적이 사라져도 유혈 상황은 크게 달라진 것이 없었다. 여전히 시리아 국내는 권위주의 바샤르 알아사드 정부와 자유시리아군(FSA), 시리아 쿠르드 민병대인 인민수비대(YPG) 등의 세력으로 구분되어 있고, 미국과 러시아 외에도 터키, 이란, 이스라엘 등 지역 강국을 자처하는 국가들이 저마다 국익을 위해 시리아에 개입하고 있다.

이런 상황 가운데 미군이 철수하면 시리아 쿠르드 세력에 큰 타격이 되리라는 것은 불 보듯 뻔한 일이었다. 내전을 계기로 시리아 쿠르드족은 독립국 건설을 기대했고, 미군 또한 2017년 이래 인민수비대를 IS 전

선의 파트너이자 향후 대시리아 전략의 교두보로 보고 인민수비대에 지원을 아끼지 않은 상황이었다. 따라서 인민수비대는 12월 28일 터키 접경지인 만비즈에 진격한 친러 시리아 정부군에 도움을 요청하기에 이르렀다. 이에 미국 측도 즉각 철군에서 점진적 철군과 시리아 쿠르드족 보호라는 조건을 제시하며 쿠르드 측을 달래고 주변국에서의 논란을 완화하려는 조치를 취하고 있다. 그렇다면 시리아 내전에서의 다른 주요 행위자인 터키와 러시아의 반응은 어떠했는지, 그리고 향후 양국 관계는 어떻게 전개될 것인지 살펴보자.

터키: 안보 위협이던 쿠르드 세력의 약화로 중동에서의 영향력 확장

미군 철수 논의는 미국이 전통적 우방인 터키의 손을 들어준 것으로 보였고, 터키는 대쿠르드 군사작전 확대를 천명했다. 하지만 12월 28일 레제프 타이이프 에르도안 터키 대통령이 시리아 쿠르드족 보호를 요구한 존 볼턴 특사의 면담을 거부하자, 미국은 시리아의 평화와 쿠르드족의 안전이 보장될 때까지 철군을 연기하겠다고 맞불을 놓았다.

이처럼 터키는 전통적으로 쿠르드족 문제에 대해서는 우방국들에조차도 항상 민감하게 반응해 왔다. 터키 - 시리아 - 이란 - 이라크 4개국에 걸쳐 있는 4000만 쿠르드인 중 다수가 터키 남동부 지역에 거주하는 상황에서 터키 정부는 1979년부터 지금까지 터키 내 쿠르드 노동자당(PKK)과의 교전으로 상당한 인명 피해와 사회·경제적 손실을 겪었다. 따라서 터키는 국내뿐만 아니라 국외 쿠르드족의 정치 활동에도 민감하게 반응하고 있다. 예를 들면 터키는 이라크 쿠르드 자치정부로부터 석유를 수입하고 있지만, 암묵적으로 자치정부의 존재를 자국 내 쿠르드를 고무시키는

■ 에르도안 터키 대통령. 2018년 12월 28일 에르도안 대통령은 시리아 쿠르드족 보호를 요구한 존 볼턴 미국 특사의 면담을 거부했다(자료: kremlinrus.ru).

안보 위협으로 인식하고 있다. 이는 2017년 9월 이라크 쿠르드 독립투표에 대해 에르도안 대통령이 "배신"이라고 표현한 데서 잘 드러났다.

그래서 시리아 쿠르드의 정치 세력화는 터키에 전선의 확대를 의미하는 것이나 다름없었고, 'IS 동맹국'이라는 오명을 감수하면서까지 막아야하는 일이었다. 터키는 자국군을 주둔시키는 데 그치지 않고, 쿠르드에게 적대적인 자유시리아군 내부 아랍계 조직, 시리아 거주 튀르크계 부족인 시리아 튀르크멘 무장 세력을 적절히 활용하고 있다. 이를 통해 터키는 안보 위협 제거 및 시리아 지역 내 영향력 확대를 도모하고 있다.

러시아: 시리아 분권화 개헌을 통한 중동 이권 수호

시리아 타르투스와 라타키아에 각각 중동 유일의 군항과 공군기지를 보유하고 있는 러시아, 아사드 정권을 지원하면서 이라크와 함께 '시아

파 초승달 벨트'를 구상 중인 이란, 그리고 미국의 쿠르드 지원에 반발한 터키, 이렇게 3개국은 2018년 12월 18일 시리아 헌법 위원회를 설치하는 데 합의했으며, 12월 30일에는 세르게이 라브로프 러시아 외무장관과 메블뤼트 차우쇼을루 터키 외무장관이 미군 철수 이후의 시리아 안정화 협력에 합의했다.

시리아 쿠르드 문제도 이 문제의 연장선 위에 있지만, 시리아 쿠르드에 대한 러시아의 입장은 다소 모호해 보인다. 유프라테스 방패 작전으로 터키군이 진주하자 2017년 3월 러시아군은 시리아 쿠르드의 아프린에 갈등 조정센터를 세웠고, 이미 2016년 2월 모스크바에 시리아 쿠르드 대표부 설립 허가를 내는 등 적극적으로 접근했다. 하지만 미군이 본격적으로 개입하면서 러시아는 2018년 3월 터키군의 아프린 점령을 묵인하는 모습을 보였고, 시리아 쿠르드는 러시아에 적대적인 태도를 보였다.

하지만 쿠르드 문제에서 러시아는 여전히 터키의 의도에 완벽하게 발을 맞추고 있진 않다. 우선 러시아는 공식적으로 터키 쿠르드노동자당과 시리아 인민수비대를 공식적인 테러 조직으로 지명한 적이 없었다. 게다가 러시아는 2017년 아스타나 회담 이래 쿠르드 세력의 참여까지 포함한 신연방 헌법 초안을 지지하고 있다. 이것도 터키로서는 새로운 안보 위협이 실체화되는 상황이어서 2019년 시작될 헌법위원회에서 터키의 행보가 주목된다.

미군의 시리아 철수가 러시아·터키 관계에 미칠 영향:
협력에서 싹트는 경쟁의 씨앗

하지만 표면적으로 터키 측은 러시아의 행보에 대해 직간접적인 비난이나 우려를 표명하지 않고 있다. 러시아와 터키 양국은 광범위한 협력 관계를 구축해 왔기 때문이다. 흑해를 가로지르는 블루스트림과 터키스트림 가스관을 통해 러시아산 가스가 터키로 수출되어 왔으며, 이스탄불을 위시한 지중해 연안의 휴양 도시들은 러시아 관광객의 피한지로 주목받아왔다. 이런 민간 경제 활동 외에 터키 군부가 러시아산 S-300 대공미사일을 구매하는 등 정치·군사 분야에서도 협력이 점차 긴밀해지고 있다.

전투기 격추 사건과 쿠데타 미수를 계기로 양국 관계가 급격히 진전되었지만, 쿠르드족 문제는 여전히 타협하기 어려운 사안으로 남아 있다. 정리하자면, 쿠르드족은 터키에 안보 위협이자 팽창의 동기다. 그리고 터키의 영향력이 확대되는 것은 러시아의 전략적 요충지인 시리아의 안보를 위협하는 상황이다. 따라서 러시아는 완충지로서 행정 구역화된 시리아 쿠르드 세력을 필요로 할 가능성이 크다. 단일공화국 체제를 고수하던 아사드가 연방제에 긍정적인 태도를 보인 것도 터키군의 북부 지역 점거와 무관하지는 않다.

물론 협력을 통해 얻는 이익이 높아서 양국이 표면적으로 불편한 기색을 보이며 충돌할 가능성은 현재로서는 낮은 편이다. 하지만 국제관계에서는 협력이 항상 조화를 의미하지는 않으며, 갈등의 불씨는 항상 국제관계의 이면에 존재한다. 러시아·터키 관계도 예외가 아니다. 미군이 지나간 자리에 영향력을 확대하기 시작한 두 지역 강국의 관계와 독립국을 가지지 못한 한 민족의 비극적인 운명이 어떻게 전개될지 귀추가 주목된다.

▎2019년 1월 14일 제511호

동맹, 시장, 그리고 국익

김석환 | 한국외국어대학교 초빙교수·《러시아 폴리시 리뷰》 편집인

미국의 제재 조치가 전 세계를 뒤흔들고 있다. 미·중 간 통상 분쟁뿐 아니라 미국의 이란 핵 합의 탈퇴와 후속 제재, 러시아의 크림 병합 및 우크라이나 관련 제재, 북한의 핵미사일 관련 대북 제재 등 미국이 보유한 '제재의 힘'이 글로벌 공급 사슬을 왜곡하고 각국의 통상·경제 정책에 심각한 영향을 미치고 있다.

과거에도 제재가 있었고 이러한 제재가 글로벌 통상 환경에 영향을 준 것은 사실이다. 하지만 요즘처럼 지정학적 리스크와 경제 갈등이 겹쳐진 가운데 동맹과 우호국을 포함한 채 제재가 미국의 통상 수단과 전략으로 전 방위적으로 확산한 예는 찾기가 어렵다.

과거의 제재와 갈등은 초강대국 중 일부가 세계의 경찰 또는 현존 질서의 수호자로서 기능하는 상황에서 진행되었다. 하지만 현재의 글로벌 경제 전쟁과 갈등, 지정학적 리스크 상황에서는 누가 경찰인지 모호한 경우가 많다. 따라서 이러한 전선의 다양함과 광범위함을 과연 미국과

세계가 견뎌낼 수 있을지, 글로벌 경제와 현존하는 글로벌 안보 시스템이 어떤 '결과의 파장'을 연출할지를 두고 우려의 목소리가 커지고 있다.

현재 미국은 중국과 철강과 알루미늄, 농산물과 지적 재산권 등을 중심으로 하는 보복 관세 전쟁 중이다. ZTE, 화웨이 등에 대한 제재 위반 조치 및 구매 제한 조치 등은 별도다. 또 러시아와는 크림반도 병합 및 우크라이나 사태, 미국 대선에 대한 개입 의혹, 시리아 전쟁 등을 놓고 경제 제재 전쟁 및 지정학 전쟁을 벌이고 있다. 여기에는 2018년 4월에 단행된 알루미늄 생산 업체 루살(Rusal)과 러시아 기업들에 대한 기존의 제재가 포함되어 있을 뿐만 아니라 2019년에 들어 단행한 러시아의 차세대 여객기 MS21에 부품을 공급하는 외국 업체에 대한 제재 및 '노드 스트림 2' 건설에 참여하는 외국 기업에 대한 제재 위협까지 다양한 제재가 포함되어 있다.

미국은 EU와도 디지털 세금 등을 놓고 조세 전쟁을 벌이고 있으며, 철강 등의 품목에 대해서는 관세 전쟁을 벌이며 긴장을 높이고 있다. 이런 가운데 2019년 초부터는 러시아와 독일을 직행으로 연결하는 '노드 스트림 2' 건설에 참여한 유럽 기업들에 대해 제재를 가할 것이라고 위협하며 공방을 벌이고 있다. 또 터키와는 러시아산 방공 무기 S-400을 두고 날카롭게 맞서고 있다. 2018년 11월 미국 국방성은 터키가 러시아제 S-400과 미국의 F-35를 공동으로 운용하면 기술 및 전략상 기밀이 유출될 수 있다고 반발하면서 터키를 F-35 국제 공동 프로젝트에서 축출하는 방안을 거론하기도 했다.

미국은 한편으로는 터키가 NATO 회원국이라는 점을 강조하면서 러시아제 무기 구매 취소를 압박하고 다른 한편으로는 NATO를 시대에 뒤떨어진 기구라며 NATO를 폄훼하는데, 이러한 미국의 행태는 논리적 일

관성이 떨어진다.

이처럼 현재 글로벌 사회에서 벌어지는 경쟁과 갈등, 제재에는 상품과 관세, 원자재와 에너지, 디지털 기술과 특허권, 특정 산업 제품과 부품, 방위산업 등 20세기 전통 산업과 4차 산업혁명의 미래 주도권 영역까지 거의 모든 영역이 포함되어 있다. 따라서 하나의 논리만으로는 이를 설명할 수 없으며, 또 그런 논리에 기초한 전략만으로는 이런 상황에 대처할 수도 없다.

냉전이 종식된 후 나타나고 있는 현재의 갈등과 대립은 같은 진영끼리 동맹을 맺던 과거와 달리 안보 이슈에서도 진영적 결합력이 약화되고 있으며 사안별로 이해의 강도에 따라 관계가 조율되고 있다. 동맹, 시장, 그리고 국익이 복잡하게 얽혀 사안별로 결합의 정도나 심리적 연대와 유대의 정도도 다르다.

유럽 기업들의 경쟁력과 밀접하게 연관되어 있으며 러시아와도 연관된 세컨더리 보이콧 문제 등은 이런 점에서 깊이 있게 분석할 필요가 있다. 러시아 알루미늄 생산 업체 루살과 관련한 사례를 살펴보자.

미국 재무부는 2018년 12월 19일 루살과 일부 기업에 대한 조건부 제재 해제를 예고했다. 그리고 약 한 달이 지난 2019년 1월 17일 미국 하원은 러시아 올리가르흐(재벌) 올레크 데리파스카가 소유하고 있는 루살 및 관련 기업에 대한 제재 해제에 반대하는 결의안을 채택했다. 표결 결과는 찬성 362표, 반대 53표였다. 이처럼 압도적인 표차가 벌어진 것은 하원을 주도하는 민주당의 입장에 130명이 넘는 공화당 의원이 동조한 때문이다.

하지만 미국 하원이 반대 결의를 압도적으로 채택했다고 해서 루살 관련 제재 해제가 무산된 것은 아니다. 미국 공화당이 주도하는 상원에서

■ 러시아의 알루미늄 업체 루살의 회장 올레크 데리파스카(자료: www.sibreal.org).

전날 반대 결의안이 무산된 탓에 하원의 이날 표결은 상징적인 것에 불과했기 때문이다.

미국 재무부의 결정은 2019년 1월 19일에 발표되었으며 30일로 정해진 재검토 기간이 1월 17일로 끝났으므로 이제 정식으로 해제가 이루어졌던 것이다. 이 사건은 비록 공화당 의원들이 대거 이탈하더라도 트럼프 대통령의 의지만 있다면 특정한 제재 해제가 가능하다는 것을 보여준다. 이는 북한 핵 협상과 관련해 대북 제재에 대해 부분 해제를 하는 경우에도 결국 트럼프 행정부의 의지가 매우 중요할 것임을 보여주는 사례이기도 하다.

이를 제대로 이해하기 위해 루살 관련 제재의 시작과 경과, 조건부 해제의 과정을 재구성하고 분석해 보자. 루살에 대한 제재는 2018년 4월에 시행되었다. 2014년 크림반도 합병 이후 러시아는 미국과 유럽의 제재를 받게 되었다. 그리고 이 제재는 시간이 지나면서 점점 확대되었고 스크리팔 독극물 사건 이후 점점 광범위하게 적용되고 있다. 크림 합병과 관련해 특히 크렘린과 친밀한 일부 기업인과 그들이 지배하는 특정 기업도 별도의 제재를 받게 되었다. 미국 재무부는 2018년 4월 루살과 그 소유주인 올레크 데리파스카를 제재 리스트[일명 OFAC(미국 재무부 해외자산관리국) 리스트]에 포함했다. 데리파스카는 러시아의 대표적인 친푸틴 재벌로 한국이 추진하는 동북아 에너지 전력망 사업에도 관심을 보이는 인물이다.

루살 제재는 원료 조달과 제품 구매의 가치사슬상에 있는 수많은 국가의 기업에도 여파를 미쳐 국제적으로 파장이 컸다. 또한 이 회사의 알루미늄 제품을 항공, 차세대 자동차 소재 등 첨단 산업에 활용하는 유럽 회사들의 경쟁력에도 영향을 미쳤다. 이에 유럽은 미국에 제재 유예와 협의, 후속 대책을 요구했다.

데리파스카 또한 회사가 파산할 수도 있는 상황을 탈피하고자 미국 재무부와 공개·비공개 접촉을 가졌다. 협상 과정에서 흘러나온 내용은 복잡했지만, 정리하면 다음과 같았다.

데리파스카가 루살 지배권을 포기한 뒤 소액 주주로 남는다. 루살 이사회 구성원들을 독립적인 인물들로 과반수를 임명한다. 그리고 이들 이사는 영국 시민이거나 미국 시민이어야 하며 기업 경험이 있어야 한다. 이렇게 되면 루살 제재를 풀겠다는 것이었다.

한동안 밀고 당기기가 벌어졌고 모스크바와 런던, 워싱턴에서 협상의 진전과 조건에 대한 내용들이 간간이 흘러나왔다. 그리고 약 8개월이 흐른 2018년 12월 중순 미국 재무부는 조건을 달아 루살 제재를 해제할 수 있다는 공식 입장을 밝혔다. 당시 미국 재무부의 발표는 애초 알려진 것보다 조금 더 광범위한 요구였다. 데리파스카가 지주회사격인

En+ 홀딩(루살 등의 대주주)에 대한 지배권을 포기하고 이사회 임원들을 독립적인 인물들로 구성할 경우 루살과 에너지 회사인 En+, En+ 소유 최대 민간 전력기업인 유로시브에네르고에 대한 제재를 해제하겠다고 밝힌 것이다.

데리파스카는 En+ 홀딩의 주식 66%를 소유하고 있으며 이를 통해 루살과 유로시브에네르고를 지배하고 있다. En+ 홀딩은 루살과 유로시브에네르고에 각각 48.13%의 주식을 확보하고 있다. 미국의 요구를 수용하면 데리파스카는 루살에 대한 지배권을 잃게 된다. 또 러시아 정부의 입장에서도 루살에 대한 미국의 요구를 수용하면 미국의 내정 간섭에 굴복한다는 신호를 줄 수 있다. 그래서 협상 기간 내내 '결국 마지막 결정은 데리파스카의 결정이 아니라 크렘린의 결정이다'라는 의견이 나왔다.

2018년 12월 어느 날 데리파스카는 루살 이사들에게 서한을 보내 이사회 소집을 요구했다. 미국 재무부의 요구를 받아들이기로 한 것이다. 그리고 2018년 12월 28일 홍콩 증권거래소에서는 세계적인 알루미늄 업체인 루살이 최고경영자를 새롭게 교체했다고 공시했다. 이 뉴스는 곧바로 세계 언론의 관심을 끌었고 러시아와 미국 등 자원 비즈니스 종사자들에게도 큰 관심을 불러일으켰다. 이는 미국이 이제 30일 정도 후면 루살과 올레크 데리파스카에 대한 제재를 해제할 것임을 의미하는 동시에 루살이 알루미늄 시장에서 중요한 행위자로 다시 활동한다는 것을 의미하기 때문이었다. 그 이후의 경과는 앞서 언급한 바와 같다.

하지만 루살이 어떤 조건으로 미 재무부와 합의했는지를 두고 자세한 내용이 파악되는 데에는 약간의 시간이 필요했다. 결국 최종적으로 확인된 내용은 다음과 같다.

데리파스카는 En+ 홀딩에 보유한 66%의 지분을 절반 이하인 48.13%

로 줄이고 스위스의 세계 최대 원자재 거래 업체인 글렌코어와 러시아의 국영 은행 VTB가 경영에 참여한다. 데리파스카는 자신이 포기한 지분을 VTB에 양도한다. 또 글렌코어가 루살에 확보하고 있는 지분 8.75%를 En+ 홀딩의 주식 10.5%로 교환한다. 이런 일련의 거래는 모두 OFAC(미국 재무부 해외자산관리국)의 승인을 받아야 한다.

이런 거래로 인해 데리파스카는 루살에 대한 직접 지배권이 0.01%로 줄어들었다. 데리파스카는 En+ 홀딩의 투표권도 35%만 보장받는다. 나머지 투표권은 독립적으로 선출되고 데리파스카와 연관이 없는 인물들로 구성된 이사회 구성원들에게 넘겨진다. 데리파스카는 총원 12명인 En+ 홀딩 임원 중 4명만 선임할 수 있다. 그리고 임원 전체 수에서 절반에 해당하는 6명은 경제 관련 경험이 있는 영국인이나 미국인이어야 한다는 단서가 덧붙여졌다. 또한 이사진 전체 명단은 미국 재무부의 허가를 받아야 한다는 내용도 포함되었다.

미국 재무부는 제재 해제 조건을 En+ 홀딩뿐 아니라 루살에도 강요해 루살의 최고경영책임자(독일인)를 해임하고 총 14명의 이사진 중 8명을 데리파스카와 상관없는 인물들로 구성하라고 명령했다. 이 모든 일을 이행해도 회사에 대한 제재는 해제되되 데리파스카 본인에 대한 제재는 해제되지 않는다. 또 그가 대주주로 있는 러시아 머신과 러시아 상용차 생산 업체 가즈(GAZ) 그룹에 대한 제재도 계속된다.

데리파스카가 이런 조건을 받아들인 이유는 루살의 주요 원자재 상당수가 러시아 밖에서, 다시 말해 주로 서방 기업이 소유한 기업들에서 수입되고 또 루살 제품의 상당수가 역시 서방 기업들에 수출되기 때문이다. 따라서 미국과 러시아 정부가 유럽의 중재하에 비밀 합의했고 데리파스카가 이 합의를 받아들였다는 추측이 나돌고 있다.

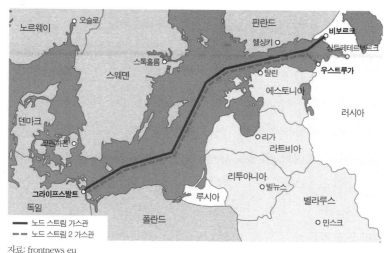

노드 스트림 가스관과 노드 스트림 2 가스관

노르웨이 　오슬로　　　　　　　　핀란드　　　　　　비보르크
　　　　　　　　　　　　　　헬싱키 ○　　　　상트페테르부르크
　　　　　　스톡홀름 ○　　　　　　　　　우스트루가
스웨덴　　　　　　　탈린 ○
　　　　　　　　　　에스토니아　　　러시아
덴마크
코펜하겐　　　　　　　　○리가
　　　　　　　　　　라트비아
　　　　　　　　　리투아니아
　　　　　　　　○빌뉴스
그라이프스발트　　　　　벨라루스
독일　　루시아　　　　　○민스크
폴란드

— 노드 스트림 가스관
--- 노드 스트림 2 가스관

자료: frontnews.eu

　러시아 정부는 이 사안에 대해 일절 언급하지 않고 있다. 루살에 대한 압박을 모른 체할 수도 없고 그렇다고 러시아 정부가 이런 굴욕적인 협상을 주도했다는 인상을 줄 수도 없기 때문이라고 추측된다. 루살과 관련해서는 안톤 실루아노프 러시아 재무부 장관 겸 부총리가 "러시아 정부가 제재와 관련해 미국 정부와 많은 협의를 하고 있으며 사기업인 루살에 대한 제재를 해제하기 위한 노력을 알고 있고 협의도 했다"라고 언급한 바 있다.

　물론 모스크바에서 떠도는 소문은, 데리파스카의 개인 지분이던 주식 상당수가 이미 VTB로 양도되는 것으로 계획되어 있었고 이 양도와 관련해 공개되지 않은 조건이 있으며 글렌코어의 지분 교환은 데리파스카와 글렌코어 그룹 간에 2018년 4월 이전에 이미 합의되어 있어 사실상 데리파스카가 손해 본 것이 없다는 것이다.

루살의 신임 최고경영자로는 프랑스의 장-피에르 토마가 임명되어 전임 최고경영자였던 독일인 마티아스 바르니흐의 뒤를 이어 루살을 책임지게 되었다. 그는 니콜라 사르코지가 프랑스 대통령으로 있을 때 프랑스와 러시아 간 관계 증진을 위해 특별 보좌관을 지낸 인물이다. 마티아스 바르니흐는 2012년 10월부터 2018년 12월 26일까지 재직했다.

루살 제재와 해제 과정은 우리에게 몇 가지 시사점을 준다. 무엇보다 현재의 글로벌 사회, 특히 산업 구조는 유례없을 정도로 상호 의존적이라는 점이다. 글로벌 가치 사슬과 공급 사슬이 너무나 복잡하게 얽혀 있다. 희토류와 첨단산업, 핀란드의 유제품 산업과 러시아의 수입 시장, 러시아 알루미늄 공급 업체 루살의 원료 조달과 완제품 공급의 가치 사슬은 산업뿐 아니라 국제 정치에도 직간접적으로 영향을 미친다. 그래서 이는 동맹 간에도 조율하기가 어렵다.

최근 독일 주재 미국 대사는 '노드 스트림 2'에 참여하고 있는 유럽 기업들이 경제 제재를 받을 수도 있다며 으름장을 놓았다. 이러한 내용은 2019년 1월 13일 자 독일 일간지 ≪빌트≫가 입수한 편지를 통해 알려졌다. 물론 이에 대해 독일과 유럽은 강력하게 반발하고 있다. 특히 독일 정치인들은 미국 대사가 제2차 세계대전 후 군림했던 베를린 주재 미국 총독이냐며 시대착오적인 간섭이라고 발끈한다.

'노드 스트림 2' 사태는 어제오늘의 일이 아니다. 미국은 이 사업 초기부터 이를 반대했고 더 멀리는 냉전 시기에 완료된 소련과 독일 사이의 에너지 파이프라인 사업을 시도할 때에도 깊은 우려를 표명해 왔다. 하지만 그럼에도 불구하고 유럽과 독일은 소련과 유럽의 에너지 협력을 확대했다. 특히 독일의 사민당 정권이 동방정책을 추진하면서 이를 관철했다.

독일이 이를 관철한 이유는 다양하다. 냉전의 굴레에서 벗어나 소련과의 데탕트를 통한 안보 비용 저감, 에너지 수입 비용의 저감을 통한 독일 경제의 경쟁력 향상, 환경 문제에 대한 배려 등이 작용했다. 또 장기적으로는 유럽 이슈에 대한 유럽의 공동보조 및 유럽 전체 차원의 협상력 제고 추구도 작용했다. 물론 부작용도 있다. 러시아산 가스에 대한 유럽의 의존도가 지나치게 높다는 것이다. 따라서 러시아가 가스를 무기로 유럽을 압박할 수 있다는 우려가 제기되었다.

하지만 이데올로기 대립이 극심하던 냉전 시기에도 소련에서 유럽으로 향하던 가스의 흐름은 멈추지 않았다. 공급 안보에 대한 우려도 시간이 흐르면서 공급선 다변화로 완화되고 있다. 노르웨이, 알제리 등이 새롭게 유럽 시장에 대형 공급선으로 참여했고 중동 등지에서도 가스가 수입되고 있다. 여기에다 최근에는 미국산 셰일 가스의 공급도 가능해졌다. 우크라이나와 러시아 간 문제는 냉전 종식 후 가스 공급국과 가스 수입국 사이에 발생한 상업적 갈등이었던 것이 아니라 가스 중개국의 복잡한 정세와 러시아와 우크라이나 간 양자 문제 때문에 발생한 갈등이었다.

큰 틀에서 보면 러시아산 가스의 공급 독점력은 점점 약화되어 '공급의 안보'에 대한 우려보다 '수요의 안보'에 대한 우려가 커지고 있는 것도 사실이다. 미국이 독일과 유럽에 '노드 스트림 2'와 관련해 압력을 높이는 데에는 무엇보다 미국산 셰일 가스가 시장을 개척하는 것과 관련 있다는 분석이 많다. 생산량이 점증하는 셰일 가스의 수출처를 확보해야 하는 미국의 처지에서 보면 유럽은 매력적인 시장이다.

유럽으로서는 공급 다양성과 에너지 안보라는 측면에서 미국산 셰일의 등장이 나쁘지 않다. 하지만 문제는 가격이다. LNG 운반선으로 이동하는 셰일과 달리 러시아산 가스는 파이프라인으로 운송된다. 그래서 일단 건설하고 나면 가격 경쟁력 측면에서 셰일 가스보다 유리하다.

21세기는 여러 분야에서 과거와 다른 전략적 수단과 영향의 원천을 보여주고 있다. 과거 외교·안보의 주요 수단 가운데 하나로 사용되던 경제 제재는 도널드 트럼프 미국 대통령이 등장한 이후 외교·안보 정책의 보조 수단을 넘어 이제 완전히 하나의 통상 정책과 경쟁 정책의 수단으로 자리 잡았다.

한국의 대외 전략은 이런 상황에서 복합적 사고와 복합적 대응 능력을 강화해야 한다. 현재의 경제 제재와 보복 관세 전쟁은 지정학적 리스크 및 글로벌 리더십의 자존심 싸움과 맞물려 돌아가는 장기 전략의 쟁패 과정이자, 차세대 패권의 흐름과 차세대 산업의 경쟁력 및 우열 구도를 결정짓는 과정이라는 위기의식을 갖고 대응할 필요가 있다.

한국의 신북방정책과 신남방정책도 이런 장기적 관점을 잃지 않으면서 전략을 입안하고 진행해야 할 것이다. 한국은 냉전 말기 북방정책으로 북방 시장 개척에 성공했고 안보 환경의 변화에 적극적으로 대응했다. 현재는 이러한 북방정책을 심화하기 위한 신북방정책을 추진하고 있다. 신북방정책과 관련해서는 2019년에 추진될 것으로 알려진 문재인 대통령의 중앙아시아 방문과 블라디미르 푸틴 러시아 대통령과의 한·러 정상회담 등을 통해 새로운 복합 전략과 장기적 관점의 의제를 찾아야 하며, 이를 전체적이고 통합적으로 조율하면서 전략을 추구해야 한다. 지금처럼 프로젝트 중심의 접근과 상황적이고 분절적인 대응 전략으로는 장기적 국익을 관철해 내는 데 있어 한계가 분명하기 때문이다.

▎2019년 1월 28일 제513호

러시아와 한반도

북·미 정상회담과 러시아

장덕준 | 국민대학교 국제학부 교수

평창올림픽을 계기로 시작된 남북한 해빙 무드는 2018년 4·27 남북 정상회담으로 절정에 다다랐다. 11년 만에 남북 최고 지도자들이 분단의 상징인 판문점에서 만나 대화를 나누는 장면이 텔레비전으로 중계된 세 번째 남북 정상회담은 평화에 대한 국민들의 기대감을 한껏 높여주기에 충분했다.

그러나 최근의 정세 변화는 장밋빛 미래에 대한 기대만 주는 것이 아니라 혼돈과 우려의 원천도 되고 있다. 이것은 세계 주요 미디어가 2018년 4월과 5월 몇 주 사이에 벌어진 미국과 북한 간의 협상에 대해 "예측하기 힘든 [북·미] 두 지도자가 위협과 감언이설을 주고받으며 벌인 '벼랑 끝의 롤러코스터 게임'"(AP통신)이라거나 "회오리바람처럼 정신없이 벌어지는 반전의 연속"(≪뉴욕타임스≫)이라고 논평한 데서도 잘 나타나 있다.

반전에 반전을 거듭하는 북·미 협상

도널드 트럼프 미국 대통령이 6월 12일에 싱가포르에서 북·미 정상회담을 개최한다고 발표한 지 얼마 되지 않아 미국과 북한 사이에는 비핵화에 관한 엇갈린 인식과 접근법으로 인해 날카로운 신경전이 펼쳐졌다. 핵심 쟁점은 비핵화의 개념과 방식이었다. 미국은 북한에 대해 '완전하고, 검증 가능하며, 돌이킬 수 없는 핵 폐기(CVID)'를 요구해 왔다. 존 볼턴 미국 국가안보보좌관은 2018년 4월 30일 폭스뉴스와의 인터뷰에서 북한 핵 문제의 해법으로 '리비아 모델'을 주장했다. 볼턴은 북한 핵 문제를 해결하기 위해서는 선 핵 폐기가 필요한데, 구체적으로 2003년 리비아의 경우와 같이, 북한이 보유하고 있는 핵무기는 물론 핵물질까지 미국 테네시주 오크리지로 옮겨 처리해야 한다는 주장을 내놓았다. 한편 마이크 펜스 부통령 또한 5월 21일 폭스뉴스를 통해 북한이 미국과의 비핵화 협상에 실패할 경우 과거의 리비아와 같은 결말을 맞이할 것이라고 경고했다.

이러한 미국 당국자들의 강경 발언에 대해 북한은 거칠게 반발했다. 북한은 5월 16일 실시한 한·미 연합공중훈련 '맥스선더' 훈련을 두고 자신들에 대한 도발이라며 이날 예정된 남북 고위급회담을 갑자기 취소해 버렸다. 같은 날 김계관 북한 외무성 제1부상이 조선중앙통신을 통해 담화를 발표했다. 이 담화에서 김계관은 '선 핵 포기, 후 보상'을 골자로 하는 볼턴의 '리비아 모델'을 격렬히 비난했다. 더 나아가 그는 미국의 북핵 해결 기본 원칙인 'CVID'마저 싸잡아 공격하면서 미국이 그러한 주장을 계속하는 한 북한은 예정된 북·미 정상회담에 응하지 않을 수도 있다고 주장했다. 이것은 형식상으로 미국이 제기한 핵 폐기 원칙론에 대해 반발하는 형태의 담화였지만, 내용상으로 핵보유국의 입장에서 협상에 임하겠다는 북한의 입장 표명이었다.

한편 2018년 5월 23일 문재인 대통령은 백악관에서 트럼프 대통령, 마이크 폼페이오 국무장관, 볼턴 보좌관 등을 만나 "북한의 완전한 비핵화를 이룸과 동시에 한반도의 항구적인 평화 체제를 구축"하기 위해 북·미 정상회담이 반드시 열려야 한다고 지적했다. 문 대통령은 또한 북한이 미국과의 정상회담을 성공시키겠다는 의지를 가진 만큼 반드시 개최될 것으로 확신한다고 강조했다. 트럼프 대통령은 북한이 'CVID'를 한다면 김정은의 안전이 보장될 뿐만 아니라 북한은 경제적 번영도 누릴 수 있다고 말했다. 트럼프는 북한의 비핵화가 한꺼번에 이루어지기는 어렵지만, 비핵화의 단계를 최소화해 시간을 단축해야 한다는 점을 강조했다.

그런데 한·미 정상회담이 끝난 직후인 5월 24일 북한은 미국에 대해 또다시 비난의 화살을 날렸다. 최선희 북한 외무성 부상은 조선중앙통신이 보도한 담화에서 리비아의 경우를 빗대 북한의 핵 포기를 압박한 펜스 부통령에 대해 인신공격에 가까운 비난을 퍼부었다. 최선희는 담화에서 북한은 핵보유국이라고 강조하면서 김계관과 마찬가지로 미국의 일방적인 'CVID' 요구를 거부한다고 말했다. 또한 이 담화에서는 북한은 미국과 핵보유국의 입장에서 만날 수 있되, 미국이 북한에 대해 계속해서 선 비핵화를 압박하면 북·미 회담을 재고할 수 있다고 밝혔다.

북한은 김계관과 최선희의 명의로 미국에 대한 비난 메시지를 발표함으로써 대미 협상에서 밀리지 않으려는 의사를 내비치면서도 다른 한편으로는 5월 24일 외신기자들을 참관시킨 가운데 풍계리 핵실험장 폐쇄를 예정대로 진행했다. 미국에 대해 강온 양면작전을 펼침으로써 협상에서 유리한 고지를 차지하고자 했던 것으로 보인다. 그러나 워싱턴은 평양의 허를 찔렀다. 트럼프 대통령은 5월 24일 김정은 국무위원장 앞으로 보내는 서한의 형식을 빌려 6월 12일로 예정된 북·미 정상회담을 취소한다고 대응했다. 트럼프의 취소 선언은 싱가포르 정상회담을 통해 자신의 안보 문제와 경제적 난국을 동시에 돌파해 보려 했던 북한에 충격적인 소식이었다.

이는 북한이 이례적으로 신속하게 미국을 향해 해명과 대화 지속을 희망하는 담화를 발표한 데서 고스란히 나타났다. 이번에도 담화는 김계관의 이름으로 발표되었다. 트럼프가 회담을 취소한 지 7시간 만에 발표된 이 담화에서 김계관은 그간에 북한이 미국에 대해 쏟아부었던 거친 말들은 미국의 대북한 압박에 대한 나름의 대응 방식이었다고 해명하는 한편, 미국과 북한 간의 대화를 추구해 온 트럼프의 정책을 긍정적으로 평가하면서 북·미 정상회담 개최를 적극적으로 원한다는 의향을 밝혔다. 이에 트럼프는 북·미 정상회담 취소 서한을 발표한 지 59시간이 지난 2018년 5월 26일에 북·미 정상회담이 예정대로 열릴 수 있다고 말함으로써 자신의 결정을 번복했다. 더 나아가 폼페이오는 북한이 'CVID'를 받아들인다면 미국은 북한에 대해 '완전하고, 검증 가능하고, 불가역적인 체제보장(CVIG)'을 제공할 것이라고까지 언급했다. 그러나 'CVID'에 대해 제대로 된 검증을 하기가 매우 어렵듯이 미국 국내 정치의 까다로운 절차를 거쳐야 하는 'CVIG'도 실행하기가 간단치 않을 것이다.

'중재자' 대한민국의 입장

북·미 정상회담을 그토록 절실히 원하던 김정은의 북한이나 이 회담의 성사를 위해 중재자 역을 기꺼이 떠맡아 온 문재인 정부는 트럼프이

북·미 회담 취소 선언에 당혹감을 감추지 못했다. 그런 상황에서 트럼프가 던진 회담 재추진 선언에 남북한 지도부는 일말의 안도감을 느끼면서도 다급한 마음은 여전했을 것이다. 이러한 추측은 극비리에 전격적으로 이루어진 4차 남북 정상회담에 의해 뒷받침된다. 2018년 5월 26일 오후에 문재인 대통령은 사전에 국민에게 알리지 않은 채 판문점 북측 지역인 통일각으로 넘어가 김정은 위원장과 만났다. 이 회동에서 양측은 4·27 선언 합의사항의 착실한 이행을 다짐하는 한편, 북측은 북·미 정상회담에 대한 확고한 의지를 밝혔다.

5월 27일 문 대통령은 회담 결과를 설명하는 자리에서 'CVID' 방식의 북핵 폐기 가능성에 관한 질문을 받고는 이에 대한 직접적인 답변을 회피했다. 그 대신 그는 북·미 정상회담이 성공적으로 열리면 종전선언 논의를 위해 남·북·미 3국 정상회담이 열릴 수도 있을 것이라고 언급했다. 문 대통령으로서는 북·미 간 비핵화 논의와 동시에 한반도 평화 체제 구축에 대한 논의도 본격적으로 착수해야 한다는 입장을 피력한 것이다. 남북한 간 긴장을 완화하고 대화와 교류를 촉진해야 한다는 문재인 정부의 대북 정책은 많은 국민의 지지를 얻고 있다. 그러나 문 대통령이 북핵 폐기 이슈는 정면으로 다루지 않으면서 평화체제를 구축하는 문제에 대한 논의를 유독 강조하고 그것의 진행을 서두르는 모습은 많은 논란과 우려를 낳을 수 있다. 아직 북·미 간에 'CVID'에 대한 결판이 나지 않은 상황에서 궁극적으로는 주한미군 철수를 포함해 한·미동맹을 근본적으로 뒤흔들 수 있는 평화 체제 구축 논의를 먼저 시작하는 것이 과연 필요하고도 적절한 일인가? 우리는 이 시점에서 과연 무엇을 최우선시해야 하는가? 이럴 때일수록 더욱 냉정하게 생각해야 한다.

북·미 협상에 대한 러시아의 입장

평창올림픽을 전후해 숨가쁘게 전개되어 온 한반도 정세의 변화에 대해 러시아는 상황을 예의주시하면서 차분하고도 조용하게 대응해 왔다. 많은 분석가가 지적한 바와 같이 러시아는 북한 핵 문제를 자국의 이익에 매우 큰 영향을 끼치는 이슈로 간주하고 이에 대한 해법으로 관련 당사자 사이의 대화와 평화적이고 정치적인 해결 방식을 지지해 왔다. 또한 러시아는 북핵 문제로 야기된 한반도의 긴장 완화와 안정 유지를 원할 뿐만 아니라 이를 만들어나가는 데 이바지해야 한다는 입장이다. 같은 맥락에서 러시아는 남북한 관계의 진전을 환영하고 지지하는 입장을 보여 왔다. 그러한 점에서 러시아 정부는 4·27 남북 정상회담에서 합의한 남북한 교류·협력 증진, 상호 적대 행위 중단, 한반도 평화 체제 구축에 대해 적극적인 지지를 표명했다. 한편 이러한 한반도 긴장 완화 분위기 속에서 러시아는 인프라와 에너지 등 다양한 분야에서 남·북·러 삼각 협력이 진행될 수 있다는 기대감을 숨기지 않고 있다.

북핵 문제 해결 방안에 대해 러시아는 일괄타결을 기본으로 하되, 북핵 문제를 해결하기 위한 실행은 단계적으로 해야 한다는 입장이다. 특히 러시아는 현재까지 남북한 사이의 대화와 협력, 북한과 미국 간에 벌어지고 있는 핵 협상이 자국의 '한반도 문제 해결 로드맵'에 따라 진행되고 있다고 보고 큰 틀에서 북·미 협상에 대해 기대감을 갖고 있는 것으로 보인다. 이 로드맵에 따르면, 첫 단계에서는 북한은 추가적인 핵실험과 탄도미사일 시험 발사를 중지하는 동시에 한·미 양국은 연합훈련을 축소하거나 중단한다. 둘째 단계에서는 정전협정을 평화협정으로 대체하는 것을 골자로 하는 한반도 평화체제를 구축하는 동시에 '한반도의 비핵화'를 추진한다. 이 단계에서는 평화 구조 정착을 위한 남북한 간 또는 남·북·미 간의 대화 및 비핵화를 위한 북·미 간 협상이 핵심을 이룬다. 그리고 셋째 단계에서는 동북아 지역의 다자안보 메커니즘을 만들어낸다.

러시아는 2007년 6자회담의 5차 3단계 회의에서 도출된 2·13합의에 근거해 만들어진 '동북아 평화안보 실무그룹 회의'를 이끈 바 있다. 이번에도 러시아는 한반도에 평화 체제를 구축하고 이를 동북아 다자안보체제로 연결하는 문제에서 자국이 중요한 기여를 할 수 있고 또 해야 한다고 본다. 세르게이 라브로프 외무장관은 2018년 5월 31일 9년 만에 북한을 방문해 김정은 위원장을 면담하고 리용호 외무상과 만나 '한반도 비핵화'의 단계적인 해결에 대한 러시아의 지지를 표명했다. 이러한 상황에서는 더 나아가 '한반도 비핵화'와 한반도 평화 체제 구축 등 한반도 문제 해결을 논의하기 위해 블라디미르 푸틴 대통령과 김정은 위원장이 6·12 북·미 정상회담을 전후해 만날 가능성도 배제할 수 없다.

그러한 단계적 로드맵에 따라 한반도 문제는 이미 1단계를 통과했으며 현재 2단계가 진행되고 있다는 것이 러시아 측의 평가다. 다시 말해, 4·27 정상회담과 5·26 후속 회담을 계기로 남북한 간에는 한반도 평화 체제의 출범에 대한 공감대가 형성되었다는 것이다. 이제 가장 핵심적이면서도 가장 어려운 부분인 북한의 핵 폐기 및 북한에 대한 체제 보장 문제가 남아 있다. 앞에서 살펴본 바와 같이 선 핵 폐기를 주장하는 미국과 체제 보장을 먼저 확실히 하려는 북한 사이에 치열한 수 싸움과 기싸움이 벌어지고 있다. 이 문제에 관해 푸틴의 러시아는 기본적으로 북한의 입장을 지지하고 있다. 푸틴은 트럼프의 북·미 정상회담 취소 선언이 나온 뒤인 5월 26일 가진 기자회견에서 북한이 미사일 발사 및 핵실험을

■ 세르게이 라브로프 외무장관은 2018년 5월 31일 9년 만에 북한을 방문해 김정은 위원장을 면담하고, 리용호 외무상과 만나 '한반도 비핵화'의 단계적인 해결에 대한 러시아의 지지를 표명했다(자료: www.ntv.ru).

중지하고 풍계리 핵실험장 폐쇄 등을 실행함으로써 약속을 지키고 있는 상황에서 미국 측이 갑작스럽게 북한과의 정상회담을 취소한 것에 대해 유감을 표시했다. 푸틴은 또한 '한반도 비핵화'를 위해서는 북한에 대한 체제 보장이 먼저 이루어져야 한다는 입장을 밝혔다. 비슷한 맥락에서 러시아 외무부는 5월 23일 마리아 자하로바 대변인의 브리핑을 통해 미국이 북한의 체제 보장에 대한 확고한 조치 없이 '리비아 모델'을 강행한다면 그것은 북한에뿐만 아니라 동북아 전체에도 재앙을 일으킬 것이라고 경고했다.

북핵 문제와 한·러 협력

앞에서 살펴본 바와 같이 러시아는 북핵 문제 해결과 한반도 평화 정착 등 한반도 문제에 깊은 관심을 기울이고 개입을 원하면서도 선도적인 역할을 하려고 하지는 않는다. 러시아는 기본적으로 한반도의 긴장 완화는 남북한 간의 문제인 반면, 핵 문제는 북·미 사이의 협상이 핵심이라고 인식하기 때문이다. 그럼에도 러시아는 북핵 이슈 등 한반도 문제 해결에서 적지 않은 역할을 할 수 있는 대한민국의 중요한 협력 파트너다.

따라서 우리는 북한 핵 문제 해결에서 러시아와 긴밀한 협력 관계를 발전시켜나가야 한다. 첫째, 북·미 정상회담의 개최 여부와 의제 등을 놓고 워싱턴과 평양이 롤러코스터처럼 반전과 재반전을 거듭하고 있는 상황을 고려할 때 만약 북·미 협상이 틀어진다면 러시아는 중재역을 맡을 가능성이 높아질 것이다. 그러한 가능성에 대비해 한·러 외교부 장관과 국방부 장관 등이 참여하는 고위급 전략 대화 채널을 확보해야 한다.

둘째, 러시아는 일각에서 지적하고 있는 바와 같이 '한반도 비핵화'와 평화 체제 수립 논의에서 상대적으로 존재감이 약한 것이 사실이다. 이러한 점을 살펴볼 때 한·러 양국 정상은 다양한 채널을 통해 한반도 문제의 진전 상황에 대한 정보를 상호 공유하고 의견을 교환하는 등 소통을 긴밀히 유지할 필요가 있다. 우선은 2018년 6월 하순에 열리는 한·러 정상회담이 좋은 기회다. 이 회담에서 북핵 문제 해결과 남북한 관계 발전에 관한 러시아의 역할 등에 대해 양국 정상 간 의견이 접근한다면 양국 관계 진전과 한반도 문제 해결에 유익한 결과를 얻을 수 있을 것이다. 더 나아가 중장기적으로 동북아 다자안보협력체 형성의 중요성에 대한 공감대를 바탕으로 양국 정상이 협력의 원칙을 공유한다면, 한반도는 물론 역내 안정과 평화 증진에 이바지할 수 있을 것이다.

셋째, 북·미 협상이 진전된다면 남북한 간 교류가 활발해지는 것은 물론이고 국제사회의 대북 제재가 완화될 가능성이 높아질 것이다. 이러한 경우를 대비해서 한·러 양국 간 호혜적인 경제 협력 이슈와 남·북·러 삼각 협력 프로젝트에 대해 세부적인 논의를 해나갈 필요가 있다. 이러한 호혜적 협력을 바탕으로 축적되는 러시아와의 신뢰 관계는 대한민국이 추진하고 있는 신북방정책에 큰 도움을 줄 수 있다.

❙ 2018년 6월 4일 제479호

신북방정책을 한반도 신경제지도에 적용할 때
고민해야 할 세 가지

김효선 | 대통령 직속 북방경제협력위원회 에너지 분과 위원장·한국탄소금융협회 부회장

과거 정부에도 북방정책은 존재했다. 그렇다면 과연 신북방정책이 기존 북방정책과 다른 점은 무엇인가? 우선 정책을 추진하는 주체가 달라졌고 그 대상인 북방 파트너들이 달라졌으며 주변 환경도 달라졌다. 그러니 새로운 전략과 전술이 필요하다. 특히 우리의 이웃 북방 국가들은 과거보다 더 강한 리더십으로 무장했다. 따라서 우리의 한반도 신경제지도 구상은 새로운 성장 동력을 필요로 한다. 그에 따른 고민, 즉 정책 의제를 정리하면 다음과 같다.

첫째, 한반도 신경제지도에 대해 올바로 이해해야 한다. 한반도 신경제지도를 '인프라' 확대로만 이해하면 이는 또 다른 4대강이 될 것이다. 이를 실현 가능한 '시장' 중심의 전략으로 업그레이드해야 한다.

우선, 대표적인 남·북·러 협력 사업인 파이프라인 천연가스를 보자. 가스를 어디서 가져올 것인가? 가장 가까운 사할린 가스를 보더라도 일본과 경쟁해야 한다. 직도입이 허용되어 있지만, 자가 수요에 국한해서

도입할 수 있는 기존 제도를 그대로 유지할 경우 사할린 가스 여유분을 확보하기 위한 노력은 가스공사에만 의존할 수밖에 없다. 다음은 가격 협상에서 우위를 점할 수 있느냐 하는 것이 문제다. 가까운 중국만 하더라도 급증하는 가스 수요 때문에 카타르의 일방적인 횡포를 감내하다가 러시아 야말 북극 액화천연가스(LNG) 사업에 투자함으로써 차선책으로 가격 협상 전략을 활용했다. 즉, 천편일률적이고 일방통행적인 사고에서 탈피해 에너지 시장 전문가를 적극적으로 활용해 남·북·러 파이프라인 천연가스(PNG) 사업의 현실적인 대안을 마련하는 것이 시급하다.

둘째, 북방경제협력 사업을 '혁신성장'의 발판으로 활용해야 한다. 북방경제협력의 나인 브리지 전략은 바로 가스, 전력, 철도, 조선, 항만, 북극항로, 농업, 수산, 일자리(또는 산업단지)를 골자로 한다. 이를 산업으로 구분하면 에너지산업, 해운·조선산업, 농수산업 및 산업단지 조성으로 나뉜다. 특히 에너지산업과 해운·조선산업은 신정부가 끌어안아야 할 혁신성장의 대상이다. 국내 해운과 조선은 에너지산업에 종속되어 있다. 먹이사슬 관계가 한쪽에 치우친 역학 구조를 유지하다 보니 해외 시장에서 경쟁력을 발휘할 기초체력이 떨어질 수밖에 없다.

요즘 해양경제에서 가장 뜨겁고 가장 큰 먹거리는 LNG다. LNG 시장이 아시아 중심으로 팽창하는 속도에 맞춰 해운과 조선, 항만은 현대화와 고도화를 추구할 것이다. 안타까운 것은 우리나라의 해운과 조선은 국내 기업에 기생하던 패턴을 그대로 유지하는 것을 안전한 성장 모델로 인식하고 있다는 점이다. 해외 시장에서의 경쟁력을 높이기 위해 업계 스스로의 혁신 노력이 절실히 필요하다. 그리고 정부는 단순히 기업을 지원하기보다는 제대로 된 생태계를 조성하고 새로운 비즈니스 모델을 빌굴해 경쟁력 있는 기업이 성공하는 사례를 성과 몰로 챙겨야 한다.

남·북·러 파이프라인 천연가스 사업 구상도

자료: http://russiancouncil.ru/

　셋째, 북방 경협과 대북사업의 파트너들을 면밀히 분석해야 한다. 북방 경협과 대북사업을 낭만적으로 바라보는 시각들이 여전히 남아 있다. 우리의 경협 파트너들은 빠른 속도로 성장해 왔다. 러시아는 푸틴의 지도하에 에너지업계의 생태계를 획기적으로 바꾸었으며, 노바테크라는 민간기업을 통해 국제 LNG 시장에 뛰어들었다. 카타르의 대항마를 키운 것이다. 내부적으로는 LNG와 PNG의 수출세를 차별화해 LNG 수출이 경쟁력을 갖추도록 지원하는 것도 잊지 않았다. 가스 가격이 비용이 아닌 시장의 관점에서 움직인다는 사실을 이미 간파한 것이다. 중앙

　_러시아와 한반도

아시아는 어떠한가? 몽골과 카자흐스탄 같은 중앙아시아 국가들은 도시개발의 한계를 극복하고자 주요 도시 중심으로 에너지 전략을 구상하고 있다. 즉, 분산형 전원의 필요성을 절실히 인식하고 있다. 카자흐스탄은 이미 배출권 거래 도입을 시도한 나라다. 따라서 석탄발전 사업은 더는 중앙아시아 시장에서 발을 붙이기 어렵게 되었다. 이를 통해 알 수 있듯 그들이 필요로 하는 사업, 즉 수요조사를 철저히 해야 한다.

그렇다면 우리는 이들을 상대할 선수들이 충분한가? 안타깝게도 우리는 산업구조의 변화를 꾀하는 데서 '경쟁력'을 갖추기보다는 여전히 '고용' 문제에 발목이 잡혀 큰 성과를 내지 못했다. 이는 각 산업이 겪는 진통에만 관심을 집중했기 때문이다. 좀 더 거시적으로 보면서 산업과 산업 간 유기적인 먹이사슬을 마련해 큰 시장, 큰 먹잇감을 제공하는 데 관심을 기울이기보다는 기업 수준에서 쥐어짜기식의 개혁을 서두른 바 있다. 그러다 보니 내부 진통 때문에 큰 그림을 외면했던 것이다. 이러한 잘못을 되풀이하지 않으려면 경제 이슈를 사회 이슈와 통합해 관리하는 시스템을 시급히 마련해야 한다.

앞으로 신정부가 넘어야 할 산은 많다. 앞으로 산업 경쟁력을 끌어올려 시장을 확대하기 위한 조치를 발 빠르게 취하길 기대해 본다. 그런 면에서 북방은 '혁신'과 '공정'의 두 마리 토끼를 잡기에 아주 좋은 무대다.

❙ 2018년 8월 27일 제491호

격변하는 나선경제특구를 가다

이성우 | 한국해양수산개발원 항만·물류연구본부 본부장

블라디보스토크에서 전용 열차를 타고 북·러 국경인 하산역과 두만 강 대교를 통해서 북한의 두만강역에 도착했다. 3년 전인 2015년 방문 때와 같은 구간을 그때보다는 덜 긴장한 상태에서 도착했다. 변한 건 거 의 없었다. 있다면 봄철의 파릇파릇한 산야 대신 여름철의 짙은 녹음으 로 바뀐 정도였다. 러시아 극동 남부는 산 하나 없는 넓은 평원과 구릉지 로 이루어져 있는데 강 하나 건넌 북한 땅은 환경도 문화도 전혀 달라 보 였다. 50m 남짓한 거리인데 어떻게 이렇게 자연환경이 달라질 수 있을 까 신기해하며 새벽에 출발해 거의 반나절을 보내고 오후 4시경 나진시 에 도착했다.

오랜만에 만난 친구는 같이 생활하던 친구와 다르게 변한 모습을 쉽게 파악할 수 있는 것처럼, 나진시 역시 3년 전 방문과 크게 차이 나는 여러 가지 변화를 보여주었다. 지난 방문 때 필자가 느낀 바는, 나진시는 정리 정돈은 되어 있었으나 건물 몇 개만 있는 황량한 계획도시라는 것이었

다. 도시에 사람들도 별로 보이지 않았고, 호텔 앞에 택시 몇 대가 있었지만 그냥 서 있기만 했지 운행하는 모습은 그다지 볼 수 없었다. 해가 지면 모두 정전이 되었고 장마당에는 사람들이 드문드문 보이는 정도였는데, 이번에는 사뭇 다른 느낌을 주었다. 많은 건물이 건설되어 있었고 또한 건설 중이었다. 또한 많은 상점이 영업하고 있었다. 금요일 저녁이어서인지 지나가는 버스 안에서 본 장마당은 꽤 많은 사람이 모여 무언가를 사고팔면서 분주하게 움직이고 있었다. '아, 경제가 돌아가고 있구나'라는 생각을 하게 되었다. 저녁에 잠깐 바라본 나진시의 야경은 나를 더 놀라게 했다. 3년 전 나진시의 밤은 암흑천지였는데 이번에 본 야경은 중국의 여느 도시와 별 차이 없이 밝았다. 분명히 전기가 부족해서 8시 이후에는 단전이 된다고 들었는데 이번에 본 나진시는 전력이 부족해 보이지는 않았다. 많은 택시와 자동차가 오고가는 가운데 북한의 교통경찰한테 딱지를 떼는 중국인 운전자를 보면서 이곳은 지금 경제가 살아있고 성장하고 있다는 생각이 들었다.

재차 방문한 나진항 역시 지난번 나의 기억과 정반대의 모습이었다. 당시 항만에 가득 찬 석탄이나 분주하게 오가는 차들은 오간 데 없고 너무나 깨끗한 야적장에 정돈된 차들이 일렬로 주차해 있었다. 내 눈에 보이는 나진항은 제 기능을 하고 있지 않고 잠자는 항만이었다. 나진항은 도시의 모습과는 정반대로 UN의 대북 제재, 우리나라와 미국의 개별 제재가 작용하고 있는 공간이었다. 최근 언론에서 북한산 석탄이 북한의 항만을 이용해서 러시아에서 환적된 후 우리나라 혹은 다른 나라로 수출되었다고 시끌벅적한데 최소한 나진항에서 처리되는 러시아산 석탄은 나진항을 이용하고 있지 않거나 이용한 지 오래된 듯한 느낌이었다. 나진항을 운영하는 북·러 합작기업인 나선콘트란스의 러시아 사장이 "한

▌나진 항구 모습(자료: http://www.koreakonsult.com/Attraction_Rason_rus.html).

국의 도움이 있어야 이 항만이 제대로 가동될 수 있다"라고 여러 번 강조
한 것이 지금 상황을 뒷받침해 주고 있다.

　3년 전이나 이번이나 나진만의 푸른 동해는 여전히 아름다웠고 맑은
공기에 푸르른 해송이 바람에 여유롭게 움직이고 있었다. 그런데 나의
마음은 혼란스러웠다. 2015년 제재 이전의 나진은 이제 걸음마를 하는
모습이었는데 지금의 나진은 어떤 이유인지 모르겠지만 전반적으로 경
제가 성장하고 있고 외국자본이 많이 들어와 있을뿐더러 지속해서 들어
오고 있다는 느낌을 지울 수가 없었다. 개인적인 소견으로는 UN 제재와
개별 제재가 적용되는 국가적 인프라 시설이 아닌 국경 지역 인근에서
이루어지는 민간인 사이의 경제 교류는 지속·강화된 듯했다. 그리고 최
소한 중국과 러시아의 도움을 통해서 전력난을 해소할 수 있었던 것으로

보인다. 제재 내용에 포함되어 있는지는 모르겠지만, 두만강역에서 본 상당량의 유조열차가 나진의 전력을 유지해 주는 기반이 되는 것은 아닌지 추정해 보았다. 중국과 러시아 투자자들, 관광객들로 제한된 공간이지만, 최소한 그들이 나선경제특구에 돈을 뿌리고 그 돈들이 지역의 경제를 살리는 기반 역할을 담당하고 있는 듯했다. 나선경제특구에는 중국 위안화와 미국 달러화, EU의 유로화까지 통용된다. 이 돈들이 장마당을 통해서 지역의 경제를 일으키고 다시 지원과 투자로 연결되는 선순환 형태로 가는 것이 아닌가 한다.

물론 북한 전역을 돌아본 것은 아니고 언론의 보도와 제한된 자료를 통해 파악한 것이기는 하지만 북한의 경제 발전은 국경 지역 주변의 제한적인 공간에서만 진행되고 있는 듯하다. 개인적으로 현재 전 세계가 북한에 가한 제재가 제대로 작동하느냐 하는 의구심이 드는 한편 북·미, 남북 간의 상호 약속이 지켜진다면 북한의 경제 개발은 생각보다 빨리 진전할 수 있을 것으로 보인다. 외자 유치를 기반으로 성장한 중국의 점선면 개발과 같은 맥락에서 북한이 언급하고 있는 모기장식 개발이 외자 유치를 통해 제대로 작동할 수 있으리라는 생각이 들었다. 남북과 북·미, 남·북·중·러와 남·북·미·일이 뒤엉켜 평화를 갈구하고 있는 지금 이 순간, 정치적 이해관계로 한반도를 둘러싼 세계 강국의 지도자들 모두가 큰 틀에서 한반도를 영구적 평화의 공간으로 만든다면 한반도의 북녘땅도 남녘처럼 환하게 밝아질 수 있을 것 같다.

▌2018년 8월 6일 제488호

루스키섬 개발

이상준 | 국민대학교 국제학부 교수

2015년부터 시작된 러시아의 동방경제포럼(Eastern Economic Forum: EEF)은 극동 개발과 관련된 비즈니스 및 경제 협력 포럼이다. 이 포럼이 열리는 곳은 블라디보스토크 앞바다에 위치한 루스키섬이다. 매년 9월 열리는 포럼에 블라디미르 푸틴 러시아 대통령이 계속해서 참석하면서 우리나라 대통령을 포함해 동북아 각국 정상들과 고위급 정부 대표단의 참석도 늘고 있다. 루스키섬은 요즘 유행하는 말로 극동의 핫 플레이스가 되고 있다.

루스키섬은 자연 방파제처럼 블라디보스토크항 입구에 있다. 그래서 소련 시기에는 블라디보스토크를 모항으로 하는 극동함대를 지키기 위한 군사기지로 사용되었다. 일반인의 출입은 엄격하게 통제되었고 배를 이용해서만 섬으로 출입할 수 있었다. 이런 루스키섬에 변화가 시작된 것은 2012년 아시아·태평양경제협력체(APEC) 정상회담이 블라디보스토크에서 열리면서부터다.

■ 블라디보스토크 루스키섬에 있는 극동연방대학교 본부 건물(자료: 한국외국어대학교 러시아연구소).

블라디보스토크 시내에 외국 정상 다수가 참석할 수 있는 국제 행사장이 없어 러시아 정부는 루스키섬에 이를 건설하기로 결단을 내렸다. 블라디보스토크 시내와 루스키섬을 연결하는 현수교가 건설되었고 새롭게 지어진 공항 터미널에서 루스키섬으로 이어지는 도로는 혼잡한 시내를 거치지 않고 루스키섬으로 바로 진출입이 가능하도록 했다. 루스키섬 내 APEC 정상회담 장소로 사용된 공간은 행사 이후 극동연방대학교가 이전해 오면서 대학 도시로 거듭나고 있다. 러시아 정부는 이곳에 국제교육·연구개발 중심 대학을 육성해 극동 개발의 새로운 상징으로 삼고자 한다. 상트페테르부르크 바실리섬에 상트페테르부르크국립대학교를 건설해 도시 발전의 초석으로 삼았던 역사적 사실이 극동에서 데자뷰처럼 전개되고 있다.

루스키섬이 개발된 경위는 다음과 같다. 러시아 정부의 극동 개발 의

지가 강하게 표출되면서 매년 포럼에 참석하는 각국 대표단과 기업인의 수가 늘어났고 이에 따라 어려움도 발생했다. 새 학기가 시작될 즈음에 포럼이 개최됨에 따라 극동연방대학교의 주요 학사 일정이 차질을 빚었다. 교수와 학생들은 행사로 인한 불편을 감수하기 싫어서 아예 학교 근처에 얼씬도 하지 않는다는 말이 나올 정도였다. 포럼에 참석하는 각국 정상, 정부 대표, 기업인들도 불편하기는 마찬가지였다. 게다가 섬 안에 극동연방대학교와 수족관만 있어 포럼에 참석하는 참가자들을 위한 다양한 부대시설이 부족한 상황이었다. 대학 내 게스트하우스에 숙소를 얻지 못할 경우에는 시내와 섬을 왕복해야 하는 불편을 겪어야 했다. 게스트하우스에 숙소를 둔 참가자들은 동선이 짧고 또 포럼 기간 동안 주최 측이 루스키섬에서 제공하는 다양한 문화행사 등을 즐길 수 있다는 장점이 있었지만, 추가적인 비즈니스 미팅 등을 진행하려면 시내로 나갔다 다시 들어와야 했다.

러시아 정부는 이런 불편을 해소하기 위해 관광특구로 지정된 루스키섬을 러시아 국내의 역외 경제지대로 지정하려 한다. 이 법안이 통과되면 외국 기업이든지 러시아 기업이든지 루스키섬에 투자할 경우 세제상 혜택뿐 아니라 파격적인 지원도 받을 수 있다.

러시아 정부가 루스키섬 개발을 적극적으로 지원하는 직접적인 이유는 동방경제포럼을 원활하게 진행하기 위해서다. 그래서 러시아 정부는 극동연방대학교 캠퍼스 바깥에 국제컨벤션센터를 지을 계획이다. 컨벤션센터와 연계해 호텔과 전시 공간도 마련하려 한다. 기업회의(Meeting), 포상관광(Incentive Travel), 컨벤션(Convention), 전시(Exhibition)가 결합한 이른바 마이스(MICE) 산업은 관광 수요도 많다는 점에서 관광자원 개발도 서두르고 있다. 루스키섬에 수족관을 건설한 것도, 에르미타시 박물관과 마린스키 극장 분관을 건설한 이유도 여기에 있다.

그러나 이러한 루스키섬 개발은 국제컨벤션센터와 관광 시설을 건설하는 데만 의미가 있는 것이 아니라 러시아 정부의 극동 개발을 한 단계 끌어올린다는 의미도 내포하고 있다. 러시아 정부가 내놓은 극동개발 계획의 상당 부분은 극동 지역의 풍부한 에너지, 광물 자원, 농수산물 등을 아태지역으로 수출하는 것으로 구성되어 있다. 하지만 이러한 개발 프로젝트들이 극동 지역 주민의 소득을 향상해 줄 수는 있을지언정 이 지역의 삶의 질을 개선하기에는 충분하지 않다. 극동 개발을 중후장대한 산업이나 기간시설을 건설하는 등의 하드웨어에만 국한하기보다는 러시아가 가지고 있는 인문학적 전통과 기초 과학기술을 접목하는 소프트웨어적인 발전을 기반으로 할 필요가 있다.

푸틴 대통령도 이와 관련해 제2차 동방경제포럼에서 국제교육·첨단 과학기술 연구개발 단지를 루스키섬에 건설할 것을 제안했다. 극동국립 대학교, 극동국립기술대학교, 우수리스크사범대학교, 태평양국립경제 대학교가 통합된 극동연방대학교는 해양(환경)학, 위성, 핵의학, 로봇, 신소재, 유전학에서 선도적인 연구 역량을 갖추고 있다. 따라서 루스키 섬 개발은 극동 개발이 에너지자원 개발에만 국한되지 않는다는 점을 부 각하는 역할을 한다. 모스크바 근교 혁신 도시 스콜코보 건설에서 핵심 역할을 수행한 스콜코보 재단 극동 지부를 극동연방대학교에 설치한 것 도 극동 지역의 연구 역량을 한층 강화하려는 조치다.

또한 푸틴 집권 4기 주요 국정 과제들도 루스키섬 개발과 연관되어 있 다. 최근 푸틴 대통령은 디지털 기술을 포함해 4차 산업혁명과 관련한 첨단기술 개발에 큰 관심을 두고 있다. 블록체인과 가상화폐, 인공지능 (AI) 등의 분야에 과학기술 역량을 투여하고 있을 뿐 아니라 러시아인의 기대수명을 늘리고 건강한 삶을 제공하기 위해 의료 부분 개혁과 의료산업 발전도 적극적으로 추진하고 있다. 루스키섬에 의료 시설을 건설하고 관련 학문 분야의 발전을 도모하면서 루스키섬의 자연 풍광에서 치료한 후 요양까지 병행할 수 있기를 기대하고 있다.

극동연방대가 보유하고 있는 교육 및 과학기술 역량과 산업적인 측면에서의 컨벤션 및 전시 기능, 호텔, 관광·휴양 시설, 문화와 공연 시설, 의료 시설 등을 결합하면 극동 개발이 주는 무거운 느낌을 떨쳐버리고 새로운 기념비적인 개발이 성사될 수 있을 것이다.

모스크바와 상트페테르부르크에 가면 한국이 보유한 유무형의 자산이 많다. 기업에만 국한하면 LG 광고판이 20여 년째 설치되어 있는 크렘린 주변의 이른바 'LG 다리', 소련 시기 번영의 상징이던 노비 아르바트 거리와 불바르가 만나는 곳에 세워진 롯데호텔의 로고는 모스크바강 변에서 아주 잘 보인다. 러시아인들이 가장 좋아하는 공간에 위치한 우리 기업의 광고가 한국의 이미지를 크게 향상하고 있다.

앞서 언급한 것처럼 루스키섬 개발은 러시아 정부의 전통적인 극동 개발의 수준을 뛰어넘는 21세기적 개발 사업이라고 할 수 있다. 푸틴 대통령은 상당 기간 동방경제포럼의 주인으로서 참여할 것이다. 그만큼 극동으로 향하는 러시아 리더들의 발걸음도 잦아질 것이다. 동방경제포럼 기간 내내 러시아인들의 눈과 귀는 루스키섬에 집중될 것이다. 여기에 한국 기업이 참여한다면 그 기업이 누릴 유무형의 효과는 매우 클 것이다. 우리 정부와 기업이 루스키섬 개발에도 주목해야 하는 이유는 이렇게나 많다.

▮ 2018년 9월 10일 제493호

가능성의 경계를 확대하다

제4차 동방경제포럼 참관기

박정호 | 대외경제정책연구원 연구위원

2018년 9월 11~13일 러시아 극동 블라디보스토크에서 제4차 동방경제포럼이 열렸다. 이 포럼에서는 '극동: 가능성의 경계를 확대하며(The Far East: Expanding the Range of Possibilities)'라는 주제 아래 6000명 이상의 다양한 인사가 참석해 대성황을 이루었다. 필자는 동방경제포럼에 세 번째로 참석한 덕분에 이전보다 더 편안한 마음으로 행사 전반을 둘러볼 수 있었다. 개인적으로 동방경제포럼이 참석자 수준과 규모, 의제 설정과 패널 구성 등 행사 전반에 걸쳐 자리를 잡아가고 있다는 생각이 들었다.

주지하듯이, 2018년으로 4회째를 맞은 동방경제포럼은 러시아의 대표적인 국제 행사로 인정받고 있다. 동방경제포럼은 러시아 연방정부 주관으로 극동 지역 개발을 위한 투자 유치 및 주변국과의 경제 협력 활성화를 목표로 2015년부터 매년 9월 열리고 있다. 2018년에는 이낙연 대한민국 국무총리를 비롯해 블라디미르 푸틴 러시아 대통령, 시진핑 중국 국가주석, 아베 신조 일본 총리, 할트마긴 바틀가 몽골 대통령 등 주요국 정상과 정부 관계자들, 각국 기업인과 해당 분야 전문가들이 참석해 자리를 빛냈다.

필자는 이번 행사 기간에 한국 관련 주요 행사(9월 10일 '극동 러시아 프로젝트 파트너십', 9월 11일 '한·러 양국 기업협의회 비즈니스 라운드테이블', '남·북·러 삼각 협력' 세션, '한·러 비즈니스 다이얼로그')와 9월 12일 열린 유라시아경제연합 세션 등에 참석했다.

지면 관계상 필자가 참석한 행사 중에서 다음 세 가지 세션을 중심으로 제4차 동방경제포럼을 소개한다.

먼저, 남·북·러 삼각 협력 세션이다. 이 세션의 주제는 '러시아와 남북한: 경제 협력을 위한 새로운 공간'이었다. 특히 북한 철도성 김윤혁 부상과 김창식 부국장 등 북한 철도성 협력 사업 관계자들이 대거 참석해 많은 관심을 받았다. 이 세션은 자리가 부족해서 많은 사람이 거의 2시간 가까이 서서 참관해야만 했다. 러시아의 대표적인 한반도 전문가 게오르기 톨로라야 박사가 좌장을 맡은 가운데 러시아와 한국, 북한 전문가들이 한반도 정세 변화 속에서의 남·북·러 삼각 협력의 기회와 가능성을 논의했다. 이 세션에서는 가스와 전력망 연결 사업보다는 철도 연결과 나진-하산 프로젝트 재개 등이 집중적으로 논의되었다. 한국 측에서는 송영길 북방경제협력위원회 초대 위원장이 한반도 정세 변화와 남·북·러 삼각 협력의 함의와 추진 방향에 대해 간략히 발표했고, 이성우 한국해양수산개발원 항만·물류연구본부장이 나진-하산 프로젝트를 초국경 협력 사업들과 연계한 '동북아 평화 협력 클러스터' 구축 방안을 제안했다. 각국 참석자들은 남·북·러 삼각 협력의 전략적 가치와 추진의 당위성에는 전반적으로 공감하는 분위기였지만, 추진 시기와 범위에

▌제4차 동방경제포럼 부대 행사로 열린 '한·러 비즈니스 다이얼로그'에서 이낙연 총리가 연설하고 있다 (자료: 대외경제정책연구원).

서는 다소 이견이 있었다.

둘째, '한·러 비즈니스 다이얼로그' 세션이다. 이 세션의 주제는 '신북방·신동방정책의 전략적 접점 모색을 위한 한·러 비즈니스 협력 방안'이었다. 이낙연 국무총리를 비롯한 양국 정부 인사와 기업인 200여 명이 참석해 한국의 신북방정책과 러시아의 신동방정책 간 접점을 모색하고 양국 기업 간 '나인 브리지+α' 정책 관련 협력 사례 등을 공유했다. 이 세션에서는 환동해경제권 활성화를 위한 한·러 지방정부 간 경제 협력 방안이 논의되기도 했다. 특히 푸틴 집권 4기 사회·경제 정책의 핵심 목표인 '러시아 시민들의 삶의 질 개선'을 고려한 디지털 헬스케어와 관광 협력 방안 등이 제시되었다.

셋째, 유라시아경제연합 세션이다. 이 세션의 주제는 '아시아·태평양 통합 의제의 오늘: 개방성이냐 보호주의냐? 유라시아경제연합을 위한 교훈'이었다. 이 세션에는 이재영 대외경제정책연구원장 외에도 티그란 사르키샨 유라시아경제위원회(EEC) 위원장, 알렉산드르 다닐체프 러시아 고등경제대학교 무역정책연구소장, 베로니카 니키시나 EEC 통상장관, 안드레이 슬레프네프 러시아수출센터 최고경영자, 알렉산드르 쇼힌 러시아 산업기업가연맹 회장, 안토니오 팔리코 꼬노세레 유라시아 어소시에이션(Conoscere Eurasia Association) 회장 등이 참석했다. 참석자들은 미국 트럼프 행정부가 출범한 이후 보호무역주의 강화 추세, 미·중 통상 분쟁 심화 등 글로벌 경제 환경의 불확실성이 증대하는 데 대한 방안들을 집중적으로 논의했다. 유일한 한국 측 참석자인 이재영 원장은 한국 정부의 세 가지 정책 방향을 제시했다. 첫째, 경제외교 다변화와 신성장동력 창출을 위한 신북방·신남방정책의 적극 추진, 둘째, 한국과 유사한 상황에 있는 중견국들과 협력해 다자 무역 질서를 유지하기 위한 노력 지속, 셋째, 남·북·러 삼각 협력 등을 통한 한반도 평화번영 추구와 극동·시베리아를 포함한 유라시아 경제 협력 강화가 바로 그것이었다.

제4차 동방경제포럼에서 가장 중요한 특징으로는 단연코 시진핑 주석이 참석한 것을 들 수 있다. 그의 참석 덕분에 행사장 곳곳에서 아주 많은 중국인을 만날 수 있었다. 1000명이 넘는 경제사절단을 동반한 중국 대표단은 푸틴 대통령에게도 큰 선물이나 마찬가지였을 것이다. 양국은 포럼 기간에 합동군사훈련을 진행했을 뿐 아니라 1000억 달러 규모의 합작 프로젝트를 추진하겠다고 공표하는 등 러시아와 중국 간의 밀착이 한층 더 강화될 전망이다.

동방경제포럼이 끝날 무렵 문득 이런 생각이 들었다. 한반도에 평화가 정착되고 남·북·러 삼각 협력이 현실화된다면 한반도와 극동 지역 간 연계성과 통합성은 강화될 것이고 지속 가능한 한·러 협력이 가능해질 것이라고 말이다. 이런 날이 하루속히 오기를 기대하며 공항으로 향했다.

┃ 2018년 9월 24일 제495호

한·러 관계

한·러 FTA 체결 가능성과
극동·시베리아에서의 양국 경제 협력

김봉철 | 한국외국어대학교 국제학부 교수

FTA(Free Trade Agreement, 자유무역협정)는 국제사회의 다양한 경제 조약 중에서 가장 많이 활용되는 방식이다. 다양하게 활용될 수 있는 국제 법규인 FTA는 많은 경우 전통적으로 체결 당사국들의 경제적 이익을 위해 무역 특혜를 제공하는 목적에 충실하지만, 최근에는 비경제적 목적을 위해 활용되기도 한다. 이 경우에는 FTA가 해당 국가들 사이의 협력 분야를 넓히는 기능을 수행한다.

한국 정부는 세계무역기구(WTO)와 같은 다자간 경제 협력에 충실하지만, FTA를 많이 체결해 양자 간 특혜무역 관계를 수립하는 데에도 노력하고 있다. 국내외의 여전한 논란에도 불구하고, 대체로 한국 사회는 FTA 체결을 통해 국내의 무역 규범 같은 무역 환경의 개선과 국제사회에서의 무역 및 경제 협력관계의 다양화를 기대한다. 이와 함께 한국 정부는 한반도 안정 등의 비경제적 목적을 달성하기 위해서도 FTA를 활용하려고 한다.

▌ 한국과 러시아는 제1회 한·러 지방협력 포럼을 통해 협력의 범위를 지방 단위로 심화시켜 정치, 경제, 문화, 예술, 관광 등 다양한 분야에 걸쳐 협력하기로 약속했다(자료: https://minvr.ru).

러시아 역시 FTA를 체결해 경제적·비경제적 이익을 얻으려고 한다. 러시아는 WTO에 가입한 이후에도 구소련 소속의 CIS 국가들과 다양한 형태의 FTA를 체결했다. 러시아는 FTA 체결을 통해 이들 국가에 무역 특혜를 제공함으로써 경제적 의존관계를 유지하는 한편 정치적 영향력도 강화하려는 의도를 가지고 있다. 그러나 러시아는 최근에 베트남 등 CIS에 속하지 않는 국가들과도 FTA를 체결해, 무역 관계 다양화와 경제적 이익, 비경제적 목적까지도 추구한다. 다양한 국가와의 FTA를 적극적으로 체결하려는 한국의 정책과 만날 수 있는 부분이다.

한국과 러시아의 경제 협력은 1990년대 초부터 본격적으로 확대되기 시작했다. 현재는 기존의 상품 무역 관계에서 벗어나 다양한 경제 협력 방식을 찾으려는 상황으로 발전하고 있다. 한국 정부의 입장에서는 이러한 경제적 협력을 비탕으로 한반도의 정치적 안정과 국제사회에서의 정책 조율 등을 시도할 수 있을 것이다. 한국과 러시아의 관계가 경제적 이익을 넘어서 다른 분야의 공동 목적을 추구하는 수준까지 도달한 것이다.

이러한 상황에서 만약 한국과 러시아가 FTA를 체결하려고 한다면, 양국의 다양한 협력을 위한 환경을 개선하는 데 활용되는 다목적 '국제법적 인프라'를 구축하려는 시도로 해석될 것이다. 이는 결국 양국이 이 FTA의 효과를 확대해 경제 협력의 이익뿐만 아니라 비경제적 의미에도 주목해, 경제적·비경제적 분야의 공동 협력을 꾸준히 지속하는 법적 기반을 마련한다는 뜻이다. FTA에 기반을 둔 한국과 러시아 사이의 경제 협력 확대와 다양화는 한국과 북한의 관계 개선에 영향을 주기도 하고 영향을 받기도 할 것인데, 이는 중국과 일본을 포함하는 한반도와 주변 지역의 정치적 안정 등 비경제적 분야에도 변수로 작용한다. 한국이 그러한 변수를 주도해 만들어낼 수 있다는 점은 전략적으로 유리한 것이다.

한국과 러시아의 협력이 가장 적절하게 이루어질 수 있는 물리적 공간은 바로 극동·시베리아 지역이다. 최근에 러시아 연방정부가 이 지역에 대한 경제적 중요성을 부여하면서 관심을 기울이는 것은 양국의 협력에도 큰 의미가 있다. 특히 이 지역에서 가장 넓은 면적과 놀라운 자원 개발 가능성을 보유한 사하공화국(야쿠티야)에 주목할 필요가 있다. 양측은 꽤 오랫동안 민간 차원의 문화교류를 지속해 왔는데, 최근에는 더 다양한 협력을 기대하고 있다. 지금까지 한국과 사하공화국의 경제 협력은 단순히 완제품 수출과 수입, 의료관광 등으로 대표되는 여행·관광업 등이 주를 이루었다. 그러나 장기적으로는 천연자원 개발과 투자, 인프라 및 도시건설, 문화적 특수성과 지리적 공간을 활용한 공동 사업 등도 생각할 수 있다. 동아시아와 유럽을 연결하는 시베리아횡단철도와 도로 활용, 북극 지역의 상업적 항공 및 해양항로 공동 개발 등이 좋은 예다.

경제적 의미에서는 사하공화국과 같은 극동·시베리아 지역이 가지는 무한한 잠재력을 구현하기 위한 세밀하고 구체적인 전략 수립과 실천이 필요하다. 법적 측면에서 보면, 연방정부와 지방정부 사이의 관계에서 발생하는 규범적 복잡성을 이해하고 원활한 경제 협력과 투자가 가능하도록 이를 개선하려는 노력을 지속해야 한다. 예를 들어, 사하공화국은 러시아연방에 속하기 때문에 러시아 연방법과 사하공화국 자치법이 공존하는데, 이들이 무역과 투자 등 경제 협력에 관한 지원과 규제의 법적 근거를 제공하는 상황이다.

한국과 러시아의 FTA 체결이 실현되면 이러한 복잡성이 어느 정도 해소될 수 있으리라고 기대한다. 그러나 해결해야 할 과제는 여전하다. 협력의 가능성을 고려해 분야별 발전 방향을 예측하는 시나리오를 작성하고, 그에 따라 개별 법 분야에서 세밀한 연구를 수행해야 한다. 예를 들어, 북극항로의 공동 개발과 협력을 위한 국제법 분석 및 국제법의 발전적 활용을 위한 제안, 그리고 이에 따른 항공·해운법과 같은 양국의 관련 국내법 개선 작업에 관심을 두고 연구를 지속해서 진행해야 한다.

▌2018년 4월 16일 제472호

문 대통령의 방러,
전략적 관계를 내실화할 호기

홍완석 | 한국외국어대학교 국제지역대학원 교수

　북·미 정상회담이 끝나고 시나브로 러시아발 월드컵 열기가 지구촌을 뜨겁게 달구고 있다. 2018 월드컵을 서구의 '왕따'에서 벗어나는 기회로 삼으려는 블라디미르 푸틴 대통령의 초청으로 문재인 대통령이 2박 3일 일정으로 러시아를 방문한다. 1999년 김대중 대통령 이후 19년 만의 국빈 방문이고, 한국 대통령으로서는 처음으로 러시아 하원 연설이 예정되어 있다. 이런 융숭한 예우는 크렘린이 한·러 관계를 심화하기 위해 문재인 정부에 거는 기대를 상징적으로 반영한다.

　그럼 이 시점에서 문 대통령의 방러 목적은 무엇이고 어떤 의미를 지니는가? 핵심은 두 가지로 정리된다.

　하나는 러시아의 '패싱' 우려를 해소하면서 전략적 소통을 강화하는 것이다. 최근 북한 비핵화를 둘러싼 주변국 정상들 간 연쇄 회동에서 푸틴의 모습은 보이지 않는다. 2018년 4월 27일 남북 정상이 합의한 판문점 선언에서도 러시아의 자리는 없었다. 한반도 평화체제 구축과 관련

▪ 문재인 대통령은 2018년 6월 21~23일 러시아를 국빈 방문해 블라디미르 푸틴 대통령과 만나 정상회담을 가졌다(자료: www.kremlin.ru).

해 '남·북·미 3자 또는 남·북·미·중 4자회담 개최'라고 조건적으로 명시한 것은 중국에는 '초조함'을, 러시아에는 '실망감'을 안겨주기에 충분했다.

　여기서 상기해야 할 역사적 교훈이 하나 있다. 한반도 평화 구도를 논의하는 과정에서 러시아를 소외시킬 경우 한·러 관계와 한반도 정세에 역진 현상이 초래될 수 있다는 점이다. 1997년 모스크바가 배제된 한반도 4자회담은 러시아의 대국적 자존심에 지대한 손상을 가했고, 결국 한·러 밀월 관계에 종식을 고했다. 당시 크렘린 전략가들은 옐친 정부가 취한 성급한 대북 관계 단절과 친서울 일변도 노선이 한반도에서 러시아의 영향력을 제로화시켰다고 판단했고, 이때부터 북한을 포용하는 남북한 균형노선으로 한반도 정책을 전환하기 시작했다. 1998년 7월 한·러 외교관 맞추방 사건은 그 신호탄이었다. 러시아의 이해관계가 거칠게 반영된 우크라이나의 크림반도 병합과 동부 반군 지원, 시리아 내전 개입은 한반도에 많은 시사점을 던져준다.

이런 점을 고려할 때, 문 대통령의 최우선적 과제는 한반도에서 항구적인 평화 정착을 위한 러시아의 기여와 역할을 강조하는 가운데 모스크바가 민감하게 반응하는 패싱 우려를 해소해 주는 외교적 노력을 기울이는 것이라고 본다. 이를테면 러시아가 일관되게 주장하는 6자회담의 틀 유지와 조속한 재개, 한반도 평화체제의 국제적 보장자로서의 러시아 참여, 동북아 다자안보체제 창설 등에 대한 외교적 공명을 공동성명에 담아내야 할 것이다.

신북방정책의 가시적 '성과 내기'도 중요한 방러 목적이다. 문재인 정부는 신북방정책의 추동력으로서 이른바 '나인 브리지 전략'을 채택했다. 전력·가스·조선·수산·북극항로·항만·철도·산업단지·농업 등 아홉 개 분야에서 대러 경협을 우선적으로 도모한다는 전략인데, 아직 구체적인 성과가 나온 게 없다. 러시아와 북한이 동시에 국제 제재를 받는 상황에서 신북방정책이 유효한 결실을 맺기 위해서는 우리 정부의 주도적인 역할이 요구된다. 그런 측면에서 한·러 정상은 박근혜 정부가 대북 독자 제재 차원에서 중단시킨 나진-하산 프로젝트 재개를 우선적으로 합의할 필요가 있다. 그 이유는 나진-하산 사업이 UN의 대북제재 예외 조치로 인정받고 있기 때문이기도 하지만 최근 한반도에서의 데탕트 추세로 북방에서의 협력 움직임과 교역 환경에서의 패러다임 변화가 포착되고 있기 때문이다.

2018년 6월 7일 우리나라가 마침내 북한의 찬성으로 국제철도협력기구(OSJD)에 가입함에 따라 남북철도 연결 및 철도를 통한 유라시아 대륙 물류 시대가 점차 현실화되고 있다.

서울과 모스크바는 2008년 전략적 동반자 관계를 선언했다. 그러나 10년이 경과한 오늘날 한·러 전략적 관계는 외교적 수사 차원에 머물러 있다는 게 정확한 진단일 것이다. 문 대통령의 방러가 한반도 운전자론에 탄력을 가하는 '도약판'이 되고, 나아가 한·러 관계를 명실상부하게 전략적 관계로 진입시키는 '전기'가 되길 기대한다.

┃ 2018년 6월 25일 제482호

_≪매일경제≫ '오피니언'(2018년 6월 20일)에 실린 필자의 글을 수정·보완

한·러 정상회담의 성과와 과제

변현섭 | 대통령 직속 북방경제협력위원회 위원

레프 구밀료프(유라시아주의 주창자), 블라디미르 루자노프(북극 탐험가), 표도르 도스토옙스키, 레프 톨스토이, 이반 투르게네프, 알렉산드르 푸시킨, 유리 가가린(인류 최초의 우주인), 니키타 비추린(러시아정교회 전도단장).

문재인 대통령이 19년 만의 러시아 국빈 방문에서 한국 대통령으로서는 처음으로 러시아 하원인 국가두마에서 행한 연설문에 나오는 인물들이다. 한국의 일반인들에게는 생소한 이름일 수 있지만, 러시아인들에게는 자부심이 매우 큰 인물들로 연설문 곳곳에 언급되었다. 이뿐만 아니라 "유라시아 대륙의 크기만큼 긴 호흡으로 러시아는 세계사에 굵직한 흔적을 남겼다. 조국전쟁과 대조국전쟁으로 세계사의 흐름을 바꾸고 인류의 정신사와 과학기술을 동시에 이끌어왔다", "러시아의 저력은 이와 같이 인간에 대한 깊은 이해에 있다고 생각합니다. 그것이 어떠한 도전과 어려움에도 굴하지 않는 러시아 국민의 힘이 되었다" 등 한국 외교

▌2018년 6월 21일 문재인 대통령은 19년 만에 러시아를 국빈 방문해 한국 대통령으로는 처음으로 러시아 국가두마(하원)에서 연설했다(자료: www.duma.gov.ru).

사의 명연설문 가운데 하나로 남을 만한 명문들이 러시아인들의 마음을 움직였다. 이 연설은 18여 분간의 연설에서 세 차례의 기립 박수를 포함해 총 일곱 차례의 박수를 받는 등 러시아 의원들에게서 큰 호응을 얻었는데, 이는 이번 방러의 성과를 대변하는 것으로 보인다.

사실 문재인 대통령의 러시아 하원 연설은 2018년 3월 초 송영길 북방경제협력위원장이 뱌체슬라프 볼로딘 하원의장의 고향인 사라토프에서 열린 국제경제포럼에 참석해 제안해 성사된 것으로, 푸틴 대통령과 21번의 정상회담을 가진 아베 일본 총리조차 이루지 못한 성과다.

이번 한·러 양국 정상회담의 성과로는 혁신플랫폼 구축, ICT 협력, 서비스·투자 FTA 협상 개시 합의, 전력 분야 협력, 북극 LNG 협력, 한·러 철도공사 간 협력, 분당서울대병원의 모스크바 국제의료특구 사업 협력과 세브란스병원의 모스크바 건강검진센터 설립 협력, 지방협력 포럼 설립, 2020년 한·러 문화교류의 해 지정, 체육교류 협력, 사회복지 협력 등

12개 문건에 대한 양해각서를 체결한 것(공식 서명식을 열지 않은 7건을 포함하면 19건의 MOU 체결)이며, 총 32개 항의 공동선언문에는 더 구체적인 성과들이 나열되어 있다.

공동선언문에 포함된 성과 중에는 한반도의 비핵화 진전에 따라 관심이 높아지고 남·북·러 삼각 협력 사업으로 발전 가능해진 전력·가스·철도 분야의 공동연구 협력이 포함되어 있다. 즉, 시베리아횡단철도(TSR)와 한반도종단철도(TKR)의 연결과 관련한 공동연구 및 기술·인력 교류를 통한 양국의 관계기관 및 연구기관 간 협력을 지속하고, 러시아산 천연가스의 한국 공급 확대를 촉진하기 위해 러시아에서 한국으로 공급되는 파이프라인가스(PNG) 관련 공동연구를 지속하기로 했다. 또한 전력과 관련해서도 양국을 포함한 동북아 국가 간 전력망 연계를 위해 협력하기로 했다.

또한 문재인 대통령은 이번 방러를 통해 새로운 한·러 협력의 목표와 협력 확대 방안을 제시했다. 한·러 양국의 수교 30주년을 맞는 2020년까지 교역액 300억 달러, 인적 교류 100만 명을 달성하자는 목표를 세웠고 이를 위해 미래 성장 동력 확충, 극동 개발 협력, 국민 복지 증진과 교류 기반 강화라는 협력 확대의 세 가지 방안을 제시했다.

첫째, 미래 성장 동력 확충은 한국에 '한·러 혁신센터'를 설립하고 모스크바에 있는 '한·러 과학기술협력센터'를 확대해 세계 최고의 원천기술, 기초과학기술을 지닌 러시아와 IT 기술에 강점을 가진 한국이 협력해 4차 산업혁명 시대를 함께 선도해 나가자는 것이다.

둘째, 극동 개발 협력은 2017년 동방경제포럼에서 제안한 '나인 브리지 전략'(가스, 철도, 전력, 조선, 일자리, 농업, 수산, 항만, 북극항로 등 아홉 개 중점 분야에서의 협력)을 더욱 강화하자는 것이다.

셋째, 국민 복지 증진과 교류 기반 강화는 국민이 양국의 긴밀한 협력을 일상생활에서 느낄 수 있도록 하자는 의미로 모스크바 스콜코보에 최첨단 한국형 종합병원을 개원해 암, 신장, 뇌신경에 특화된 의료 서비스를 제공하고 시베리아횡단철도 객차 안에 설치된 모바일 진단기를 통해 원격으로 환자를 진료하는 미래형 의료 협력 등을 추진하는 것이다.

이러한 한·러 협력의 목표와 방안은 푸틴 대통령이 2018년 5월 7일 4기 임기를 시작하면서 제시한 2024년까지의 러시아의 주요 정책 목표와도 일치한다는 점에서 러시아의 관심을 끌기에 충분했다.

또한 상기 협력 방안들은 북방경제협력위원회가 출범한 이후 각 부처와 협의·조율했으며, 연구소 및 학계의 민간 전문가들이 참여해 마련한 '신북방정책의 전략과 중점과제'(6월 18일 발표)에 상세히 포함되어 있다. 이것은 향후 대러 협력에서 북방경제협력위원회의 역할에 힘을 실어줄 것으로 해석될 수 있다. 필자는 북방경제협력위원회의 일원으로 미력한 힘을 보태고자 하며 러시아를 연구하는 동학 선후배의 고언과 관심, 협조를 기대한다.

물론 경제적인 성과뿐만 아니라 북핵 문제 해결에 대한 러시아의 지지를 끌어내는 등 외교적 성과도 이루었다. 문재인 대통령은 북한 비핵화와 한반도 평화 정착 과정에서 러시아의 건설적인 역할을 요청했고, 북핵 문제를 평화적으로 해결하고 한반도와 동북아 지역의 항구적 평화·안정을 정착시키기 위한 노력을 계속하겠다는 푸틴 대통령의 지지를 끌어냈다.

실제로 동북아 냉전 구도 해체에서 중요한 역할을 담당했던 러시아는 동북아의 새로운 다자안보체제 구축에서도 의미 있는 역할을 담당할 수 있는지를 가늠하는 시험대를 앞두고 있다. 푸틴 대통령은 2018년 9월

11~13일 블라디보스토크에서 열리는 동방경제포럼에 문재인 대통령을 초청했는데 이미 김정은 북한 국무위원장, 시진핑 중국 국가주석, 아베 일본 총리 등을 초청해 놓고 있어 남·북·러·중·일 정상회담 가능성이 높아지는 등 동북아 평화안보 체제를 구축하는 데 있어 러시아의 건설적인 역할이 기대된다.

한편 2017년 한·러 교역액이 190억 달러, 인적 교류가 51만 명이었음을 고려할 때, 이러한 목표 달성에 회의적인 시각이 있지만, 최근 상황을 고려할 때 달성 불가능한 목표만은 아니라고 생각한다. 다만 러시아가 여전히 불만스럽게 생각하는 투자 확대가 절실하다. 특히 극동 지역 개발에 한국의 참여를 강조하면서도 현재 여섯 개 프로젝트에 대한 투자가 5000만 달러에 불과하고 2011년 이후 한국의 대러 투자가 거의 이루어지지 않고 있으며 러시아 대외경제은행과 한국 수출입은행이 구축한 투융자플랫폼의 사용 실적이 전무한 실정이다. 이처럼 협력 잠재력에 비해 성과가 부진한 이유에 대한 진단과 실질적인 성과 달성을 위한 조치가 필요하고 그에 따른 양국의 신뢰 구축이 절실하다. 이것이 북방경제협력위원회의 존재 이유이고 민간 참여 확대와 전문가들의 협조가 필요한 이유다.

▮ 2018년 7월 2일 제483호

신북방시대를 준비하는 포항의 오늘과 내일

강명수 | 포항대학교 교수

　문재인 정부는 신성장동력의 일환으로 '신북방정책 추진'과 '한반도신경제지도 구상 실현'을 위해 노력하고 있다. 제3차 남북정상회담과 9월 평양공동선언, 한·미 정상회담, 문재인 대통령의 제73차 UN 총회 기조연설, 제2차 북·미 정상회담 개최 분위기 성숙, 그리고 10·4 선언 11주년 기념 민족통일대회 등을 통해 북한을 파트너로 상정하는 북방경제협력이 지대한 관심사로 떠올랐다.

　러시아, 중국, 몽골, 중앙아시아 국가들을 아우르는 북방 지역은 세계 인구의 65%, 에너지 자원의 75%를 차지하고 있는 지역으로 '무한한 발전 가능성을 가진 거대한 시장'이 펼쳐져 있다. 현 정부는 러시아 극동과 중국 동북 3성을 매개로 하여 '북방경제협력의 단절된 고리−북한'을 개혁·개방으로 이끌기 위해 남북 경제협력, 남·북·러 삼각 경제협력, 그리고 남·북·중·러 경제협력을 추진하는 데 힘쓰고 있다.

　최근 급변하는 동북아시아 정세는 북방경제협력의 단절된 고리인 북한을 변화시킬 수 있다는 가능성을 보여준다. 대한민국을 중심으로 미·중·러·일과 협력 체제를 구축하고 북한을 북방경제협력의 파트너로 만들어 북방경제협력 시대가 열린다면, 북방물류 거점항만인 영일만항을 가진 포항은 유라시아 해륙물류의 전초기지로 부상할 수 있다.

그런 차원에서 포항이 어떤 준비를 해왔고, 앞으로 또 어떤 준비를 해나갈 것인지 살펴보면서 신북방시대를 준비하는 포항의 오늘과 내일을 그려보기로 하자.

러시아 극동의 국경 지역인 하산과 북한 나진항을 잇는 54km 구간 철로 개·보수와 나진항 현대화 사업, 복합물류사업 등을 주요 내용으로 하는 나진-하산 프로젝트의 핵심 도시인 포항시는 무엇보다 먼저 나진-하산 프로젝트를 재개하는 데 힘쓰고 있다. 이 프로젝트를 매개로 영일만항의 활성화를 도모하는 한편, 유라시아 시장 진출을 위한 '항만-내륙철도 복합물류망 구축'도 준비하고 있다.

2018년 9월 11~13일 러시아 블라디보스토크에서 열린 '2018 동방경제포럼'에 맞춰 러시아를 방문한 이강덕 포항시장은 나진-하산 프로젝트를 추진했던 러·북 합작회사 라손콘트라스사의 이반 톤키흐 대표를 만나 나진-하산 프로젝트 재개와 북방물류 선점을 위한 협력 방안을 논의했다. 톤키흐 대표는 "나진-하산 프로젝트가 재추진될 수 있도록 다각적인 채널을 통해 지속적인 건의를 하고 있다"라며 "2018년 11월에 포항에서 열리는 제1회 한·러 지방협력 포럼에도 러시아의 주요 정부 기관장을 비롯해 한국에 관심 있는 기업 대표들이 함께 방문할 것"이라고 덧붙였다.

포항시는 '나진-하산 복합물류사업'으로 대표되는 남·북·러 물류 협력을 위해 하산(자루비노항)-포항(영일만항), 나진(나진항)-포항(영일만항)

▮ 2018년 9월 12일 이강덕 포항시장이 러·북 합작회사 라손콘트라스사의 이반 톤키흐 대표를 만나 나진-
하산 프로젝트 재개와 북방물류 선점을 위한 협력 방안을 논의하고 있다(자료: 포항시).

항로 개설을 고려하고 복합물류단지 조성과 항만배후단지 개발을 차질
없이 진행하고 있으며, 영일만항의 '콜드체인 거점화 전략'도 추진하고
있다. 이와 연계해서 중국 동북 3성의 물동량을 확보하기 위해 훈춘포스
코현대국제물류단지를 효과적으로 활용하는 방안도 강구하고 있다.

또한 포항-나진-하산-시베리아횡단철도를 연결하기 위해 영일만항
인입철도뿐만 아니라 동해선 조기 건설에도 나서고 있다. 동해중부선
(포항-동해) 복선전철화를 위한 예산 확보에도 전력을 다하고 있다.

아울러 포항시는 김책제철연합기업소가 있는 함경북도 청진과의 교
류·협력을 준비하면서, 광물자원 연계형 북한 항만과의 항로 개설에도
큰 관심을 보이고 있다. 또한 경상북도와 함께 나진-선봉 경제특구와 하
산, 훈춘과 도문으로 진출하기 위한 준비도 하고 있다.

미·중 패권경쟁 구도 속에 북미 관계가 교착상태에 빠짐에 따라 남북
관계가 원활하지 않은 상황에서, 남북한은 공동 팀을 꾸려 2018 아시안

게임에서 알찬 결실을 보았다. 그런 맥락에서 보면, 지방정부 차원에서도 남북 간 문화·스포츠 교류를 이어갈 필요가 있다. 포항시는 일찌감치 러시아 극동과 중국 동북 3성에 위치한 지방정부와 문화·스포츠 교류, 관광 분야 상호협력 등을 추진해 왔으며, 앞으로 청진·나진과 다양한 분야에서 교류·협력의 물꼬를 트기 위해 준비하고 있다.

포항시는 국제사회의 대러시아 제재 상황에서도, 남·북·러 삼각 경제협력이 난관에 봉착했던 국면에서도 러시아 지방정부와의 네트워크를 강화하기 위해 지속해서 노력해 왔다. 동북아CEO경제협력포럼, 환동해 국제심포지엄 등을 꾸준히 개최하는 한편, 포항국제불빛축제를 활용해 북방교류협력 네트워크를 구축·강화하기 위한 다양한 노력을 계속해 왔다. 이러한 노력은 제1회 한·러 지방협력 포럼의 개최지로 선정되는 결실로 이어졌다. '함께하는 한·러, 함께 여는 미래'를 기치로 내걸고 2018 11월 7~9일 열리는 제1회 한·러 지방협력 포럼은 대한민국 지방정부와 러시아 지방정부가 동참해서 경제협력과 각종 교류 사업을 진행한다. 포항시는 영일만항을 매개로 러시아 지방정부와 상호무역을 촉진하고 공동 투자 프로젝트를 확대해 나갈 수 있을 것이다.

포항에서 처음으로 개최되는 이 포럼을 통해 북방물류 거점항만인 영일만항의 경쟁력이 강화되고 한·러 지방정부 간 네트워크가 구축 및 강화되기를 고대한다. 더 나아가서는 포항의 도시 브랜드(가치)가 러시아·유라시아 국가와 지방정부에 화인(火印)처럼 각인되기를 바란다.

한·러 지방협력 포럼은 한국의 17개 지방정부와 러시아의 극동연방관구 9개 지방정부에서 1000여 명이 참여해 정상회의, 출범식, 비즈니스 포럼(기업 세션, 지방정부 세션, 항만·물류·관광 전문가 세션, 청년 세션, 투자 상담회)을 펼치는 대규모 국제행사이니 만큼 중앙정부의 관심과 더불어 실질적인 협조도 필요하다. 신북방시대를 견인하는 지방정부의 첫 행사에 문재인 대통령의 참석 여부도 초미의 관심사다. 문 대통령이 참석해 이 행사에 힘을 실어주었으면 한다.

21세기 관광은 개별시설이 아닌 도시·지역·마을이라는 공간 자체가 관광 상품이 되는 시대다. 또한 지역 통합에 기초한 복합문화관광, 일상 관광(생활관광), 스마트 관광이 대세다. 포항시 역시 이러한 흐름에 부응해서 문화·예술·디자인이 융·복합된 일상 공간 확보, 체류형 복합문화관광 인프라 구축, 동해안권 시군과 상생 협력 체계 구축을 통한 '지역통합 복합문화관광 상품' 개발을 위해 노력하고 있다. 지역 상생 차원에서 동해선을 이용하고 해파랑길과 등대를 활용하며 고래 모티프를 연계함으로써 지역통합 복합문화관광 상품을 개발하는 데 앞장서고 있다. 또한 이렇게 개발한 상품들을 스마트 관광과 결합하려고 한다.

아울러 2020년 포항 영일만항 국제여객부두 완공에 발맞춰 동해안권 관광벨트 조성에 박차를 가하고 있다. 더 나아가서 포항시는 중장기적 비전을 가지고 환동해권 국제관광벨트를 조성하기 위해 환동해권 크루즈 삼각 벨트를 구축하는 일에도 주력하고 있다.

2018년 동방경제포럼 기간에 개최된 '한·러 비즈니스 다이얼로그'에서 포항호의 선장은 "한·러 지방정부 간 공동번영을 위한 환동해 국제관광벨트 조성 및 협력 방안"을 발표했다. 포항-블라디보스토크 크루즈 항로 개설을 시작으로, 포항-블라디보스토크-일본 서안을 연결하는 '환동해권 크루즈 삼각 벨트'를 제안한 것이다. 또한 포항공항과 블라디보스토크 공항, 중국 등을 항공과 철도로 연결하고, 이를 다시 크루즈와 연계하는 '동북아권 셔틀 크루즈' 항로 개설의 필요성도 제기했다.

이러한 분위기의 흐름이 2018년 11월 7일 포항에서 처음으로 열리는 제1회 한·러 지방협력 포럼까지 계속 이어졌으면 한다. 포항이 한국과 러시아를 연결하고 나아가 한반도와 북방 지역을 잇는 북방경제협력의 전진기지가 되기를 고대한다.

필자는 포항이 북방경제협력 활성화를 견인하면서 신북방시대를 여는 데 큰 역할을 해주었으면 하는 바람에서 몇 가지 제언을 하고자 한다.

첫째, 신북방시대를 열기 위해서는 북방경제협력의 단절된 고리인 북한을 연결해야 하는데, 이 길을 내는 데 포항이 앞장서야 한다. 북한을 지나 유라시아로 이어지는 땅길·바닷길·하늘 길을 내기 위해 철도와 도로를 건설하는 일과 항로를 개설하는 일을 중단해선 안 된다.

둘째, 중앙정부와 긴밀하게 소통하면서 남북 해운 항로 개설, 유라시아 복합물류망 구축, 광물자원 연계형 항만과의 항로 개설, 북방항로 개설, 북극항로 개설, 환동해 크루즈노선 개설 등에 힘쓰는 한편, '9월 평양 공동선언문'에 명기된 동해관광공동특구와 연관성 있는 원산-금강산 국제관광지대에 접속하는 일에 전략적으로 접근해야만 한다.

셋째, 북한 개발은 특구형 개발로 진행될 가능성이 큰 만큼 그에 부응하는 여러 가지 준비를 선제적으로 할 필요가 있다. 무엇보다 인적 자원을 확보함으로써 나진-선봉 경제특구와 하산, 훈춘과 도문 등으로 지역 기업들이 진출할 수 있도록 준비해야만 한다.

끝으로 덧붙이고 싶은 말은 '북한이나 러시아와의 협력을 통한 사업 전개는 지구전이다'라고 여기고 묵묵히 걸어가야 한다는 것이다. 이를 위해 포항시는 중장기적 비전 아래 사업을 추진해야 하며, 지역민들은 곁에서 이를 힘껏 응원해야 한다.

┃2018년 10월 15일 제498호

4차 산업혁명, 러시아와 한국의 협력 로드맵

김선래 | 한국외국어대학교 러시아연구소 HK연구교수

러시아는 2008년 경제 위기 이후 에너지 의존적인 경제 구조를 혁신하기 위해 각종 산업 발전 전략을 추진했다. 러시아 정부는 후발 산업 국가로서 산업 부문에서의 국제 경쟁력에 한계가 있음을 인식하고 국제적 경쟁력이 있는 몇몇 산업 분야에서 선택과 집중 전략을 펼쳤다. 러시아는 에너지, 군사 장비, 신산업 분야의 의약, 화학, 생명과학, 나노기술에 집중적으로 투자해 러시아 기술 혁신 산업의 비중을 4~5배 확대하는 목표를 추진했다. 특히 러시아가 국제 경쟁력 우위에 있는 분자 에너지, 항공기술, 우주산업, 특수선박 제조 산업을 육성해 수출 주력 상품으로 발전시키는 로드맵을 수립해 실행했다. 이와 더불어 경제적 제도화와 제도 개혁을 통한 선진화를 추진했으며, 내적으로는 소득 불평등과 경제 부문별 불균형을 바로잡고 경제의 근본 구조를 개편하려 했다.

자연과학 분야에서는 공학과 정보기술 개발을 통해 공학 부문 교육의 질을 향상하고 공학 영재 발굴 및 육성 시스템을 확립해 강화했다. 최근

▌ 2015년 '2035 국가 기술 이니셔티브' 프로그램 선언 장면. 러시아는 4차 산업혁명에 적극
적으로 대응하기 위해 '2035 국가 기술 이니셔티브' 프로그램을 수립하고 다양한 기술 분야
에서 미래의 로드맵을 제시했다(자료: www.fea.ru).

에는 주력 산업인 에너지 광공업 분야에서 다운스트림과 밸류체인을 강
화하려는 시도가 진행되고 있으며, 가까운 미래에 단순히 에너지를 공급
하는 공급국에서 에너지를 가공해 제품을 수출하는 다운스트림 산업으
로 영역을 확대할 계획이다. 이를 위해 해외 투자 유치 프로그램을 추진
하고 있다. 에너지 채굴과 유통·판매에 이르는 과정을 혁신해 시장 접근
성을 강화하려는 정책과 시도들이 조만간 결실을 볼 것이다.

에너지 산업 분야의 경우도 마찬가지로 생산성 향상과 신규 개발지 탐
사 및 생산에 자본과 첨단기술이 필요하다. 이를 위해 해외 투자 유치를
지속해서 유도하고 있으나 투자 확대와 러시아 정부가 혁신 성장을 위해
추진하는 고부가가치 분야의 기술 이전과 혁신 조치도 한계를 드러내고
있다. 오늘날 첨단기술 개발은 한 국가의 산업 경쟁력과 경제 발전에서
핵심 요소다. 일반 제조업에서 고부가가치를 창출하고 타국과의 산업

및 경제 부문 경쟁에서 우위를 유지하려면 첨단기술 부문에 끊임없이 투자를 해야 한다. 과학기술 분야, 특히 첨단기술 분야는 국가 안보 차원에서 다루어지고 보호되고 있으므로 국가를 방어하는 군사력 증강보다 더 중요하다고 볼 수 있다.

러시아 역시 첨단기술 개발에 국가의 명운을 걸고 있으며, 경쟁력 없는 제조업에 투자하기보다는 경쟁력 있는 산업 부문을 선정해 선택과 집중을 통해 투자와 기술 개발을 하는 데 주력하고 있다.

특히 푸틴 4기 들어 러시아는 4차 산업에도 관심을 집중해 스마트팩처링과 ICT 기술 산업에 관심을 두고 국가 차원에서 프로그램을 추진하고 있다. 이와 더불어 경쟁력 있는 과학기술 분야의 창업을 지원하기 위해 스타트업 비즈니스 환경을 적극적으로 개선해 나가고 있다. 모스크바의 스타트업 비즈니스 환경은 밴쿠버에 이어 14위, 사업 개시에 소요되는 시간은 7위를 기록하는 등 전반적으로 개선되고 있다. 러시아의 성공적 벤처 기업으로는 얀덱스(1997년 창업), VK.com(2006년 창업), IT 보안업체 카스퍼스키 랩(1997년 창업), 온라인 책 유통망 업체 OZON(1998년 창업), 클라우드 서비스 업체 페러렐즈(1999년 창업), 모바일 통신업체 킥(Qik)(2006년 창업), 전자상거래 업체 쿠피VIP(2008년 창업) 등이 있다.

러시아는 4차 산업혁명에 적극적으로 대응하기 위해 2015년에 '2035 국가 기술 이니셔티브' 프로그램을 수립하고 다양한 기술 분야에서 미래의 로드맵을 제시했다. 이어 2015년 6월 '포어사이트 플리트(Foresight Fleet)'에서 600명 이상의 과학자, 기술 연구원, 벤처 투자자, 교육부 대표자, 제조업계 CEO 등 다양한 분야의 전문가가 모여 신기술의 대두와 유망 산업에 대해 논의했고, 러시아 정부 내 정부 상임위원회를 열어 로드맵 역할과 그 수행을 위한 실무그룹을 설정했다.

NTI 추진을 위해 러시아 정부는 정부 예산 80억 루블을 배정하고 전체 로드맵을 총괄했으며, 러시아 경제 현대화와 혁신을 위한 대통령 상임위원회가 주체가 되어 프로젝트 부서 간 조율, 실무 그룹의 대표자와 정부 관계자 지정 등을 수행하게 했다. 구체적으로 상임위원회 산하의 실무 그룹이 중장기 계획과 로드맵을 개발하며, 실무그룹은 각 12개 분야에서 저명한 학자, 기술자, 기업인, 정부 부처 관계자로 구성되어 정부 부처 주체로 진행하도록 조직되어 있다. 러시아 4차 산업의 대표적 산업기술 로드맵은 무인항공기 시스템, 에너지 분야의 스마트 시스템과 소프트웨어, 무인 운송 시스템, 해양 스마트 시스템, 의료와 의약품, 스마트 식품산업, 고급 보안 기술과 모바일 앱 등을 개발함으로써 러시아가 이 분야의 세계 시장에 진입하는 것이다.

러시아는 한국의 첨단기술 분야인 ICT 산업에 대한 공동 개발과 협력을 원하고 있다. 그러나 한국의 입장에선 러시아와의 협력으로 인한 시너지 효과에 이견이 있고 경제적·안보적·지정학적 이해관계가 중첩되어 있어 적극적인 협력에 제한적이다. 러시아는 한국만이 보유하고 있는 첨단기술을 이전받으려는 전략을 추진함과 더불어 한국과 함께 첨단기술을 개발하거나 개량해 독보적인 기술 발전을 꾀하고 있다. 따라서 한국과 러시아 간의 여러 제한 요소는 한·러 간 낮은 단계의 기술 협력과 기술 이전에도 걸림돌이 되고 있다.

그럼에도 불구하고 한국과 러시아 간 협력을 위해 구체적인 양국 간 접점을 찾아 진행해 나가야 한다. 예를 들면, 현재 러시아가 추진하고 있는 혁신 발전 전략과 디지털 경제 프로그램에 한국이 어떻게 공동협력 사업을 진행해 성공시킬 수 있을까 하는지를 고민해야 한다. 이는 러시아가 공을 들이는 에너지, 군사 장비, 신산업 분야의 의약, 화학, 생명과학, 나노기술, 분자 에너지, 항공기술, 우주산업, 특수선박 제조 산업에서 한국이 제공할 수 있는 기술의 범위와 수준을 정하고 러시아의 기술과 실행력 사이에서 접점을 찾는다면 가능할 것이다. 특히 한국 정부가 양국 간 스타트업 벤처 공동 협력 사업에 대한 국가적 지원과 IT 분야에서 협력할 수 있는 부분을 적극적으로 조정해 주어야 한다. 중국과 한국 간 첨단기술 분야 협력 사업이 한국에 경제적 위기라는 부메랑으로 돌아오는 현실에 비추어 볼 때 양국 간 기술 협력 활성화를 위한 접근 플랫폼을 먼저 준비해야만 한다. 러시아의 디지털 경제를 구현하는 데서 한국의 스타트업 벤처기업과 러시아 벤처기업 간 협력 가능성은 열려 있다. 양국이 각자 전략적으로 추진하고 있는 디지털 분야에 대한 협력은 시너지 효과를 낳을 수 있기에 국가 차원에서 혹은 민간 교류 차원에서 협력이 유효할 것이다. 러시아의 디지털 경제는 앞으로 확대 발전할 가능성이 열려 있어 한국 기업들이 조인트 벤처 형식으로 러시아 기업들과 공동 투자와 개발을 해나간다면 발전 가능성이 큰 영역이다. 특히 소프트웨어 개발과 프로그래밍 분야에서 러시아가 나름대로 경쟁력이 있어 이 부분에 대한 공동 개발과 협력 사업도 가능하다. 러시아와의 협력 사업 가운데 러시아 의료제약 시장은 최근 10년간 괄목할 만한 성장을 보였는데, 한국 기업들은 R&D 분야와 생산 분야에 직접 투자하는 것이 바람직해 보인다.

러시아의 가치사슬 범위가 개선되었다는 것은 한국이 개선된 밸류체인에 접근할 기회가 생겼음을 의미한다. 러시아가 혁신 사업으로 추진하고 있는 석유·가스, 광업 분야를 제조업 분야로 연결하려는 밸류체인 구조에서는 한국의 인프라 건설 능력이 효과를 발휘할 수 있다. 러시아의 제조업 부문이 확대된다는 것은 한국이 러시아 제조업 부문에 참여할 수 있다는 신호로 볼 수 있기에 이 부문에 대한 접근과 연구가 필요하다. 다만 2014년부터 시작된 러시아에 대한 경제 제재 조치로 한국의 투자와 참여가 쉽지 않으므로 이 부문에 직접 투자를 하기 위해서는 먼저 정보를 확보해 접근해야 한다.

러시아는 남·북·러 삼각 협력 사업에서 중요한 국가다. 남·북·러 3국이 공동으로 협력할 수 있는 교통물류와 에너지 물류, 경제특구를 통한 제조업 부문에서의 협력을 강화하기 위해서는 러시아의 존재가 더욱 중요하다.

한·러 첨단기술 협력은 당장 할 수 있는 현실적인 수준에서 협력을 추진해 나가야 한다. 에너지 슈퍼그리드나 군산 분야에 대한 협력은 어렵더라도 물류와 농수산업, 스마트시티는 당장 가능하다. 사하공화국 스마트 팜은 일본이 자본과 기술을 제공해 진행하고 있다. 의료 분야와 물류 분야, 농수산업 분야의 협력은 한국과 동북아 주변 국가들에 별로 위협적이지 않다. 이러한 분야에 집중적으로 접근해서 협력해 나간다면 양국이 4차 산업혁명 분야에서 협력할 수 있을 것이다.

극동 항만 부문의 ICT 분야에서는 스마트 항만 공동 개발과 적용 등의 협력 사업이, 물류 분야에서는 자동화 시스템 공동 개발과 적용 등의 협력 사업이 가능하다. 한·러 협력 사업과 첨단 혁신 기술 개발에서 한국이 어느 수준까지 첨단 과학기술을 공유하고 공동 개발할 것인가 하는 논의는 지속해 나가야 하며, 한국의 국가 이익에 대한 고민도 동시에 해야 한다.

▎2018년 11월 26일 제504호

제3장

러시아 사회와 지역

- 러시아 사회
- 러시아 지역
- 러시아 학술

러시아 사회

2018년 한국에 대한 러시아 국민의 인식

최우익 | 한국외국어대학교 러시아연구소 HK교수

2018년에도 한국외국어대학교 러시아연구소 주관으로 러시아 여론 조사센터 프치옴을 통해 설문 조사를 시행했다. 하지만 2016년과 2017년 8월에는 한국과 러시아 양국에서 동시에 설문 조사를 시행했으나 2018년에는 러시아에서만 설문 조사가 이루어졌다. 여러 가지 국제정세 때문이기도 하지만, 무엇보다도 2018년 6월 러시아 월드컵 개최에 맞추어 문재인 대통령이 러시아를 국빈 방문할 예정이어서 그 전에 한국에 대한 러시아 국민의 인식을 묻는 설문 조사를 시행할 필요가 있었기 때문이다. 따라서 2018년 설문 조사는 5월 중순에 러시아에서만 시행되었다.

2017년과 2018년에는 한반도를 둘러싼 국제정세가 숨 가쁘게 전개되었다. 마치 냉탕과 온탕을 왔다 갔다 하듯이 한반도 주변 정세가 격심하게 출렁거렸다. 이러한 상황에서 본 설문 조사는 2018년 4월 남북정상회담이 예측되는 시점에 준비되기 시작했고, 4월 27일 회담 직후 이에 대

한 내용이 설문 문항에 포함되면서 설문지가 최종 확정되었다. 그리고 2018년 5월 7일 블라디미르 푸틴 러시아 대통령이 공식적으로 취임했고, 5월 10일에는 도널드 트럼프 미국 대통령이 싱가포르에서 북·미 정상회담을 개최할 것이라고 발표했는데, 이 설문 조사는 그 이후인 5월 11~13일 사이 러시아에서 이루어졌다. 따라서 독자들은 러시아 국민이 남북정상회담이 개최된 사실과 북·미 정상회담 개최가 거의 확실시되는 상황을 인지한 시점에서 설문 조사가 이루어졌다는 점을 고려하고 설문 결과를 이해할 필요가 있다.

러시아와 주변국의 관계에 대한 러시아 국민의 인식

러시아와 주변국 간 관계에 대해 러시아 국민에게 세 가지 질문을 던졌는데, 모든 질문에서 다른 나라보다 한국과 러시아의 관계, 그리고 북한과 러시아의 관계에 대해 긍정적으로 대답한 비율이 전년에 비해 높이 상승했다.

한국 국민과 러시아 국민의 관계가 '긍정적이며 신뢰와 호감이 있는 관계'라고 답한 러시아 국민의 비율은 2016년 35%, 2017년 37%에서 2018년 43%로 높아졌다. 북한 국민에 대해서도 이 비율이 높아졌는데 (각각 29%, 31%, 44%), 2018년에는 한국 국민에 대한 비율보다도 1% 더 높다. 반면 미국 국민에 대한 비율은 27%로 낮다. 중국 국민에 대한 비율은 2017년 46%에서 49%로 높아졌다(〈그림 1〉 참조).

'경제 영역에서 러시아와 한국이 협력 관계'라고 답한 러시아 국민의 비율은 2017년 49%에서 2018년 55%로 높아졌다. 북한에 대한 이 비율도 같은 기간 45%에서 57%로 높아졌다. 미국에 대한 비율은 2018년 10%로 매우 낮다. 중국에 대한 비율은 상당히 높기만 2017년 80%에서

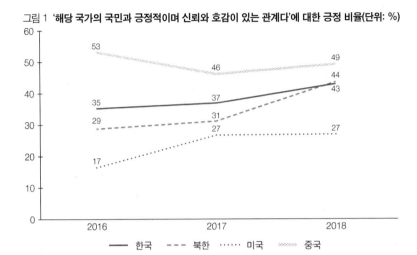

그림 1 '해당 국가의 국민과 긍정적이며 신뢰와 호감이 있는 관계다'에 대한 긍정 비율(단위: %)

2018년 77%로 조금 낮아졌다(〈그림 2〉 참조).

'한국과의 협력이 러시아의 이익에 부합한다'라고 답하는 러시아 국민의 비율도 매년 증가하는 추세다. 2016년 56%, 2017년 59%에서 2018년에는 71%로 상당히 높아졌다. 북한에 대한 이 비율도 2016년 45%, 2017년 49%에서 2018년 63%로 꽤 높아졌다. 미국에 대한 이 비율은 2017년 45%에서 2018년 37%로 낮아졌다. 중국에 대한 이 비율은 가장 높은데, 2017년 85%에서 2018년 88%로 높아졌다(〈그림 3〉 참조).

이러한 결과들을 통해 한국과의 관계는 물론 북한과의 관계에 대한 러시아 국민의 긍정적 인식의 비율도 2018년 상당히 높아졌음을 알 수 있다. 그런데 2016년과 2017년에는 모든 질문에서 러시아와 한국의 관계를 긍정적으로 인식하는 러시아 국민의 비율이 북한과의 관계보다 항상 높았지만, 2018년 일부 답변에서는 한국보다 북한과의 관계에 대해 긍정적으로 인식하는 비율이 근소하게 더 높게 나타났다. 하지만 이것은

그림 2 '러시아와 해당 국가가 경제 영역에서 협력 관계다'에 대한 긍정 비율(단위: %)

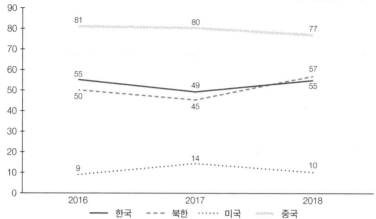

그림 3 '해당 국가와의 협력이 러시아의 이익에 부합한다'에 대한 긍정 비율(단위: %)

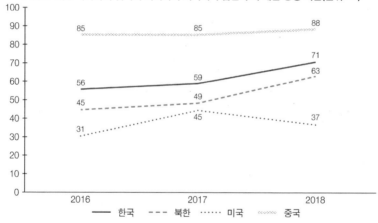

러시아 국민이 북한을 한국보다 실제로 더 긍정적으로 인식하기 때문에 그러한 결과가 나타난 것으로 단정할 수는 없다. 왜냐하면 남한과 북한을 구분하는 러시아 국민은 소수이며 대다수(66%)가 남한과 북한을 구분

하지 않고 양자를 모두 한국으로 생각하고 있기 때문이다. 따라서 평창 동계올림픽의 북한 참여와 최근 남북정상회담에 관한 뉴스를 접하고 한반도에서 평화적인 분위기를 감지하면서 한국이든 북한이든 이들 모두에 대한 러시아 국민의 긍정적 인식이 급속히 높아지는 과정에서, 일부 질문에서 북한의 비율이 한국보다 조금 높게 나타난 것으로 볼 수 있다.

한·러 관계에 대한 러시아 국민의 인식

한·러 관계에 관한 다양한 질문에서 러시아 국민은 한국에 대해 전년 대비 더욱 긍정적인 태도를 보여주었다. 여기에는 평창 동계올림픽과 남북정상회담이 영향을 준 것으로 추정된다. 극동 지역 개발에서 한국은 러시아의 3대 전략적 경제 협력 국가에 속한다.

'러시아와 한국의 관계가 현재 어떻다고 생각하는지 말씀해 주세요'라는 질문에 대해 '우호적'이라고 답한 러시아 국민의 비율은 2017년 21%에서 2018년 26%로 높아졌다. '우호적인 편이다'라고 답한 비율은 40%에서 42%로 높아졌다. 따라서 이를 합한 비율은 2017년 총 61%에서 2018년 66%로 높아졌다.

'최근 1~2년 사이 러시아와 한국 사이의 관계가 좋아졌다'고 생각하는 러시아 국민의 비율도 매년 증가하고 있는데, 2016년 24%, 2017년 28%, 2018년 34%로 그 비율이 높아졌다. '양국 관계에 변함이 없다'라고 답한 비율은 3년 내내 46%를 유지하고 있다. '양국 관계가 나빠진 편이다'라고 답한 비율은 3년간 5~7%에 불과하다. 따라서 다수(2018년 기준 러시아 국민의 80%)가 최근 한국과 러시아의 관계가 유지되고 있거나 계속 좋아지고 있다고 생각한다. 평창 동계올림픽 개최와 남북정상회담 후 2018년 4

월 29일 가진 푸틴과 문재인 양 대통령 간의 전화 통화가 양국 관계가 좋아지고 있다고 러시아 국민이 여기는 데 영향을 미쳤을 것으로 프치옴은 추정한다.

'러시아와 한국은 이미 전략적 동반자 관계'라고 생각하는 러시아 국민의 비율은 2017년 12%에서 2018년 16%로 증가했다. '아직 전략적 동반자 관계는 아니지만, 그렇게 될 수 있다'라고 생각하는 비율은 같은 기간 51%에서 57%로 증가했다. 따라서 양국 관계를 전략적 동반자 관계이거나 그렇게 될 수 있다고 생각하는 러시아 국민의 비율은 2017년 63%에서 2018년 73%로 꽤 높아졌다.

러시아와 한국의 FTA 체결에 대해서도 '전적으로 지지한다'와 '지지하는 편이다'라고 답한 러시아 국민의 총비율은 2017년 85%에서 2018년 88%로 높아졌다.

'러시아와 한국 사이에 발전시킬 필요가 있다고 생각하는 협력 분야'로 2016~2018년 3년 동안 러시아 국민이 가장 많이 지적한 분야는 '첨단기술', '무역', '의료', '관광과 민간 교류' 등이다. 양국 관계의 발전에 가장 큰 장애가 된다고 생각하는 요소로는 3년 동안 '국제정치 상황'을 가장 많이 꼽았다. 매년 이를 지적한 러시아 국민의 비율은 각각 31%, 35%, 48%였다. 즉, 러시아 국민은 다양한 분야에서 한국과의 협력이 필요하다고 생각하지만, 외부 변수인 국제정치 상황이 이를 가로막는다고 여긴다.

'러시아 극동 지역 개발을 위해 기업과 투자를 유치하고 싶은 국가'로 러시아 국민은 여전히 중국과 일본을 가장 많이 꼽고 있다. 하지만 중국의 경우 2017년 51%에서 2018년 47%로 낮아졌고, 일본의 경우 같은 기간 35%에서 33%로 낮아졌다. 한국은 2016년 14%, 2017년 21%에서 2018년 25%로 거의 두 배 높아졌다. 한국이 이 비율은 유럽 국가들(2018

년 19%)과 미국(2018년 4%)보다 높다. 프치옴에 따르면 극동 지역 개발에서 한국은 러시아의 3대 전략적 경제협력 국가에 속한다.

한반도 정세에 대한 러시아 국민의 인식

러시아 국민 다수가 2018년 남북정상회담 개최와 결과에 대해 예상 밖으로 크게 인지하고 있으며, 이 회담이 향후 경제 협력으로부터 통일에 이르기까지 남북 관계에 긍정적인 영향을 미칠 것으로 생각했다. 또한 러시아 국민 다수는 남북한 통일이 러시아에 유익할 것으로 생각하며, 한반도에서 문제가 발생할 시 러시아 정부가 남북 사이에서 중재자 역할을 수행하리라고 여겼다.

'남북한 통일이 러시아의 미래에 유익하다'라고 생각하는 러시아 국민의 비율은 2016년 53%, 2017년 57%에 비해 2018년 무려 70%로 높아졌다.

'남북 간 갈등이 고조될 경우 러시아 지도부가 중립적 입장에서 갈등 해결의 중재자 역할을 할 것이다'라고 답한 러시아 국민의 비율은 2017년 59%에서 67%로 높아졌으며, '갈등에 개입하지 않고 제삼자로 남아 있을 것이다'라고 답한 비율은 26%에서 20%로 낮아졌다. 즉, 한반도에서 어떤 문제가 발생할 경우 이를 해결하기 위한 러시아 지도부의 중재자 역할이 커질 것으로 생각하는 러시아 국민의 비율이 높아졌다.

2018년 4월 남북정상회담에 관해 러시아 국민 다수(71%)가 '잘 알고 있다'거나(15%), '자세히는 몰라도 들어보았다'(56%)라고 답변했다. 또한 3~5년 후 활발한 남북 경제 협력(43%), 남북통일(36%), 남북 종전협정 체결(24%), 북한의 핵 포기(8%)가 있을 것으로 예상하는 등 남북정상회담과 그 결과에 대한 러시아 국민의 관심과 기대가 큰 것으로 평가할 수 있다.

처음에 프치옴에서는 남북정상회담에 대해 러시아 국민 대다수가 '알지 못한다'라고 답변할 것으로 예상해, 이 질문을 설문지에 포함하는 것에 대해 주저했다. 하지만 한국외대 러시아연구소가 이 질문을 설문지에 포함할 것을 요청했고, 설문 결과 러시아 국민 다수가 이 회담에 대해 비교적 잘 인지한 것으로 드러났다. 또한 남북정상회담 이후 머지않은 미래에 남한과 북한 사이에 경제 협력, 통일, 종전협정 체결 등이 이루어질 것으로 작지 않은 비율의 러시아 국민이 전망했다. 이것은 남북정상회담과 그 결과가 예상 외로 러시아 국민에게 큰 뉴스로 빨리 전파되었고, 또 긍정적으로 인식되었음을 의미한다.

사회문화적 측면에 대한 러시아 국민의 인식

남한과 북한을 구분하는 러시아 국민은 여전히 소수다. 한국을 한반도 두 나라로 여기는 러시아 국민의 비율은 3분의 2에 달한다. 하지만 한국에 관해 알고 있다고 답하는 러시아 국민의 비율은 점차 높아지고 있으며, 알지 못한다는 비율은 점차 낮아지고 있다. 한국 문화에 대한 관심이 높아지고 있으며, 한국을 방문하거나 의료 관광을 희망하는 러시아 국민도 꽤 있다. 하지만 여행 경비 때문에 한국 방문이 쉽지 않다고 여긴다.

"'한국'이라는 말은 들으면 어떤 나라가 연상됩니까?"라는 질문에 대해서는 '한반도 두 나라'라고 답한 비율이 가장 높은데, 이 비율은 2016년 54%, 2017년 58%, 2018년 66%로 계속 높아지고 있다. 한국을 남한으로 연상하는 러시아 국민은 3년 동안 약 15%이고, 북한으로 연상하는 비율은 약 10%에 불과하다.

한국에 대해 '많이' 혹은 '조금' 알고 있다고 답변한 러시아 국민의 총비율이 매년 증가하는 추세다. 이 비율은 2016년 31%, 2017년 41%, 2018년 49%다. 평창 동계올림픽과 남북정상회담도 최근 러시아 국민의 한국에 대한 관심을 높이는 데 일조한 것으로 보인다. 하지만 '한국에 대해 잘 모르며, 별 관심이 없다'(33%), '한국에 대해 아무것도 모르며, 전혀 관심이 없다'(17%)라고 답변한 총비율은 2018년 50%로 여전히 러시아 국민의 절반은 한국에 대해 모르거나 관심이 없다. 하지만 이 총비율은 2016년 66%, 2017년 58%에 비해 점점 낮아지고 있다.

한국에 대한 정보를 얻는 주요 통로로는 3년 내내 러시아 국민의 약 3/4이 텔레비전 방송과 인터넷을 꼽고 있다. 한국 문화에 '매우 흥미가 있다'와 '흥미가 있는 편이다'라고 답한 러시아 국민의 총비율은 2017년 45%에서 2018년 53%로 증가했다. 러시아 국민은 주로 한국 음식, 건축, 무술, 생활양식, 정서 등에 흥미가 있다. '한국에 아직 가보지 못했는데, 기회가 되면 꼭 가보고 싶다'라고 답변한 러시아 국민의 비율은 매년 증가하고 있다. 이 비율은 2016년 48%, 2017년 51%, 2018년 56%다.

한국 의료 관광에 흥미가 있는 러시아 국민의 비율은 2018년 38%인데, 다수가 45~59세(30%), 60세 이상(23%)이며, 중앙연방관구(23%)에 거주하는 중산층(57%)이다. 또한 질병 진단, 건강 검진, 심혈관 질환 치료 등에 관심이 많다. 하지만 한국 관광에 가장 큰 장애 요인으로 러시아 국민이 꼽는 것은 자금 사정이다. 이 비율은 2017년 60%, 2018년 58%다. 한국은 저렴한 여행 대상국으로 인식되지 않고 있는 것이다.

▎2018년 11월 5일 제501호

2018 러시아 월드컵과 국가 이미지

조원호 | 경상대학교 러시아학과 교수

전 세계 200개 이상 나라에서 약 32억 명이 시청하는 것으로 알려진 지구상 최대 스포츠 축제 중 하나인 월드컵 축구 대회가 러시아에서 2018년 6월 14일부터 7월 15일까지 약 한 달간 일정으로 수도 모스크바를 포함한 11개 도시 12개 경기장에서 열렸다.

우리나라 문재인 대통령도 1999년 김대중 대통령의 국빈 방문 이후 19년 만에 2018년 6월 21일부터 2박 3일 일정으로 러시아를 국빈 방문했는데, 러시아 방문 마지막 일정의 하나로 우리나라 시간으로 6월 24일 오전 0시 열리는 대한민국 대 멕시코 경기를 관전했다.

러시아는 2018 러시아 월드컵 개최를 위해 지난 6년 동안 사회간접자본 시설 구축에 2650억 루블, 교통망 구축에 2280억 루블, 주거와 의료 기반 시설 구축에 740억 루블 등 모두 약 6830억 루블을 투자한 것으로 알려졌다. 이 금액을 2013년부터 2017년 11월까지 평균 환율로 계산하면 약 132억 달러를 투자한 셈인데, 이는 2014년 브라질 월드컵 약 110억

▍ 러시아 정부는 2018 월드컵 개최를 위해 11개 도시에서 12개 경기장을 신축하거나 개축했다(자료: www. theb1m.com).

달러, 2010년 남아프리카공화국 월드컵 약 60억 달러와 비교하면 역대 최대 투자 금액이다. 그러나 러시아 정부는 러시아의 연간 투자 금액이 14조 루블에서 15조 루블인 것을 고려하면 5년간 6000억 루블의 투자는 러시아 연간 총투자의 약 1%에 불과해 러시아 경제에 부담이 되는 무리한 투자가 절대 아니라고 강변하고 있다.

러시아 정부는 2018 러시아 월드컵의 경제적 효과를 정확하게 추정해 발표하지는 않았다. 2017년 10월 작성된 경제발전부의 2018~2020년 사회경제 전망에서도 월드컵의 경제적 효과는 나타나지 않고 있다. 러시아 정부는 2013년부터 2018년까지 월드컵 유치 관련 경제 효과가 약 8670억 루블, 달러로 환산하면 약 150억 달러로, 러시아 GDP의 약 1%에 상당하다고 추산하고 있다. 세계적인 자문회사인 매킨지 보고서는 러시아 월드컵 경제 효과가 약 8200억 루블로 GDP의 약 1% 정도라고 추정해 러시아 정부의 발표와 비슷한 수치를 보여주고 있다. 또한 이 보고서는 월드컵 개최가 2018년 러시아 GDP 성장에는 0.3%, 2023년까지는 연간 0.2%씩 이바지할 것으로 추정하고 있다.

이러한 경제적 효과는 월드컵을 개최하는 러시아 도시마다 다소 다르게 나타나고 있다. 예를 들면, 모스크바의 경제적 효과는 지역 총생산의 2% 내외에 불과하지만, 칼리닌그라드주는 약 20%, 모르도비야 공화국은 16% 등으로 지역 경제에 미치는 효과가 상당히 큰 것으로 추정되고 있다.

그러나 러시아 월드컵의 경제적 효과는 사실 그리 높지 않을 것으로 전망되고 있다. 국제신용평가사인 무디스는 월드컵을 통해 관광산업 성장 등의 긍정적인 효과를 볼 것으로 기대되지만, 러시아 경제의 규모와 단기적인 관광객 증가 등을 고려해 볼 때, 이는 일시적인 효과에 그칠 것으로 전망하고 있다. 따라서 러시아 정부는 월드컵의 경제적 효과보다는 오히려 러시아의 국가 이미지 제고에 방점을 두고 있다. 러시아는 2014년 우크라이나 크림반도 병합과 이에 대한 서방의 제제, 최근 영국에서 발생한 러시아 출신 전직 스파이 독살 시도 사건 등으로 현재 서방 국가들과 상당한 긴장 관계에 놓여 있기 때문이다. 이러한 점은 2015년 10월 월드컵 조직위원장인 알렉세이 소로킨이 러시아 월드컵의 장기적인 경제적 효과는 불투명하지만 국가 이미지 제고 효과가 분명하게 나타날 것이라고 강조한 데서도 잘 드러난다. 따라서 푸틴의 러시아 정부가 월드컵을 러시아의 국제적인 위상과 국가 이미지를 고양하는 데 중요한 기회로 활용하고자 하는 것은 분명해 보인다.

그러나 2018년 3월 25일 시베리아 케메로보주 케메로보시에서 64명이 숨지는 대형 화재 참사가 일어나면서 월드컵의 화려한 무대 뒤에 가려진 러시아의 실상이 드러났다. 또한 러시아의 최저임금 문제도 러시아의 또 다른 국가 이미지를 적나라하게 보여주는 쟁점이다. 푸틴 대통령은 대통령 선거를 앞둔 2018년 1월 10일, 5월 1일부터 러시아의 최저임금을 인상해 최저생계비에 일치시킬 것이라고 약속했고 실제로 3월 7일 관계 법령에 서명했다. 따라서 러시아의 최저임금은 2018년 1월 1일부터 최저생계비 1만 1163루블(196달러)의 85% 수준인 9489루블(166달러)로 인상된 이후 다시 5월 1일부터 최저생계비 수준인 1만 1163루블로 인상되었다. 사실 러시아의 최저임금이 최저생계비보다 낮을 수 없다고 2001년 제정된 노동법에 명시되어 있었음을 고려하면 2018년 5월 1일부터 최저임금을 최저생계비에 일치시킨 것은 법 제정 이후 실로 17년 만의 일이다.

그러나 러시아의 최저임금이 2018년 5월 1일부터 유로화 기준 160유로로 인상되긴 했으나 인근 EU 국가들과 비교하면 매우 낮은 수준이다. 최대 부국인 룩셈부르크의 1999유로, 영국의 1401유로, 프랑스와 독일의 1498유로는 말할 것도 없고 구소련 소속 공화국이던 라트비아의 430유로, 리투아니아의 400유로, 에스토니아의 500유로보다 낮으며 EU 국가 중 최저인 불가리아의 261유로보다도 더 낮은 실정이다.

전 독일 총리로 최근에는 한국 출신 통역사와의 결혼설로 우리에게 더 잘 알려진 게르하르트 슈뢰더 가스프롬 자회사 대표, 할리우드 스타로 러시아 시민권 보유자인 스티븐 시걸 등이 참석한 대통령 취임식장에서 푸틴은 러시아 국민에게 "새로운 삶의 질"을 제공하는 것이 자신의 6년 임기 동안 가장 중요한 국정 목표라고 밝히면서 가능한 모든 것에서 최선을 다할 것을 약속했다.

2018년도 발표된 UN의「세계행복보고서」를 보면 러시아의 행복 지수 순위는 2017년 49위에서 2018년 59위로 하락했다. 현재 러시아인 가운데 약 15%인 2200만 명 이상이 빈곤선 이하에서 생활하고 있는 상황에서 푸틴 대통령이 제공하기로 공약한 '새로운 삶의 질'이 화려한 러시아 월드컵의 국가 이미지와 실질적으로 부합되기를 기대해 본다.

▮ 2018년 8월 20일 제490호

대중의 시각으로 본 러시아 사회

제6차 IRS 포럼 참관기

이양경 | 한국외국어대학교 국제지역대학원 러시아·CIS학과 석사과정

 2018년 9월 14일 금요일 서울 프레이저플레이스 호텔에서 제6차 IRS 포럼이 열렸다. 이 포럼에서 한국외국어대학교 러시아연구소는 프치옴(러시아여론조사센터) 소장인 발레리 표도로프를 초청해 푸틴 4기와 정치 엘리트에 관해 논의했고 포럼 직전인 2018년 9월 11~13일 블라디보스토크에서 열린 제4차 동방경제포럼 결과와 그 평가도 다루었다.

 김현택 한국외대 부총장의 사회로 진행된 포럼에서 표도로프 소장의 발표에 토론자로 홍완석 교수(한국외대)와 장세호 연구원(국가안보전략연구원), 이선우 교수(전북대)가 참여했다. 표도로프 소장의 발표 후에는 현안 토론과 질의응답이 이어졌다.

 먼저 표도로프 소장은 러시아의 현재 상황을 설명했다. 그는 현재 러시아 정치가 안정적이고 푸틴 대통령의 권력도 견고하다고 평가했다. 그러나 최근 푸틴 대통령 지지율이 12%가량 하락했고 여당 지지율도 떨어지고 있다. 2021년 총선과 2024년 대선은 러시아 정부에 대한 대중의

평가를 판단할 기회가 될 것이라고 표도로프 소장은 말했다.

2024년 대선 이후 러시아는 푸틴 체제에서 새로운 정부로 옮겨가게 된다. 이 과도기에 러시아는 정치적 변화를 겪을 것으로 보이는 가운데 표도로프 소장은 그러한 변화에 영향을 미칠 정치 위험 요인을 일곱 가지로 정리했다.

러시아 정치의 위험 요인들

첫째 위험 요인은 대중의 요구와 정부 정책 간의 괴리가 크다는 것이다. 대중은 경제적 안정을 가장 중요하게 생각하지만, 정부 정책은 단기간 내에 경제 상황이 개선되리라고 보장하지 못한다. 최근의 연금개혁도 장기적으로 볼 때 꼭 필요한 정책이었지만, 대중에게서 많은 반발을 불러일으켰다.

대통령에게 권력과 의사 결정권이 집중된 현재의 정치 구조도 위기로 작용할 수 있다. 이것이 둘째 위험 요인이다. 이러한 구조는 대통령에게 권력뿐 아니라 책임과 부담도 집중시키며, 지지 세력이 약화할 때 또는 집권 말기 레임덕에 정치 시스템 자체를 흔드는 요인이 될 수 있다.

이와 관련해 셋째 위험 요인으로 푸틴의 주요 지지 세력의 약화를 들 수 있다. 2018년 초만 해도 통합러시아당의 지지율은 45~48%였지만, 반년 만에 30~32%로 줄어들었다. 최근 주지사 선거에서도 예전과 비교해 집권당의 성적이 저조했다. 이는 연금개혁의 사례와 같이 현 정부 정책이 대중의 요구에 부응하지 못해 나타난 결과로, 이후 푸틴 개인의 지지율에 영향을 미칠 것이다. 그럴 경우 현 정치 구조로 미루어 보아 정치적 불안정이 나타날 수 있다.

넷째 위험 요인은 인터넷과 사회관계망서비스(SNS) 발달, 새로운 정치 소통 매체의 등장이다. 정보통신의 발달로 정보의 개방성과 접근성이 늘어났으며, 대중은 SNS를 통해 자신들의 요구를 표현하고 있다. 정부는 새로운 소통 채널을 관리하려고 노력하고 있지만, 인터넷 규제는 오히려 반발을 부를 수 있으므로 새로운 대중매체 수단을 잘 이용할 필요가 있다.

다섯째 위험 요인은 정치 지도자와 정당 대표자 교체를 비롯한 정치 지형의 변화다. 현재 러시아연방 공산당의 주가노프와 자유민주당의 지리놉스키 등 연로한 정당 대표자들을 차세대가 대체할 것이다. 이와 더불어 통합러시아당도 리브랜딩이 필요한 시점이다.

여섯째 위험 요인은 러시아 정부 정책이 대중에게 미래에 대한 방향성과 긍정적인 이미지를 제시하지 못하고 있다는 점이다. 정부가 정치·경제적으로 구체적인 미래 계획을 내놓지 않을뿐더러, 설사 정치인들이 미래의 계획을 발표한다 해도 러시아 국민은 이를 신뢰하지 않는다.

이는 일곱째 위험 요인으로 제시된 청년들의 정치적 요구 상승과도 결부된다. 청년층은 비전을 제시하지 못하는 정부가 아닌 자신들과 소통할 수 있는 정치 지도자를 원하게 되었다. 이러한 청년층의 성향이 정부에 반대하는 여론으로 나타나고 있다.

동방경제포럼 결과와 평가

표도로프 소장은 동방경제포럼의 결과를 국내 정치와 국제적 측면으로 나눠 평가했다. 먼저 가장 중요한 사항으로는 중국의 영향력이 확대되었다는 점이다. 2018년 제4차 동방경제포럼에서는 중·러 정상회담이 성공적으로 진행되었고 가스 공급과 관련된 대규모 계약도 체결되었다.

한편 일본은 큰 소득을 얻지 못했는데, 영토 분쟁과 평화 협정이 근본적인 원인이었다. 남북 관계는 포럼과는 별개의 문제로 인식되었다.

표도로프 소장은 러시아 정부가 현재의 극동 개발 메커니즘의 비효율성을 인식하고 이를 해결하려 한다고 말하기도 했다. 현재 극동의 인구 부족 문제는 여전히 해결되지 않고 있으며, 외국인 투자도 기대에 미치지 못하고 있다. 그는 제4차 동방경제포럼에서 푸틴 대통령이 극동 개발 신전략을 선언한 만큼 극동 개발 전략이 체계적으로 변화될 것으로 전망했다.

푸틴 4기와 푸틴 이후

이날 포럼에서 관심을 끈 주제는 푸틴의 후계자에 관한 것이었다. 푸틴 4기 이후의 효율성과 안정성을 고려하면 푸틴이 직접 자신의 후계자를 지명하리라는 데에는 모두가 의견 일치를 보았다. 그렇다면 누가 후계자가 될 것인가?

표도로프 소장은 젊은 신진세력 중에서, 다시 말해 현재 재임 중인 젊은 주지사들과 같은 푸틴의 인사이드 그룹에서 후계자 후보가 나올 것이라고 보았다. 이와 관련해서 인상적인 설명은 러시아의 정치 문화와 관련된 발언이었다. 푸틴의 후계자 결정에서 퇴임 이후의 정치적 안전이 고려 요소가 될 것인가라는 주제에서 그는 이것이 결정적 요소가 아니라고 단언했다. 정권 교체 이후 전임자가 자신의 신변 보장을 고려하리라는 일반적인 예측과 달리, 러시아는 전통적으로 대통령이 정계를 떠나면 그 이상 위험에 노출되지 않는다는 설명이었다. 푸틴이 옐친을 공격하지 않았듯 앞으로도 전임자에 대한 공격은 없을 것이라고 밝혔다.

이 밖에 푸틴의 청년 인재 육성, 사회 각계의 권력독점 경향, 이후의 야권 전망과 청년층의 인식 변화, 대러 제재와 푸틴 4기 주요 과제 등 다양한 주제에 관해 토론과 질의응답이 오갔다.

제6차 IRS 포럼에서는 여론조사 수치를 바탕으로 한 러시아의 정치사회 현황을 들을 수 있었다. 또 푸틴 4기와 푸틴 이후의 다양한 정치적 전망을 알 수 있었다는 점에서도 의미가 있었다. 무엇보다도 러시아 대중의 견해를 바탕으로 해석한 러시아 사회에 대해 들을 수 있는 좋은 기회였다. 한 가지 현상을 해석하는 일은 마치 쌓기나무 블록 문제를 푸는 것과 같다. 동일한 사건이나 현상도 어느 면에서 바라보느냐에 따라 서로 다른 형태로 해석되고, 표면에 드러나지 않는 사건을 파악해야만 전체의 모양을 알 수 있다. 표도로프 소장을 초청한 제6차 IRS 포럼은 러시아 정치사회라는 쌓기나무의 중요한 단면을 볼 수 있는 기회였다.

▮ 2018년 10월 8일 제497호

러시아 지역

호랑이 이미지를 선보인 블라디보스토크
새로운 정체성을 찾아서

라승도 | 한국외국어대학교 러시아연구소 HK연구교수

2017년 가을 제주항공이 대한항공에 이어 인천—블라디보스토크 노선에 신규 취항했고 2018년 4월 6일에는 티웨이항공이 대구—블라디보스토크 직항 노선을 개설했다. 이로써 러시아 '극동의 관문' 블라디보스토크를 찾는 한국인들의 발길이 그만큼 더 잦아졌고 블라디보스토크도 한국인들에게 그만큼 더 가까워졌다. 2018년 4월 28일에는 케이블 채널 tvN의 인기 프로그램 〈짠내투어〉 출연진이 블라디보스토크를 찾는 방송이 전파를 타기 시작하면서 블라디보스토크가 또 한 번 한국 시청자들의 눈길을 사로잡았다. 한국 방송과 여행업계에서 블라디보스토크의 주가는 여전히 상한가다.

한편 한국에서 '아시아의 유럽'으로 통하는 블라디보스토크는 한국인에게도 매우 친숙한 동물인 호랑이로 유명하다. 블라디보스토크시의 깃발과 문장에 아무르 호랑이 이미지가 들어가 있는 것만 보아도 금방 알 수 있다. 블라디보스토크 공항에서 버스나 택시를 타고 시내로 들어올

때 연결되는 도로 지점에 조성된 한 쌍의 호랑이 동상에서부터 시내의 '호랑이 거리'와 '호랑이 언덕'을 거쳐 유서 깊은 '베르사유 호텔' 현관의 호랑이 그림에 이르기까지 블라디보스토크시 곳곳에 퍼져 있는 다양한 호랑이 이미지에서도 이곳이 '호랑이의 도시'임을 확인할 수 있다. 호랑이는 특히 1991년 소련 붕괴 이후 지금까지 수많은 변화를 겪은 블라디보스토크가 새로운 정체성을 확립하는 데서 핵심적인 상징 이미지였다. 블라디보스토크시가 새천년이 시작되는 2000년부터 매년 9월 마지막 주 일요일에 '호랑이의 날'을 성대하게 기념하는 이유도 이런 맥락에서 파악할 수 있다.

블라디보스토크는 포스트소비에트 시대에 들어와 공산주의 이념이 소멸되고 시장 자본주의가 도입되며 극동 지역이 개발되는 과정에서 다른 어느 도시보다 먼저 산업·통상 발전의 중심지로서 새로운 면모를 갖추기 시작했다. 최근에는 '마린스키 극장 연해주 무대' 개관에서 볼 수 있듯이 극동 지역 예술·문화 발전의 중심지로도 발돋움하고 있다. 이와 함께 블라디보스토크는 앞서 언급한 '호랑이의 날' 축제에서 알 수 있듯이 자연 보호와 보존에 앞장서는 세계적인 친환경 도시로도 새롭게 자리매김하고 있다.

호랑이는 블라디보스토크에서 진행되는 이 모든 변화 과정의 중심에 있거나 그와 밀접하게 관련되어 있다. 사실 블라디보스토크의 산업·통상 분야에서 호랑이는 기업의 상표나 홍보 이미지로 다양하게 활용된다. 예를 들면, 블라디보스토크 중심부 혁명광장 뒤편의 건물 옥상에 설치된 광고판에서는 이 지역 유명 생수 회사 '시마콥스카야'의 브랜드 이미지로 사용되는 푸른색 호랑이 얼굴을 볼 수 있다. 게다가 이곳 관광산업의 변화상을 보여주는 카지노 복합리조트 '티그르 드 크리스탈'(수정

■ 블라디보스토크 '호랑이의 날' 축제 모습(자료: www.vl.ru).

호랑이)은 아예 이름에서부터 호랑이를 전면에 내세우고 있으며, 각종 행사에서도 호랑이 이미지를 적극적으로 활용하고 있다. 이 밖에 블라디보스토크를 상징하는 호랑이 이미지를 마케팅에 활용한 가장 최근 사례로는 이곳의 대표 베이커리 브랜드인 '미셸 베이커리' 매장이 애니메이션 영화에서 막 튀어나온 듯이 귀엽고 친근한 호랑이 캐릭터를 홍보 이미지로 만들어 매장 앞에 설치한 것을 들 수 있다.

이와 함께 금각교 남단 파스톱스카야 거리에 있는 최신식 '마린스키 극장 연해주 무대' 부근에서는 2014년 '호랑이의 날'을 맞아 조성된 호랑이 동상을 만날 수 있다. 극동 지역 예술·문화 발전상을 보여주는 대표적인 장소에 블라디보스토크의 상징인 호랑이 이미지를 덧붙인 것이다. 이처럼 블라디보스토크를 둘러싸고 다양하게 나타나는 호랑이 이미지는 이 도시의 새로운 지역 정체성을 구성하는 핵심 요소이기도 하고 날로 새로워지는 도시 이야기를 풍성하게 해주는 주요 성분이기도 하다. 블라디보스토크에 있는 아무르 호랑이 센터는 2015년 '호랑이의 날'을 맞아 '호랑이 이야기'라는 제목으로 호랑이 그림 경연대회와 어린이 호랑이 글짓기 대회를 개최하는 등 다채로운 호랑이 이벤트를 선보였는데, 이 또한 블라디보스토크가 새로운 지역 정체성을 확립한다는 차원에서 이해할 수 있다.

러시아 시사 주간지 ≪오고뇨크≫ 2018년 4월 23일 자 표제 기사와 보충 기사에는 대표 상징을 발굴 또는 창조함으로써 지역 정체성과 이미지를 확립하고 관광객도 유치해 재정 수입을 늘리려는 러시아 지방 도시들의 노력이 소개되어 있다. 블라디보스토크의 호랑이 이미지 개발과 활용도 러시아 지방 곳곳에서 보이는 새로운 지역 정체성과 이미지 확립, 관광객 유치와 재정 확충 노력이라는 큰 틀에서 이해할 수 있다.

❙ 2018년 4월 30일 제474호

본토와 변방을 연결하는 네트워크, 러시아 크림대교 개통

정세진 | 한양대학교 아태지역연구센터 교수

2018년 5월 15일 러시아 남부 지역 타만반도와 크림반도를 잇는 크림대교가 개통되었다(한국 언론에서는 크림대교와 크림교를 혼용하고 있는데, 이 글에서는 다리 길이나 여러 상징적 의미를 고려해 '크림대교'로 칭한다). 타만반도의 타만시와 크림반도의 케르치시를 이어주는 크림대교는 길이 19km로 유럽 최장이다. 블라디미르 푸틴 러시아 대통령은 이날 아침 일찍 청바지와 검정 점퍼의 편안한 복장으로 철도의 출발과 도착 지점 가운데 하나인 타만시에서 오렌지색 러시아제 카마즈 트럭에 올라탔다. 푸틴이 맨 앞에서 출발하자 약 30여 대의 카마즈 트럭이 그 뒤를 따라갔다. 전체 구간 거리 19km를 16분 정도 걸려 주파했다. 맞은편 크림반도 케르치해협이 있는 케르치 지역에 도달하고 나서 푸틴 대통령은 즉석 개통식을 가졌다. 그는 "크림대교 건설 사업에 참여한 모든 이에게 감사한다"라고 인사말을 전했다.

개통식에서 인상적이었던 점은 푸틴 대통령이 건설 노동자들과 악수를 청한 다음에 다리에 설치된 스피커에서 색소폰으로 영화 〈록키 4〉의 주제가가 울렸다는 사실이다. 〈록키 4〉는 당시 소련 최고 복싱 선수인 이반 드라고의 패배로 끝난 경기를 다루고 있는데, 왜 이 영화 주제가를 개통식에서 선택했는지 생각해 볼 일이다. 크림대교의 통행은 2018년 5월 16일부터 시작되었다. 당분간 일반 차량과 대중교통 차량만 다닐 수 있으며, 트럭을 비롯한 대형 화물차량은 가을부터 통행이 허락된다.

크림대교 건설은 2016년 2월부터 시작되었다. 원래는 2018년 11월 개통 예정이었는데, 완공 예정보다 6개월 앞당겨 개통식을 가졌다. 착공식을 거행한 지 2년 3개월 만이다. 푸틴 대통령의 재촉에 공사기간이 크게 단축되었다. 인부 1만 5000명을 투입해 군사 작전을 펼치듯이 공사가 진행되었다고 한다. 다리의 양 구간 길이는 19km이며, 하루 최대 4만 대의 차량이 통행할 수 있다. 만약 하루 4만 대가 통행하고 차량 한 대에 최소 1명이 탑승한다고 하더라도 연간 최대 1460만 명이 다리를 이용할 수 있다는 계산이 나온다. 그리고 화물 수송은 최대 1300만 톤이 가능하다. 이번에 개통된 다리는 차량용 도로인데, 그 옆에 나란히 건설되는 철도용 다리는 2019년 12월 말 개통을 목표로 하고 있다. 건설에는 총 2272억 루블(약 3조 9396억 원)이 투입되었다. 이로써 크림대교는 포르투갈의 바스쿠다가마대교(약 17.3km)를 제치고 유럽에서 가장 긴 다리가 되었다.

그렇다면 크림대교 건설에는 어떤 함의가 담겨 있을까? 첫째, 크림대교 건설은 2014년 러시아가 크림반도를 다시 러시아 땅으로 합병함으로써 가능해졌다. 즉, 이 사건이 없었다면 크림대교 건설 프로젝트도 실현되지 못했을 것이다. 크림반도와 우크라이나의 국경이 봉쇄된 것이 크림대교 건설의 결정적인 이유였다. 2016년 4월 크림반도의 우측 러시아와 국경을 맞대고 있는 우크라이나 동부 지역의 도네츠그와 루간스그에서 친러시아 반군과 우크라이나 정부군 사이에 내전이 발생했다. 이 전쟁으로 러시아와 크림반도를 잇는 교통이 끊겼는데, 러시아와 크림반도를 직접 연결하는 통로는 비행기로 가거나 해상 페리를 이용하는 수밖에 없었고, 버스나 차량으로는 러시아 남부에서 우회해 세바스토폴 등의 도시로 가야만 했다. 러시아는 반군을 통해 우크라이나 최남단의 동부 회랑을 점령하고자 시도했다. 만약 이 시도가 성공한다면 러시아 남부에서 크림반도로 연결되는 길은 확보되지만, 내전의 결과는 아직 아무것도 없는 상태다. 러시아는 이를 타개하기 위해 러시아 본토와 크림반도를 잇는 크라스노다르 지방의 타만과 케르치를 해상으로 연결하는 다리를 건설하고자 했다. 러시아 본토와 크림반도는 그동안 여객선이 직접 연결해주었다고 할 수 있는데, 여객선 수송에도 한계가 있었다. 성수기 때나 케르치해협의 기상 상황이 악화될 때면 특히 더 그랬다. 이럴 때면 사람들뿐만 아니라 트럭 등 차량도 줄을 서서 기다렸기 때문에 하루나 심지어 그 이상까지도 기다려야 했다.

둘째, 크림대교는 이 프로젝트에 대해 매우 부정적인 미국과 EU의 비난을 무릅쓰고 건설한 다리라는 점이다. 특히 "우크라이나의 주권에 대한 다른 형태로의 위반", 러시아에 의한 "영토 통합성" 침해라는 반응이 나왔다. 미국은 매우 불편한 심기를 감추지 않았다. 헤더 나워트 미국 국무부 대변인은 이날 정례 브리핑에서 "크림대교가 정상적인 항해와 물자 수송을 방해한다"라며 "크림반도 불법 점령을 강화하려는 시도"라고 비난했다. 브리핑 이후 발표한 성명서에서는 "미국은 우크라이나 정부의 허가 없이 진행된 크림대교 개통에 반대한다"라는 공식 입장을 내놓았다. 앨런 던컨 영국 외무부 장관은 "이는 우크라이나 주권에 대한 침해"이며 "무모한 행동에서도 한참 더 나아간 사례"라고 언급했다.

페트로 포로셴코 우크라이나 대통령은 다리 건설이 "비합법적"이라고 규정하고 "러시아가 국제법을 준수하지 않는다는 가장 최근의 명백한 실례"라고 비난하면서, 러시아 군대가 크림반도에서 즉각 철수해야 한다는 기존 입장을 강조했다. 파블로 클림킨 우크라이나 외교부 장관은 트위터에 러시아를 비난하는 글을 남겼다. 그는 러시아가 어디인지도 모를 향방성이 없는 다리를 건설했다고 썼다. 그에 따르면 이 다리는 크림반도와 러시아 본토에 있으며, 러시아가 크림반도를 철수하는 날에 이용하는 다리가 될 것이라고 경고했다. 그는 현재도 크림반도의 인구는 점차 줄어들고 있으며, 러시아는 평화적인 시위를 벌이는 시민들을 하루에 1600명씩 체포하고 있는 나라라고 언급했다.

셋째, 러시아는 크림대교의 건설을 역사적 사건으로 의미 부여하고 있다는 점이다. 필자는 푸틴의 개통식 연설문에 주목했는데, 그는 여기서 러시아의 역사성을 부각하는 발언을 했다. 그는 "세기의 대역사를 완성한 여러분이 자랑스럽다"라는 표현을 썼다. 푸틴 대통령은 "이 역사적인 날을 모든 이와 함께 축하한다. 오늘은 역사적인 날인데, 우리의 아버지 차르 시기부터 사람들은 이 다리를 건설하기를 염원했다"라고 강조했다. 이어 "이 프로젝트는 당신들의 재능과 노력으로 완성되었다"라고 언급했다. 필자가 보기에 푸틴 대통령은 이 초유의 국가 프로젝트가 4년 전 크림반도를 다시 얻음으로써 완성될 수 있었기에 본토와 변방을 잇는 네트워크를 건설했다는 점에서 크림대교 건설을 큰 역사적 의미로 받아들이고 있는 것으로 여겨진다.

크림대교는 제2차 세계대전 당시에도 시도된 적이 있다. 75년 전 독일은 히틀러의 명령으로 제2차 세계대전 중에 영구구조물을 설치하려고 했지만 소련군에 의해 좌절되었다. 독일의 계획은 스틸린에 의해 다시 진척

■ 크림대교 모습(자료: www.iz.ru).

되어 6개월 정도 시공되었는데, 건설 기사들이 메달을 받은 몇 주 후에 무너져버렸다. 하지만 크림대교 건설 계획은 푸틴 대통령의 언급대로 이미 차르 시기부터 시작되었다. 이 계획은 니콜라이 2세 시기(1905~1917년 재위)에 처음 등장했지만, 제1차 세계대전이 발발하면서 실현되지 못했다.

　다른 한편 크림반도는 러시아에 어떤 역사적 의미를 지니고 있을까? 크림반도는 러시아 국가 권력과 국가 간에 복잡하게 얽혀 있는 대외정책의 현실적·정치적 이득으로만 해석할 수 없다. 필자에게 크림반도는 러시아의 국가적·민족적 영예와 자존심으로 간주된다. 러시아는 15세기 중반에 몽골의 지배권에서 공식적으로 벗어났다. 러시아는 모스크바국의 이반 4세(뇌제) 시기에 몽골의 계승 국가라고 할 수 있는 카잔한국과 아스트라한한국을 1552년과 1556년에 점령함으로써 치욕스러운 역사였던 몽골의 유산에서 완전히 벗어나면서 영토를 확장할 수 있는 결정적인 기회를 맞이했다. 이후 러시아는 페르시아, 오스만튀르크와 남부의 유라시아 평원에서 국가적 대외 경쟁을 벌였는데, 특히 오스만튀르크는 러시아의 강력한 경쟁국이었다. 마지막 몽골 계승 국가가 지금의 크림반도를 근거지로 한 크림한국이었으며, 이 국가의 보호자가 오스만튀르크였다.

러시아와 오스만튀르크는 18~19세기에 유럽의 열강에 편입되기 위해 카스피해, 캅카스, 흑해 지역의 지배권을 놓고 끊임없이 전쟁을 벌였다. 크림반도는 바로 이 양국의 경쟁적인 공간이자 전쟁이 발화하는 공간이었다. 러시아 대외정책의 핵심은 부동항 획득에 있었는데, 크림반도는 흑해 진출을 위한 최후의 마지노선이었다. 크림한국을 합병하는 것은 과거 몽골, 즉 황금 군단(Golden Horde)의 역사적 후손을 정복하는 데 성공한다는 의미이고, 이는 러시아의 국가적 자존심을 건 상징적인 사건이라고 할 수 있다. 크림한국은 1475년에 오스만튀르크에 복속된 국가였다. 정교 국가인 러시아와 이슬람 국가인 오스만튀르크가 크림반도와 흑해를 놓고 벌인 경쟁이 러시아 동방정책의 핵심이었다.

크림한국 정벌은 17세기 후반 표트르 대제 시기부터 시작되었다. 표트르 대제(1689~1725년 재위)는 제위에 오르고 얼마 지나지도 않은 1689년에 크림한국으로 군사원정대를 보냈지만, 이 원정은 실패로 끝났다. 러시아는 안나 여제(1730~1740년 재위) 시기인 1735~1739년에 오스만튀르크와의 전쟁에서 크림반도 바흐치사라이, 아조프, 아차코프를 점령했지만, 협정에 따라 크림 지역에서 곧바로 철수했다. 러시아는 예카테리나 여제(1762~1796년 재위) 시기에 그토록 염원하던 크림반도 점령에 마침내 성공했다. 공식적인 제1차 러시아·오스만튀르크 전쟁(1768~1774) 때 러시아는 크림한국에 승리를 거두었다. 이는 러시아로서는 국가적 승리였다. 양국이 체결한 퀴치크 카이나르카 조약으로 오스만튀르크는 카잔한국에 대한 주권을 공식적으로 포기했다. 그리고 크림한국은 일단 자국을 중립국으로 선포했다.

　이번에 설치된 크림대교의 핵심 지역인 케르치 등 크림반도도 당시 전쟁으로 러시아의 땅이 되었다. 그때 조약으로 쿠반과 카바르다 지역 등 북캅카스도 러시아의 영토가 됨으로써, 러시아는 캅카스와 흑해 지배권을 거머쥐는 강국으로 등장했다. 오스만튀르크는 크림반도에 대한 종주권을 포기했고 러시아의 영토 주권을 공식 인정했다. 러시아는 흑해와 남유럽으로 나가는 출구를 확보하고 흑해의 군사 요새뿐만 아니라 무역선이 자유롭게 지중해를 항해할 권리도 획득함으로써 유럽 제국으로 성장할 수 있는 발판을 마련했다. 러시아는 크림한국을 1782년에 병합했고, 예카테리나 여제는 1783년 크림반도에 대한 복속을 공식 선언했다. 이후 오스만튀르크는 러시아에 다시 전쟁을 선포했는데, 크림반도를 회복하는 것이 전쟁 재개의 목적이었다. 이를 제2차 러시아·오스만튀르크 전쟁(1787~1791)이라고 하는데, 러시아가 전쟁에 승리하자 오스만튀르크는 러시아의 크림반도 합병을 재차 인정했다. 크림반도는 소련 시절 니키타 흐루쇼프 공산당 서기장에 의해 우크라이나 소속으로 넘어갔고 1991년 소련 해체 이후에도 우크라이나 땅으로 귀속되었다.

　시간상으로 보면, 크림반도가 러시아 땅이 된 것은 거의 250년이 되어간다. 필자는 2016년 8월 ≪러시아·유라시아 포커스≫ 제387호에서 "2016년 여름 러시아 땅끝 마을 타만과 레르몬토프 박물관에 가다"라는 제목으로 크림대교 양쪽 끝의 한 지역인 '타만'에 관한 기행문을 실은 바 있다. 타만은 모스크바에서 비행기로 남부 휴양도시 아나파까지 가서 버스를 타고 1시간 남짓 달리면 도착한다. 레르몬토프 박물관은 타만반도 자락의 한 여관에 머문 러시아의 위대한 시인 미하일 레르몬토프를 기념해 바로 그 자리에 세워졌다. 그는 1837년에 타만을 방문했다. 박물관 바로 근처에는 그의 동상이 서 있다. 그 동상은 타만반도를 응시하고 있는데, 지금 생각해 보면 마치 그 너머 케르치까지도 쳐다보는 것 같은 느낌이 든다.

　채 하루도 머물지 않은 여름의 타만반도와 박물관은 무척 아름다웠다. 내 인생 언제 이곳에 다시 올 수 있을까 하는 마음이 들었는데, 타만에 다시 가서 크림대교를 한번 차로 건너보아야 하지 않을까 하는 생각이 든다. 그런데 크림대교를 바라보는 관련국들의 시각과 생각이 각기 다르니 우리가 이 크림대교를 어떻게 해석해야 할지도 하나의 과제라 할 수 있다.

ǀ 2018년 6월 18일 제481호

'동양의 알프스' 알타이를 가다

김선래 | 한국외국어대학교 러시아연구소 HK연구교수

알타이변강주의 수도 바르나울에서 남쪽으로 260km 이상 떨어져 있는 알타이공화국의 수도 고르노-알타이스크시를 향해 버스에 올랐다. 바르나울 시외버스 터미널은 한국의 여느 시골 터미널처럼 사람들로 북적였지만, 이곳에서 북쪽으로는 노보시비르스크, 남쪽으로는 고르노-알타이스크까지 작은 도시들이 거미줄처럼 노선으로 연결되어 있었다. 다섯 시간 가까이 알타이공화국 경계선을 지나갔다. 경계선은 자동차도로 톨게이트처럼 구조물이 구축되어 있었으나 어떤 검문과 검색도 없이 통과했다. 고르노-알타이스크는 인구 5만 5000여 명의 작은 도시로 산악 지형에 맞게 완만한 계곡을 따라 길게 이어져 있었다. 맑은 공기와 청명한 하늘, 선선한 기온 등 사람이 살기에 쾌적한 환경을 갖추고 있었다. 첫발을 디뎠을 때 느꼈던 상쾌함이 무엇이었는지 해가 지고 어둑어둑해자 피부로 와 닿았다. 시베리아를 다니면서 사람들을 그렇게 괴롭히던 모시카라(조그만 날벌레나 날파리의 일종)와 모기들이 여기엔 거의 없었다. 건조하고 맑은 날씨 때문인지 아니면 알타이 지방에 존재하는 소나무 군락 때문인지 몰라도 날파리들이 거의 없어 휴양지로서 천혜의 조건을 갖추고 있었다. 알타이변강주와 알타이공화국에는 시베리아에서 보기 드문 거대한 소나무 군락이 있었다. 한국에선 적송이라고 부르는 황금송이 이 지역에 있었는데, 현지 주민들은 이를 소나무 벨트라고 불렀다.

알타이공화국의 면적은 9만 2600km²로 한국과 비슷하지만, 인구는 22만 명으로 훨씬 적다. 이 중 알타이어를 사용하는 알타이 민족은 약 5만 5000명으로 전체 인구에서 30%가 채 되지 않는다. 그러나 이들은 알타이공화국의 중심 민족으로 공화국의 주요 직위와 직책을 독점하다시피 하고 있다. 이러한 경향은 시간이 흐를수록 강해져 공화국 내 다수 민족인 러시아인들과 미묘한 갈등 관계를 형성하고 있다.

알타이공화국은 알타이산맥이 그러하듯 중국, 몽골, 카자흐스탄과 국경을 맞대고 있으며, 알타이산맥 북쪽 끝에 있어 영토 대부분이 산악 지형을 띠고 있다. 영토의 80% 이상이 산악 지형으로, 해발 3000m 이상의 고산지대다. 가장 큰 산은 알타이 민족이 신성한 산으로 모시는 벨루하산으로, 높이가 4506m다. 벨루하산은 만년설로 덮여 있으며, 사면에는 빙원들이 두껍게 형성되어 있다. 남쪽에서 북쪽으로 공화국을 횡단하며 흐르는 강은 카툰강과 비야강이다. 이 두 강은 알타이변강주에서 만나 오비강으로 이어진다. 겨우내 쌓인 눈이 여름을 맞이해 녹아내리면 그 물은 공화국을 관통해 오비강으로 흘러 들어간다. 산악 지형에서 흐르는 강물의 특성상 이 지역의 강은 급류가 많고, 호수가 많으며, 폭포도 많이 형성되어 있다. 시베리아의 타이가 기후와 몽골의 사막 기후, 카자흐스탄의 스텝 기후가 복합적으로 나타나는 알타이공화국은 겨울이 길

▌ 알타이공화국 첼레스크호수(자료: 필자 제공).

고 추우며, 여름이 짧은 전형적인 시베리아 기후를 나타내고 있다.

필자가 머문 2018년 7월 초는 하지의 뜨거운 햇살이 그대로 남아 있어 모자를 쓰지 않고는 다닐 수 없었다. 알타이공화국에는 약 7000여 개의 크고 작은 호수가 있는데, 그중 가장 유명한 호수가 첼레스크호수다. 지역민들은 바이칼호수와 비교해 세계 5대 담수호 중 하나인 이 호수를 '작은 바이칼호' 또는 '동생 바이칼호'라고 부른다. 호수의 넓이는 230.8km^{2}이며, 깊은 곳은 수심이 325m나 된다. 이 호수는 서쪽 한 면으로만 접근할 수 있어서 호수를 제대로 보려면 서쪽 면에서 보트를 타야만 했다. 쾌속정을 타고 20여 분을 달려 호수를 중심으로 형성된 폭포를 둘러보았다. 이 호수는 혹독한 시베리아 겨울에도 잘 얼지 않는다고 한다. 겨울철 영하 30도의 강추위에 가끔 얼기도 하지만, 세찬 남풍으로 파도가 심해 잘 얼지 않는다고 한다. 수심이 깊은 곳은 항상 영상 3~4도를 유지한다고 하니 굉장히 큰 호수다.

알타이공화국에는 천혜의 자연보호구역이 네 곳 있다. 그중 첼레스크호수를 중심으로 한 알타이 특별자연보호구역은 유네스코에서 지정한 구역으로 태곳적 자연을 유지하고 있는 곳이다. 이 지역은 사람의 발길과 인위적인 접근을 금지하고 있다. 쾌속정을 타고 첼레스크호수 안쪽 깊숙이 들어가면 알타이공화국이 보유한 천혜의 관광자원이 왜 동양의 알프스라는 별칭을 갖게 되었는지 이해할 수 있다. 카툰과 우콕, 알타이, 벨루하 자연보호구역 중 벨루하와 알타이 두 곳이 유네스코에서 지정한 자연보호구역이다.

한국인이라면 누구나 알타이를 가보고 싶어 한다. 한국인들은 알타이가 바이칼호와 더불어 한민족의 근원과 깊이 관련되어 있다고 본다. 선사시대 한민족의 뿌리에 관한 연구는 지금도 계속되고 있다. 현재 많은 학자가 만주로, 동시베리아로, 그리고 몽골과 알타이 지방으로 가서 한국인의 근원을 찾으려 노력하고 있다. 몽골 쪽 알타이는 전형적인 사막 기후다. 중국 쪽 알타이도 사막 기후다. 그와 달리 알타이산맥 북쪽 지방에는 사람들이 살기 좋은 러시아 알타이공화국이 있다. 그러나 많은 학자가 우랄-알타이어족, 특히 알타이어족에 대한 한국인들의 환상에 선을 긋고 있다. 지금까지 나타난 바로는 알타이 어군에 한국어가 포함되어 있다고 보는 견해보다는 포함되어 있지 않다는 연구 결과가 더 우세하다. 한국어는 세계에 존재하는 여러 언어군과 연결 고리가 없는 고립된 언어라는 것이 현재 학계의 대체적인 논지다. 그런데도 한국인에게 알타이는 중요한 지역임이 틀림없다. 현지 주민들의 말에 따르면 알타이 지역에는 1만 3000년 전부터 대규모 거주지가 존재하고 있었으며, 주민 수도 1만 명이 넘었다고 이야기한다. 신석기시대 고고학적 연구는 이곳이 문명이 싹틀 만한 환경을 갖추고 있었다고 보고 있다. 사실 필자는 러시아 쪽 알타이 지역인 알타이공화국 자연환경이 인간이 살기에 좋으 장소임을 금방 느꼈다. 1만 3000년 전 문명을 차치하고라도 한국인에게 잘 알려진 빗살무늬토기와 스키타이 문명, 이어진 홍산 문명도 알타이를 중심으로 동서가 연결되어 탄생했다는 학설이 지배적이다.

한국인이 좋아하는 녹용, 그중에서 마랄 녹용도 이곳에서 생산된다. 마랄은 사슴 종류의 하나인데, 마랄 사슴은 300kg 정도로 체구가 황소와 비슷하다. 마랄 녹용은 약효가 뛰어나기로 유명하다. 알타이공화국은 하루에 1cm씩 자라는 녹용을 주요 외화벌이로 공화국 차원에서 관리하고 있다. 최근에도 한국의 한의사 협의회가 공화국 지도층과 면담을 하고 마랄 녹용을 한국으로 들여 왔다고 한다.

청동기시대를 통틀어 이곳에는 세 인종이 존재하고 있었다. 우리가 현재 알고 있는 유럽인종, 몽골인종과는 다른 제3의 인종이 존재하고 있었다고 한다. 데니소바 동굴에서 발견된 제3의 인종에 대해 현재 과학자들이 관심을 두고 연구하고 있다. 오늘날 알타이공화국에 사는 5만 5000명의 알타이족은 한 종족으로 구성되어 있지 않다. 적게는 수백 명, 많게는 수천 명 단위의 여러 종족을 모아 알타이족으로 통칭하며, 이들은 수천 년간 알타이 지역을 거쳐간 수많은 종족에 의해 남겨진 유산이다. 대체로 몽골로이드 특징을 띠고 있는 알타이족들은 고유의 문자를 갖고 있었다. 4년 전 수도 고르노-알타이스크시 한복판에는 공화국이 자랑하는 중앙박물관이 건설되었다. 알타이의 역사와 자연환경, 문화를 전시한 최신 박물관은 알타이를 찾는 이방인들에겐 꼭 들러야 하는 장소다.

알타이의 역사는 동서양 길목에 자리 잡은 지형적 특성 때문에 전쟁과 수많은 이민족이 남긴 발자취로 얼룩져 있다. 철기 문화의 스키타이인들과 훈족, 그다음에는 돌궐족이 이 지역을 장악하고 있었다. 칭기즈칸의 몽골족이 지배했던 이 지역은 근대에 들어와 러시아와 청국이 영토를 팽창하는 와중에 중간지대에 놓이게 되었다. 러시아는 표트르 대제 시기에 스웨덴과의 전쟁에 필요한 철광석을 찾기 위해 알타이산맥을 조사하기 시작했다. 그 과정에서 바르나울 근처에서 대규모 은광이 발견되었는데, 바르나울이 러시아 영토가 되어 광산지로 발전한 것도 바로 이런 배경에서였다. 이 시기 러시아는 알타이와 신장, 몽골을 지배했던 중가르국과 카툰강을 경계로 대치했다. 그러나 1757년 청나라 건륭제는 30만 대군을 파병해 중가르국을 멸망시켰는데, 이 과정에서 남녀노소 가리지 않고 60만 명에서 100만 명에 가까운 알타이족을 학살했다고 한다. 청나라의 공격으로 알타이족이 멸족 위기에 처했을 때 지금의 알타이공화국이 러시아에 도움을 요청했다. 그 이후 알타이는 러시아의 보호 속에 존속했는데, 러시아 혁명 이후에는 오이라트 자치주였으며, 소련 붕괴 이후 1992년에는 알타이공화국으로 탄생했다. 지금도 알타이 민족은 자신을 오이라트족이라 부르고 있다. 그들은 1757년 청에 의한 대학살을 기억하고 있으며, 이를 오이라트 제노사이드라 부른다. 중앙박물관에 가면 당시 러시아 황실에 도움을 요청하기 위해 알타이어로 쓴 편지가 러시아어본과 함께 전시되어 있다. 이후 러시아에 도움을 청한 알타이 쪽 영토를 제외한 신장위구르, 몽골 지역은 청의 점령하에 놓이게 된다.

알타이공화국의 주요 산업은 목축업과 농업, 임업, 그리고 관광업이다. 목축업은 마랄 사슴을 방목해 중국과 한국, 기타 아시아 지역 국가들로 녹용을 수출하고 있으며, 임업은 알타이의 풍부한 산림에서 나오는 목재를 가공해 상품화한다. 지역 주민들은 이 지역이 세계생태보존지구로 묶여 벌목에 제한이 있으나 지역 행정부와 기업들이 결탁해 무제한 벌목을 한다며 불만의 목소리가 높다. 관광업의 경우에는 러시아 정부가 알타이 지역을 관광휴양특별경제구역으로 선포해 지역 경제 활성화를 위해 노력하고 있다. 2017년 한 해 동안 300만 명의 외지 관광객이 이곳을 찾았다고 한다. 필자가 몇 군데 다녀본 결과 천혜의 자연조건 자체만으로도 관광 자원이 될 수 있으며 그에 걸맞은 관광 프로그램과 인프라가 형성된다면 공화국의 주요 산업으로 충분히 자리매김할 수 있을 것이다. 몇 년 전과 비교해 호텔과 위락시설, 상점과 음식점이 개업해 많이 달라졌다고 한다. 현지 가이드인 올가는 관광 산업이 알타이공화국에 꽤 좋은 사업일 수 있지만 관광 시즌이 일 년에 3개월밖에 되지 않아 확대·발전에는 한계가 있다고 말했다. 그녀는 알타이의 봄과 가을이 훨씬 더 아름다우며 휴양하기 좋은데, 러시아인들은 여름 휴가철에만 몰려온다고 아쉬워했다. 공화국 정부도 이러한 한계를 극복하려고 농업 육성에 초점을 두고 접근하고 있지만, 작물 생육기가 짧아 어렵다고 한다. 현재는 한국의 1990년대 초 위락시설 정도의 관광 인프라가 구축되어 있지만, 동양의 알프스라 불릴 정도로 아름다운 자연환경은 외국인 관광객을 불러들이기에 충분해 보였다.

알타이는 한국에서 접근하기엔 조금 불편하다. 그래서 한국 사람들은 몽골 쪽 알타이를 구경하러 가는 사람이 많다고 한다. 인천과 러시아 노보시비르스크 구간 항공기 직항이 있지만, 노보시비르스크에서 바르나울을 거쳐 철도 종착지인 비이스크시까지 열차로 가야 한다. 그리고 비이스크시에서 버스로 한 시간 반을 달려야 알타이공화국 수도 고르노-알타이스크에 도착한다. 사실 고르노-알타이스크는 비이스크시에서 70km 정도밖에 떨어져 있지 않지만, 도로가 2차선이어서 시간이 오래 걸린다. 국내선의 경우 고르노-알타이스크와 모스크바 구간 직항이 있어 관광 시즌 중에는 매일 비행기가 뜬다. 비수기에는 일주일에 두 번 모

알타이공화국의 수도 고르노-알타이스크

자료: 알타이공화국의 수도 고르노-알타이스크는 북쪽 끝 알타이변강주 쪽에 위치해 있다(왼쪽 상단). 왼쪽 위에서 오른쪽 아래로 가로지르는 두 줄 선이 몽골로 넘어가는 M-52 추야 연방국도다(자료: http://russia.auto-maps.com/detailed_administrative_map_of_the_altai_republic/).

스크바행 비행기가 있다. 접근이 어려운데도 불구하고 한국 관광객들이 조금씩 들어온다고 한다. 고르노-알타이스크에서 몽골로 넘어가는 긴 도로가 그 유명한 추야 연방국도다. 572km에 걸친 이 도로는 그 옛날 선사시대부터 역사시대 내내 수많은 문명이 오고갔던 길이며 끊이지 않는 전쟁의 피비린내로 얼룩져 있는 도로다. 그리고 동쪽 몽골 초원지대와 서쪽 유럽 초원지대를 연결하는 길이기도 하다. 이 길을 따라 알타이의 자연과 문화를 호흡해 보면 좋을 것이다.

▎2018년 7월 16일 제485호

러시아 극동·시베리아 콜리마대로
야쿠츠크-마가단 학술탐사

강덕수 | 한국외국어대학교 부총장·러시아연구소 소장

탐사 취지

콜리마대로는 사하공화국의 수도인 야쿠츠크에서 마가단에 이르는 2032km의 길을 말한다. 이 대로는 사하공화국 야쿠츠크 외곽 니즈니 베스탸흐에서 시작해 한디가와 톰토르, 우스티-네라를 거쳐 마가단주 수수만과 야고드노예, 팔라트카를 관통해 오호츠크해를 끼고 있는 마가단시까지 길게 이어진다.

한국외국어대학교 러시아연구소는 2017년 7월 2주간 시베리아 레나강 탐사를 수행한 바 있다. 2018년 7월 26일부터 8월 2일까지는 콜리마대로 탐사를 진행했는데, 이 탐사의 목적은 콜리마대로를 자동차로 관통하면서 이 지역의 역사적·지리적·정치경제적 의미를 짚어보고, 소수민족의 삶을 문화인류학적 관점에서 살펴보는 것이었다.

콜리마대로는 소련 시절 스탈린에 의해 건설되었다. 이 건설에 정치

범 수백만 명이 동원되어 희생되었다. 바를람 샬라모프의『콜리마 이야기』로 잘 알려진 이 지역을 방문해 역사의 현장을 확인하는 것이 첫째 의도였다. 콜리마대로에 아로새겨진 스탈린 시대의 정치적 박해를 기억하는 문제는 소련 붕괴 이후 러시아의 정체성을 확립하는 과정에서도 절대 빼놓을 수 없는 요소이기 때문이다. 야쿠티야에서 마가단까지 이어지는 이 지역은 러시아의 주요 광물자원 산지일 뿐 아니라 커다란 교통물류 줄기 가운데 하나이기도 하다. 이 지역을 둘러봄으로써 이곳의 경제적 전망과 물류 관통로로서의 가치를 가늠해 볼 수 있을 것이다.

문화인류학적으로 이 지역이 중요한 이유는 콜리마대로가 관통하는 극동·시베리아에 야쿠트인과 에벤키인, 에벤인, 코랴크인, 축치인, 에스키모인 등 수많은 소수민족이 러시아인과 공존하고 있다는 사실에서 찾을 수 있다. 야쿠츠크는 인구 35만 명에 이르는 대도시로, 주로 야쿠트인을 중심으로 발전하고 있고 이들에 관한 삶도 비교적 잘 알려져 있다. 하지만 콜리마대로를 따라 극동·시베리아 산간벽지에 흩어진 다양한 소수민족의 삶에 대해선 연구되거나 알려진 바가 많지 않다.

끝으로 지정학적인 관점에서도 이 지역은 한국과 러시아 간의 다양한 교류·협력 무대로서 일정한 의미가 있을 것이다.

한국외국어대학교 러시아연구소의 콜리마대로 학술탐사는 이처럼 큰 의미가 있는 역사적 현장을 직접 방문해 다양한 각도에서 살펴보고 오늘날의 의미를 조명하기 위해 기획되었다.

탐사 의의

극동·시베리아 콜리마대로 학술탐사의 의미는 한국에서는 처음으로

▌ 한국외대 러시아연구소 콜리마대로 학술탐사단(자료: 한국외대 러시아연구소).

시도되었고, 러시아를 포함해 전 세계에 걸쳐서도 찾아보기 매우 드문 탐사 기획이라는 데 있다. 한국외국어대학교 러시아연구소와 한국해양 수산개발원이 공동으로 러시아 북동연방대학교의 협조를 얻어 독자적 인 관점과 계획 속에서 콜리마대로를 둘러싼 극동·시베리아 지역의 역 사적·문화적·경제적 변화 양상을 직접 자세히 관찰하고 조사했다. 탐사 대원들은 콜리마대로를 직접 달리면서, 자원개발과 교통물류, 소수민족 과 정치박해 등 현대 러시아 역사와 사회를 관통하는 여러 가지 핵심 주 제와 문제를 현지 원주민과 행정 책임자, 교육자들을 만나 인터뷰하는 한편 현재 상황을 확인함으로써 한국 학계에서의 러시아 연구 방법과 실 제에 새로운 지평을 열었다.

탐사 내용

탐사 지역은 사하공화국(야쿠티야) 수도 야쿠츠크 외곽 니즈니 베스챠흐에서 시작해 오호츠크해를 품고 있는 마가단주의 수도 마가단시까지 2032km와 에벤인의 거점인 야쿠티야 톰토르와 마가단 올라군이 포함된 300km 등 콜리마대로 2300km를 관통했다. 탐사 내용은 주로 1930년대 스탈린 시대부터 현재까지 극동·시베리아의 자연자원 개발, 야쿠트인에서부터 에벤인까지 시베리아 소수민족의 언어와 문화, 스탈린의 정치적 박해와 '굴라크'로 불리는 강제노동수용소가 남긴 유산, 콜리마대로의 오호츠크해 관문으로 불리는 마가단을 중심으로 한 극동 지역 교통물류 현황 등에 대한 조사로 이루어졌다. 이 과정에서 콜리마대로의 주요 거점 지역들을 직접 방문해 소련 붕괴 이후 콜리마대로 각 지역의 경제적·사회문화적 변화와 그 의미를 살펴보았다.

레나강을 건너면서 제일 먼저 물류 기지로서의 니즈니 베스챠흐의 전략적 중요성을 확인하고, 탓타군을 지나면서는 사하공화국 최초의 여성학자 옥사나 나자레카의 기념비를 보면서 데카브리스트 등 러시아 정치범들이 이 지역에 끼친 계몽적 영향을 확인했다.

콜리마대로에서 톰토르 방향으로 100km 이상 떨어진 곳에 있는 '죽음의 호수'에서는 콜리마대로 건설 중에 겪었을 정치범들의 희생에 숙연히 묵념을 올리기도 했다. 콜리마대로를 건설하는 중에 희생된 사람들의 시신은 그대로 이 호수에 수장되었다. 그로부터 80여 년이 지난 지금도 이 호수에는 고기가 살지 못한다. 오이먀콘군의 중심지인 우스티-네라에서는 부군수가 직접 나와 브리핑을 하고 많은 질문에 답변해 주었다. 이 도시에서는 페레스트로이카 이후 러시아인 기술자들이 떠난 공백을 아직 메우지 못한 채 쇠락의 길을 막고자 안간힘을 쓰고 있는 모습을 확인할 수 있었다. 우스티-네라에서 가장 큰 쇼핑센터를 20년째 운영하는 조선족 김운일 씨를 만난 것도 큰 수확이었다.

수수만을 거처 당도한 팔라트카라는 도시에선 미국의 소도시를 보는 듯한 환상에 빠지기도 했다. 분수의 거리로 알려진 도시답게 디자인이 다양한 분수들이 저녁노을에 아름답게 물을 뿜고 있었다. 이 광경은 수수만, 야고드노예를 거치며 보았던 버려진 마을들에 대한 슬픈 장면들과 겹치면서 무엇이 진실인지 혼란스럽기도 했다. 팔라트카에서 마가단까지 이어지는 100km 이상의 길은 아스팔트 포장도로였다. 밤 10시가 넘어 마가단 시내 호텔에 여장을 풀었다. 그 시간에 저녁을 먹을 곳은 한 군데밖에 없었다. 토로 그릴이라는 레스토랑이었다. 남녀 청춘들이 어울려 큰 소리로 떠들며 왁자지껄하는 게 유럽의 펍에 온 기분이었다. 밥값도 싸지 않았다. 마가단 방문 첫째 날 밤은 우리 일행을 또다시 혼란스럽게 만들었다.

둘째 날에는 알렉산드르 두드니크 마가단 시청 홍보과장과 관광 가이드의 친절한 안내로 시청을 방문하고, '애도의 가면' 기념비를 방문했다. 이 기념비는 콜리마대로 건설에 동원되어 희생된 정치박해 희생자들을 위로하고 기념하기 위해 1996년 에른스트 네이즈베스트니의 설계로 만들어져 마가단에서 제일 높은 언덕에 세워졌다.

마지막 날에는 올라군의 에벤 박물관과 에벤어 학교를 방문했다. 에벤 소수민족 문화와 언어를 지키려고 애쓰는 교사들의 노력이 눈물겨웠다. 끝으로 1929년 마가단 건설이 시작된 지점으로서 마가단을 대표하는 명소 가운데 하나인 나가에프만과 항구를 방문해 어업과 물류 기지로서의 마가단 항구의 현황도 살펴보았다.

8일에 걸친 콜리마대로 탐사에서 우리는 네 개의 강을 건넜다. 바로 레나강과 알단강, 인디기르카강, 콜리마강이었다. 강을 건널 때마다 바뀌는 자연환경과 식생의 차이는 그 방면에 문외한이라도 뚜렷이 알아차릴 수 있었다. 또한 혹독한 자연환경 속에서 나름대로 독특한 문화를 일구고 살아온 소수민족들의 강인함이 놀라웠다. 다른 한편으로 문명이라는 이름으로 이들 소수민족의 문화가 사라지거나 쇠락하고 있는 데 대해 연민을 감출 수 없었다. 인간은 누구나 소중하듯 이들의 문화도 존중되어야 할 것이다. 세계 10대 경제 대국이 된 대한민국이 시베리아 지역 소수민족들의 문화와 언어의 지속가능성에 관심을 가질 순 없을까?

밤마다 탐사대는 아무리 늦은 시각이더라도 하루를 마감하는 회의를 열었다. 탐사 하루의 일정을 되돌아보며 우리가 무엇을 더 보아야 하는지 논의했다. 2017년과 비교할 때 일정은 짧았지만 조건은 더 열악했다. 레나강 연안 지역은 생활 조건으로나 문화적으로 풍족했다. 자연환경도 평탄한 대지에 방목하기 좋은 지형이었다. 오호츠크해 쪽의 콜리마 지역은 베르호얀스크산맥과 체르키스산맥으로 둘러싸인 고지대 산악지역이다. 주거 조건도 나빠 마가단에 오기 전까지는 잠자리가 늘 불편했다. 그래도 모두가 행복했다. 우리의 탐사가 단순히 지정학적 이해관계를 넘어서 인류에 대한 보편적 기여를 끌어내는 시발점이 될 수 있으리라는 확신을 공유할 수 있었기 때문이다. 이는 바로 한국외대 러시아연구소가 지난 9년간 수행해 온 '러시아연방 인문공간에 대한 한국적 재해석'의 대미를 장식할 것이다.

▎2018년 8월 13일 제489호

예니세이 시베리아의 중심지,
크라스노야르스크는 변신 중

라승도 | 한국외국어대학교 러시아연구소 HK연구교수

2018년 9월 13일, 소련 최초이자 마지막 대통령이던 미하일 고르바초프는 모스크바에서 냉전 종결을 위해서 고군분투한 이야기를 담은 저서 『변화하는 세계에서』를 출간한 후 앞으로 이 세계에서 러시아의 역할이 중대해질 것이라고 밝혔다. 그러나 이날 고르바초프의 신간 소개 소식은 러시아 언론에서 간단하게 보도되었을 뿐 예전처럼 세계적으로 큰 뉴스거리가 되지는 못했다. 고르바초프가 1985년에서 1991년까지 소련 공산당 서기장에 이어 대통령으로 재임하면서 탈냉전을 이끌었음을 생각하면 격세지감이 들지 않을 수 없다.

당시 고르바초프의 거침없는 행보는 세계인의 이목을 사로잡기에 충분했다. 예를 들면, 지금부터 30년 전인 1988년 9월 12~16일 닷새 동안 그는 시베리아의 대표 도시 크라스노야르스크를 방문하고 소련의 대아시아 외교정책에서 새로운 방향을 제시해 전 세계로부터 비상한 관심을 끌었다. 그는 특히 아시아·태평양 지역에서 핵무기 동결과 군사력 감축을 위한 다자 협상 개최를 제안하는 등 아태지역 안보를 증진하고 협력을 강화하는 평화안을 7개 항에 걸쳐 발표했다. 이는 고르바초프가 새로운 지도자로 소련 국내외 정치 전면에 등장한 이후 '페레스트로이카', '글라스노스트'와 함께 널리 회자된 '신사고'를 외교정책 분야에서 구체적으로 펼쳐 보인 중요한 행보 가운데 하나로 평가되었다.

이와 함께 고르바초프는 아태지역 국가들과의 경제 협력도 언급했는데, 한국과 소련의 경협 가능성도 여기에 포함되어 있어 우리나라에서도 특별한 관심을 끌었다. 이른바 '크라스노야르스크 선언'은 2년 뒤인 1990년 9월 30일 역사적인 한·소 수교로 결실을 맺은 한국의 북방정책 추진에서 중요한 계기로 작용했다. 한편 고르바초프의 역사적인 선언이 소련 외교사에서뿐만 아니라 한·러 관계사에서도 커다란 전환점으로 기록되면서 크라스노야르스크도 당시 국제 뉴스 헤드라인을 장식하며 세계인의 뇌리에 각인되었다. 크라스노야르스크가 전 세계에 자신의 존재감을 제대로 드러낸 것도 바로 이때였을 것이다.

필자는 2018년 8월 20일에서 23일까지 나흘 동안 크라스노야르스크를 방문했는데, 크라스노야르스크는 고르바초프가 새로운 대아시아 외교정책을 발표하는 무대로 세계인의 관심을 끈 지 30년 만에 다시 한 번 세계적 이목을 모으는 중심에 서기 위한 준비에 한창이었다. 크라스노야르스크의 변신은 무엇보다도 2019년 3월 2일부터 12일까지 열리는 제29회 동계 유니버시아드 개최 준비를 중심으로 대대적으로 진행되고 있었다. 크라스노야르스크는 2019년 동계 유니버시아드가 우랄산맥 동쪽에서 러시아 최초로 열리는 국제 스포츠 메가 이벤트인 만큼 성공적인 개최를 위해 심혈을 기울이고 있으며 이를 통해 도시 이미지를 세계적 수준으로 끌어올리려 한다고 밝혔다.

▌크라스노야르스크 시내를 관류하는 예니세이강의 코무날니대교 옆에 설치된 2019년 동계 유니버시아드
　홍보 조형물(자료: 필자 제공).

　　동계 유니버시아드 개최를 앞두고 크라스노야르스크의 도시 이미지
를 향상시키려는 노력은 2017년 말 새롭게 문을 연 국제공항 청사에서
부터 분명하게 느낄 수 있었다. 크라스노야르스크 신공항은 앞으로 5개
월여 후 세계 각국에서 찾아올 외국 선수단과 손님들을 맞이하기에 손색
이 없을 정도로 현대식 시설을 갖추고 있었다. 게다가 이곳은 크라스노
야르스크가 '예니세이 시베리아'의 중심지임을 알리는 이미지들로 가득
장식되어 있었다. 가령 공항 청사 실내 1층과 2층 사이에 설치된 대형 전
광판에서는 크라스노야르스크를 남북으로 관류하는 예니세이강을 중심
으로 시베리아의 다채로운 모습이 끊임없이 펼쳐지면서 북극권까지 아
우르는 이곳의 독특한 지역 정체성이 강조되고 있었다. 전광판에서 쏟
아지는 홍보 이미지를 보면 크라스노야르스크는 '예니세이 시베리아'의

지역 정체성을 글로벌 차원에서 새롭게 정립하고자 하는 것 같았다. 다시 말해 세계와 적극적으로 소통하는 지역으로 탈바꿈하려는 의지가 돋보였다.

시베리아 도시에서 글로벌 도시로 변신하려는 크라스노야르스크의 노력은 시내 곳곳에서 이루어지고 있는 도시 환경 정비 사업에서도 확실하게 알 수 있었다. 시내 주요 거리와 광장, 공원 등에서 대규모 보수정비 작업이 이루어지고 있었는데, 이 작업의 일차 목적은 시민들에게 편안하고 산뜻한 도시 환경을 조성해 주는 것이다. 이와 동시에 글로벌 수준의 현대적 도시 이미지를 창조하는 것도 크라스노야르스크가 추진하는 도시 정비 사업에서 중요한 부분을 차지한다. 요컨대 세계적 차원으로 도시 이미지를 향상하기 위해 크라스노야르스크가 기울이는 노력의 핵심은 도시 공간과 풍경의 재구성에서 찾을 수 있다.

그러나 첨단 시설 구축과 함께 산뜻한 공간 풍경을 조성한다고 해서 크라스노야르스크의 도시 이미지를 세계적 수준으로 단숨에 끌어올리지는 못한다. 크라스노야르스크가 당면한 눈에 보이지 않는 각종 사회적 문제와 이 도시를 좀먹고 있는 심각한 대기오염 문제를 뒷전으로 감추거나 미루면서 당장 눈에 보이는 곳만 보기 좋게 바꾸는 것은 크라스노야르스크의 도시 현대화를 오히려 방해한다. '예니세이 시베리아'를 대표하는 크라스노야르스크가 세계인의 관심과 사랑을 한 몸에 받는 진정한 국제도시로 탈바꿈하려면 환경오염 등 다른 중요한 문제들까지 해결하려는 노력이 함께 뒷받침되어야 할 것이다.

❚ 2018년 9월 17일 제494호

러시아 북극권 에벤인 마을, 쿠베르가냐를 가다

김현진 | 한국외국어대학교 국제지역대학원 러시아·CIS학과 석사과정

필자는 극지연구소가 지원하는 '2018 우수 미래 극지 연구자 국외 교육 프로그램'에 선발되어 2018년 8월 3일부터 20일까지 국제 극지 여름 현지 조사에 다녀왔다. 현지 조사는 러시아 사하공화국 북부의 아비스키 지구에 있는 에벤인 마을 쿠베르가냐에서 진행되었다. 쿠베르가냐는 북위 67도 46분 선에 걸쳐 있는 북극권의 작은 마을이고 주민 수는 약 470명이다. 현지 조사 프로그램은 쿠베르가냐에서 에벤 언어와 문화, 생활상을 경험해 러시아 북극 지역 소수민족에 대한 관심을 촉구하고 북극 지역 자연환경과 원주민의 문화 보존 실태를 확인하는 것을 목적으로 구성되었다.

2018년도 국제 극지 여름 현지 조사는 사하공화국 수도 야쿠츠크에 있는 러시아 북동연방대학교가 주최했다. 북동연방대학교는 북극권 국제 대학 협력 기관인 유아르크틱(University of the Arctic: UArctic)의 일원으로 러시아 북극 지역으로는 최초로 현지 조사 프로그램을 시행했다.

▎쿠베르가냐 마을 주민들의 환영식 장면(자료: 필자 제공).

필자를 포함해 캐나다, 스위스, 스웨덴 출신의 연구자와 러시아 사하공화국 출신 통역대학원생이 프로그램에 참여했고 안토니나 비노쿠로바 북동연방대학교 언어학 교수가 현지 조사를 이끌었다.

인디기르카강, 벨라야 고라와 쿠베르가냐를 잇다

야쿠츠크에서 출발해 세 시간에 걸친 비행을 마치고 벨라야 고라에 도착했다. 벨라야 고라는 주민 2000여 명이 사는 작은 마을이지만, 아비스키 지구의 여섯 개 마을을 연결하는 중심지다. 낡은 여객기에서 탑승 계단을 따라 육지에 발을 내디뎠다. 하루살이와 모기떼들이 숨을 쉬기 힘들 정도로 달려들었다. 기온은 15~22도로 선선했다.

다음날 이른 아침 벨라야 고라 선착장에는 20여 명 탈 수 있는 작은 여객선이 기다리고 있었다. 우리의 최종 목적지인 쿠베르가냐 마을을 향해 인디기르카강을 따라 170km를 이동하는 여정이 시작되었다. 강

좌우로 타이가 침엽수림이 끝없이 펼쳐졌다. 인디기르카강은 북극해로 흘러 들어가는 여러 강 가운데 하나로 유속이 상당히 빠르다. 야나강과 콜리마강 사이로 흐르는 인디기르카강의 총 길이는 1726km에 달한다.

쿠베르가냐에서 벨라야 고라까지 인디키르카강을 따라 배로 이동할 수 있는 기간은 6월부터 9월 초까지 단 3개월뿐이다. 9월 말부터 12월 말까지는 인디기르카강을 이용할 수 없다. 이 시기에 쿠베르가냐 마을은 완전히 고립된다. 영하 40~50도를 오르내리는 1월부터 5월까지는 얼어붙은 강을 따라 스키 썰매를 타고 이동한다. 계절에 따라 변모하는 인디기르카강은 쿠베르가냐 사람들에게 외부와의 연결이자 단절이며 삶의 터전이자 경외의 대상이다.

14시간에 걸친 기나긴 여정이 끝나가고 있었다. 푸른 침엽수림 사이로 작은 마을이 보였다. 쿠베르가냐 마을 주민들이 전통의상을 차려입고 현지 조사 참가자들을 환영했다. 마을 어르신이 불을 피우며 의식을 치르자 마을 사람들이 참가자들의 손을 잡고 둥글게 둘러쌌다. '헤데(Heedje)'라고 불리는 단체 원무를 추기 시작했다. 우리나라의 강강술래와 유사한데 여러 사람이 손을 잡고 원을 그리며 추는 춤이다. 주도자가 에벤어로 어떤 말을 외치면 다른 사람들이 따라했고, 느린 장단에서 빠른 장단으로 다 같이 맞추어 춤을 추었다. 마을 입구에는 솟대를 연상시키는 야쿠트 전통의 나무 장대가 세워져 있었다. 수만 리 떨어진 이국땅에서 한국의 전통문화와 유사한 문화가 숨 쉬고 있었다.

세계 원주민의 날, 에벤 문화를 만나다

8월 9일은 세계 원주민의 날이다. 1994년 UN이 전 세계 토착 원주민의 권리를 보호하고 고유문화와 생활양식을 보존하기 위해 결의안을 채택해 지정한 국제 기념일이다. 해마다 8월 9일이면 다양한 토착 원주민이 고유문화를 기념하는 행사를 진행한다. 러시아를 포함해 노르웨이, 핀란드, 스웨덴, 덴마크(그린란드), 아이슬란드, 캐나다, 미국(알래스카) 등 북극 지역에는 수많은 토착 원주민이 살고 있다. 러시아 북극 지역에는 네네츠, 축치, 에벤, 에벤키 등 다양한 소수민족이 거주한다. 하지만 이들의 수는 해마다 줄어들고 있다. 필자가 탐방한 쿠베르가냐에는 100~150명의 에벤인 혹은 에벤인 자손이 살고 있었다.

2018년 8월 9일 쿠베르가냐에서는 세계 원주민의 날을 맞이해 에벤 전통문화를 기념하는 행사가 열렸다. 마을 사람들이 모두 전통 복장을 입고 행사에 참석했다. 행사는 강변에서 네 개의 에벤 집안이 서로 경쟁하는 방식으로 진행되었다. 각 집안의 텐트 안에는 순록 뿔이 매달려 있었고 순록, 무스, 곰 등 동물의 털과 가죽으로 만든 부츠와 겉옷, 사냥과 낚시 도구 등이 걸려 있었다.

낚시 경연과 생선 요리 경연, 카누 경기가 이어졌다. 행사는 소박하고 자유로웠고 위계나 차별 없이 마을 사람 모두가 참여하며 즐겼다. 행사 후에는 마을 문화센터에서 공연이 열렸다. 연기자들은 음악에 맞추어 강과 바람, 순록, 곰, 백조, 늑대, 낚시, 사냥, 바느질 등 다양한 자연물과 일상의 동작을 춤으로 표현했다. 쿠베르가냐 주민의 생활 방식과 자연을 존중하는 태도를 느낄 수 있는 시간이었다.

북극은 춥지만 북극 주민은 따뜻하다

현지 조사 참가자들은 쿠베르가냐를 공식 방문한 최초의 외국인이었다. 어디서든 카메라 세례를 받았는데 특히 한국인에 대한 관심이 상당히 많았다. 쿠베르가냐에는 외지인을 위한 숙소가 없어 참가자들은 마을에서 유일한 학교인 마이오르스카야 중급 학교에 특별히 마련된 교실에서 생활했다. 모든 식사는 학교 1층의 식당에 준비되었고 마을 주민들이 참가자들을 위해 음식 재료를 제공했다. 마을에서는 누구든 서로 반갑게 인사했고, 아이들에게는 온 마을이 놀이터였다.

쿠베르가냐의 에벤인들은 과거 순록 유목민들이었다. 정착 생활을 하면서 여름에는 농사를 짓고 겨울에는 순록을 방목하며 살았다. 1930년대 시베리아에서 자원 개발이 본격적으로 이루어지면서 많은 러시아인과 야쿠트인이 강제이주로 쿠베르가냐에 살기 시작했다. 마을에는 석탄 발전소와 버려진 여우 농장이 있었다. 에벤어는 1991년 소련이 해체되고 나서야 학교에서 가르칠 수 있었다. 소련의 역사와 함께 쿠베르가냐의 정체성도 변화했다.

마을은 공식적으로 러시아어와 야쿠트어, 에벤어 세 가지 언어를 사용했다. 에벤어를 구사할 줄 아는 주민은 많지 않았다. 하지만 에벤 문화를 전파하고 보존해야 한다는 책임감과 문화에 대한 자부심은 상당히 높았다. 그래서 에벤어를 위한 학교 교육이 체계적으로 구성되어 있었고 에벤어를 교육하는 교사들은 열정이 넘쳤다.

마을 주민들은 소수민족 보호를 위한 국가 정책의 일환으로 정부 지원금을 받고 있으며, 학교에서 일하거나 낚시와 농사, 마소 방목, 겨울철 순록 방목 등으로 경제 활동을 하고 있었다. 이곳에도 인터넷과 텔레비전 케이블이 집마다 연결되어 있었다. 하지만 인터넷은 너무 느려서 거의 사용할 수 없었다. 이들은 태양열과 석탄 발전으로 에너지를 생산하고 있었다. 마을 여성 한 명에게 북극의 겨울을 어떻게 보내는지 묻자 그녀는 "북극은 춥지만 북극 주민은 따뜻하다. 우리는 서로 돕고 관심을 기울인다"라고 대답했다.

쿠베르가냐에 북극의 미래를 묻다

2주에 걸쳐 현지 조사 프로그램이 진행되는 동안 에벤 언어와 문화 강의를 포함해 자연 탐사, 민속춤, 악기, 낚시, 사냥, 의상, 장신구, 예술, 교육, 요리, 스포츠와 관련한 마스터 클래스가 10여 개 열렸다. 사냥과 낚시, 말과 소, 순록을 방목하는 생활상에서 삶의 지혜와 자연에 대한 존중을 확인할 수 있었다. 자연 곳곳에서 의미를 찾아 예술 활동에 활용했고, 소소한 예술 활동을 통해 일상을 풍부하게 했다. 청년 중에는 작가도 있었고 안무가도 있었으며 에벤 전통 의상 디자이너도 있었다.

현지 조사 참가자들은 북극 개발과 기후 변화, 기술의 발전이 쿠베르가냐 에벤 공동체에 미칠 영향에 대해 우려했다. 한 학생은 2011년 즈음에는 마을 뒤편에 있는 영구동토가 녹으며 지진처럼 토대가 흔들렸고 땅이 2m 60cm나 내려앉았다면서 그때 생겨난 늪을 가리켰다. 기후 변화에 관해 어떻게 생각하는지 그에게 묻자 "기후 변화는 벌써 도래했다. 최근 겨울 평균 기온이 영하 30도에서 영하 15도로 상승했다. 북극 주민들은 기후 변화를 더 쉽게 느낀다"라고 대답했다.

마을 주민과의 인터뷰 자리에서 인터넷과 같은 기술 발전이 에벤 공동체의 문화 보존에 도움이 될지 물었다. 학생들은 인터넷을 통해 다양한 세상 문물을 배울 수 있다며 반겼고, 일부 주민은 컴퓨터 게임이나 다른 영상 매체에만 매달리게 만들어 에벤 문화를 잃을 거라며 우려했다.

쿠베르가냐 학생들에게 대학에 가고 싶은지 물었다. 학생 대다수는

▌ 케이팝 걸그룹 블랙핑크의 「뚜두뚜두」 안무에 맞춰 춤을 추는 에벤 여학생들(자료: 필자 제공).

대학에 가고 싶어 했고 에벤어보다 러시아어와 영어를 공부하고 싶다고 말했다. 어떤 학생들은 한국어를 배우고 싶다며 케이팝 걸그룹 블랙핑크의 「뚜두뚜」 안무에 맞춰 춤을 추어 보였다. 쿠베르가냐의 청년들은 개인의 선택과 문화 보존 사이에서 심각한 고민에 빠져 있었다.

쿠베르가냐를 방문하기 전 필자에게 북극은 석유와 가스, 광물자원을 품고 있는 보물 창고로 인식되었다. 그와 동시에 불모지로 인식되기도 했다. 적어도 사람이 살 만한 곳은 아니었다. 북극 지역에 수많은 문화와 언어가 숨 쉬고 있다거나 인류의 전통을 지키고 자연과 조화를 이루는 생활 방식을 보존하는 사람들이 산다고 배운 적은 한 번도 없었고, 지속 가능한 개발의 의미도 가슴에 와 닿지 않았다. 하지만 현지 조사를 통해 참가자들과 토의하고 마을 주민과 생활하면서 북극 지역에 대한 인식을 개선하기 위해 노력해야 한다는 생각이 들었다.

북극을 인류 공동체가 함께 지켜야 할 공동의 공간으로 지속하기 위해 생태 환경과 원주민의 권리를 보호하는 일을 순진하고 어리석은 생각으로 치부해서는 안 된다. 그것은 적어도 수천만 년간 북극을 보존해 준 선조와 자연에 대한 예의이자, 문화와 생태계의 다양성과 함께 삶의 가치마저 잃어가는 현세대를 위한 본보기이며, 무분별한 개발로 인해 부정적인 영향을 받을 미래 세대를 위한 배려다.

▌2018년 10월 1일 제496호

바이칼호수 올혼섬에서 만난 시베리아 샤머니즘과 부랴트 민족

이채문 | 경북대학교 사회학과 교수

시베리아횡단철도(TSR)를 타고 바이칼호수와 올혼섬에 다녀온 지 벌써 4개월이 지났다. 그런데도 여전히 세계 최대 담수호이자 청정 호수인 바이칼호수의 올혼섬이 뇌리에 남아 있는 이유가 무엇일까? 어린 시절 시골 동네 서낭당에 둘러친 새끼줄에 알록달록한 헝겊을 매어놓은 것을 본 일이 있다. 한국에서 선박과 열차를 타고 8일 만에 올혼섬을 찾은 것은 바로 그런 나 자신의 과거로 돌아가는 여행이기도 했고, 자연으로의 회귀이기도 했다. 또한 올혼섬으로 들어가는 바이칼호의 선착장에서 내려 먼지가 풀풀 나는 험난한 비포장도로를 자동차로 달려 광활한 초원을 가로지르는 것은 바로 휴대폰으로 상징되는 디지털 세계에서 벗어나 아날로그 시대로 되돌아가는 순간이기도 했다. 필자의 시베리아 바이칼 지역 답사는 한민족 문화의 흔적을 직접 눈으로 확인하려는 시도였다.

한민족의 기원에 관해서는 다양한 이론이 존재한다. 그중 남방 기원설은 한민족의 문화적 기원을 남방 해양문화권의 다양한 요인으로 설명하고 있으며, 토착문화 기원설은 한민족의 문화가 외부에서 연유했다고 보기보다는 한반도 내에서 구석기나 신석기, 청동기 같은 단계를 거쳐 자체적으로 형성된 내부 문화를 좀 더 중시한다고 볼 수 있다.

한편 한민족 문화의 북방 기원설은 민족의 기원이 한반도 내부보다는 외부에서 연유했다고 보는 이론으로, 빙하기가 절정에 달한 시기에 히말라야산맥 이북 지역에 거주하던 인류가 대부분 멸종했지만 북방의 일부 지역, 즉 알타이산맥이나 바이칼호수 주변에서 거주하던 사람들 중 일부가 기후 변화로 말미암아 만주를 거쳐 한반도까지 내려오게 되었다고 본다. 이를 뒷받침해 주는 중요한 근거 사례로는 알타이나 바이칼 지역 몽골인에게서 발견되는 몽고점이 한민족의 체형에서도 나타난다거나 이 지역의 혹독한 추위를 견디기 위해 눈꺼풀이 이중으로 되어 있다는 것 등을 들 수 있다.

이러한 한민족의 흔적을 찾기 위한 방법의 하나로 바이칼호수의 신성한 섬으로 알려진 올혼섬과 이곳의 샤머니즘 흔적이 비교적 잘 보존된 것으로 알려진 부랴트족의 우스트오르다 마을을 찾아서 부랴트족 샤머니즘의 박물관과 실제 샤먼이 거행하는 의식을 직접 관찰했다.

올혼섬은 바이칼호수에서 가장 큰 섬으로 주로 부랴트족이 거주하고 있는데, 시베리아 샤머니즘의 성지로 알려져 있다. 올혼(Olkhon) 또는 알혼이라는 섬의 명칭과 관련해서 '수목이 우거진'을 뜻하는 '오이혼(oyhon)'에서 연유했다는 설과 '메마른'을 뜻하는 '올한(olhan)'에서 유래했다는 설이 있다. 실제로 올혼섬은 대부분 수목으로 덮여 있으며, 연중 강우량이 240mm 정도에 지나지 않을 정도로 메마른 지역이다.

올혼섬에는 마을이 여러 곳 있는데, 그중에서 가장 큰 마을이 후지르 마을이다. 후지르 마을 바로 인근에는 부르칸 바위(또는 샤먼 바위)가 있

우스트오르다 마을의 부랴트족 샤먼이
의식을 행하는 모습(자료: 필자 제공).

어 더 유명하기도 하다. 부르칸 바위는 두 개의 흰색 대리석 바위로 이루
어져 있으며 바위 속에는 동굴이 있어 그곳에서 부랴트 무당들이 제사와
다양한 종교의식을 거행한다. 동굴 속에는 올혼섬의 영적 지배자로 알
려진 우구테-노이온이 살고 있다고 아주 오래 전부터 믿어 왔으며, 이
지배자는 바이칼호수에서 가장 신성한 신으로 간주되어 왔다. 올혼섬에
거주하는 부랴트족들에게 이 샤먼 바위에 대한 믿음은 거의 절대적이어
서 마차를 타고 샤먼 바위 곁을 지나가는 것은 절대 허용되지 않았는데,
다만 소리가 나지 않도록 말발굽에 헝겊을 감거나 썰매를 타고만 지나갈
수 있었다. 그리고 부족 구성원 누군가가 사망하면 부족 구성원들은 일
정 기간 이 바위 곁에 접근하는 것이 금지되었다.

　일반적으로 한국이나 시베리아에서 무당이나 샤먼은 원시 공동체에
서 점복, 질병 치유, 제사 의식 등을 주재하는 제사장 역할을 담당한다.
한국의 무속신앙에서도 유사하게 무당이라는 매개자를 통해 인간과 신
령의 만남이 이루어졌으며 다양한 세속적인 문제를 해결하려고 했다.

무당을 통해 인간 세상과 천신의 만남을 의미하는 엑스터시가 진행된다고 믿어 왔는데, 이는 굿을 통한 신들림의 형태로 나타났다. 다시 말해 무당의 신들림을 통해 영혼이 지상과 천상을 오간다고 믿어 왔다. 시베리아의 샤머니즘에서도 유사한 의식이 전해져 온다. 부랴트 민족의 샤먼은 천상계나 지하계로 영적 여행을 하면서 신들과의 만남에서 주체가 되는데, 다만 시베리아의 샤머니즘에서는 샤먼이 신들림을 경험할 때 도와주는 역할을 하는 보조령(補助靈)이 필요하다고 본다. 예를 들어, 동물이 보조령이 될 때는 엑스터시 상태의 샤먼이 동물의 소리나 흉내를 내는 것으로 알려져 있다. 학계에서는 이런 보조령의 유무가 시베리아 샤머니즘과 한국 무속신앙 간의 차이를 보여준다는 견해를 제시하기도 한다.

시베리아의 샤먼과 한국의 무당이 의식을 행할 때 착용하는 복식도 중요한 관심 사항이다. 왜냐하면 이 복식의 차이점과 유사점은 한국 민속신앙과 시베리아 샤머니즘의 관계를 입증하는 데 매우 중요한 역할을 담당하기 때문이다.

일반적으로 한국의 무당과 시베리아의 샤먼은 의식을 행할 때 특별한 복장을 하고 각종 장신구도 착용한다. 이런 점에서 한국 무당과 시베리아 샤먼은 서로 비슷하다. 그러나 세부적인 복식 형태는 여러 가지 차이점을 보여주고 있다. 한국의 무당은 남색과 홍색 치마를 주로 착용하며 머리에는 고깔이나 갓 등으로 다양하게 치장한다. 또 방울이나 부채도 무당이 주로 사용하는 장신구로 간주된다. 한편 시베리아의 샤머니즘에서는 순록 가죽으로 된 모자를 착용하며, 해골 형태의 무늬나 헝겊을 붙이고 길이가 다리까지 내려오는 상의인 튜닉을 착용한다. 해골 형태는 샤먼의 죽음을 의미한다고 알려져 있는데, 이는 영원의 세계에 이르기

■ 샤먼 바위 근처에 서 있는
세르게(자료: 필자 제공).

위해 일시적으로 죽어서 살은 썩지만 그 뼈는 썩지 않고 남아서 재생을
한다고 믿기 때문이다.

오늘날 디지털 문화의 소용돌이 속에도 부랴트족의 샤머니즘 의식은
여전히 현지 주민들의 마음속에 깊이 간직되고 있고, 일상생활에서도
이들의 믿음이 향하는 곳은 적지 않다. 예를 들어 말을 묶어놓는 세르게
와 신성한 바위를 일컫는 오보 등을 지나가면서 술을 붓거나 다양한 색
으로 된 리본을 묶어두기도 하고, 심지어 담배와 성냥, 동전을 던지기도
한다. 특히 세르게는 그 옛날 부랴트족에게 하늘과 땅을 연결하는 정신
적인 고리 역할을 수행했는데, 세르게를 보면서 샤머니즘에 대한 부랴
트족의 진정한 믿음을 강하게 느낄 수 있다.

세르게나 오보 등 부랴트족의 일상생활에서는 색상이 다채로운 리본
을 많이 볼 수 있다. 이런 색상은 각각 특별한 의미가 담겨 있다. 예를 들
어, 흰색은 순수함과 청정을 의미하기 때문에 새해에 부랴트족은 흰색

옷을 즐겨 입는다. 푸른색은 조화와 고요함을, 초록색은 변화, 다산, 재생을, 노란색은 부와 풍요함을, 그리고 붉은색은 사랑과 권력, 힘 등을 의미한다.

이처럼 오랜 전통을 지닌 부랴트족 샤머니즘은 소련 시기에 큰 시련에 겪기도 했다. 소련 시기의 반종교 정책에 따라 적지 않은 샤먼이 억압을 당했고, 샤먼 의식도 금지되었다. 그 결과 부랴트족의 일부 샤먼 문화가 소멸하기도 했다. 이로 인해 오늘날 적지 않은 시베리아 샤머니즘이 소련 시기 이후 불교나 기독교의 영향을 많이 받았다. 그러나 수천 년간 이어져 온 샤머니즘 전통을 완전히 제거하는 것은 불가능했고, 부랴트족의 특정 샤머니즘은 일상생활과 언어, 관습에서 여전히 인류의 중요한 유산으로 남아 있다.

국내에서도 1990년대 한·소 수교 이후 한민족의 시원을 바이칼호수 주변에서 찾으려는 시도가 활발하게 전개되어 왔으며, 한국 무속신앙과 시베리아 샤머니즘 간의 관계에 대한 연구도 현재 적잖이 진행되고 있다. 민족의 기원을 밝히려는 이러한 시도는 매우 의미 있는 작업이며, 따라서 향후 시베리아에서의 현지 조사와 후속 연구가 더욱 주목된다고 할 것이다.

▌2018년 11월 12일 제502호

우드무르티야, 펠멘과 AK-47의 고향

김혜진 | 한국외국어대학교 러시아연구소 HK교수

러시아 볼가연방관구에는 타타르스탄과 바시코르토스탄, 추바시, 마리엘, 모르드바, 우드무르트공화국이 모여 있다. 필자는 2014년부터 이들 공화국을 방문하기 시작했으며 마지막 여정은 2018년 8월 우드무르트공화국(우드무르티야)에서 마무리했다. 5일간의 일정에서 필자는 공화국 수도 이젭스크를 비롯해, 과거 러시아 서부에서 시베리아를 지나 중국 국경 인근까지 이어진 육로인 시베리아대로의 교차점이자 숲을 숭배하는 우드무르트인의 성스러운 산 바이구레즈가 위치한 데뵤시 마을을 찾았으며, 우드무르트인의 하위 민족이지만 이슬람을 믿는 베세르먄인이 모여 있는 글라조프시도 방문했다.

우드무르트공화국은 핀-우그르계 민족인 우드무르트인의 고유 영토다. 우드무르트인은 밝은 파란 눈과 창백할 만큼 흰 피부를 갖고 있으며 붉은 머리카락 또는 붉은색에 가까운 갈색 머리카락을 갖고 있다. 이들은 러시아에서 가장 붉은 머리카락을 가진 민족으로 손꼽힌다. 일부 연

구자는 세계에서 가장 붉은 머리카락을 가졌다는 아일랜드인보다 우드무르트인의 머리카락이 더 붉다고 말한다. 오랜 세월에 걸쳐 여러 민족과의 결혼을 통해 붉은 머리카락을 가진 우드무르트인의 수가 줄어들고 있지만, 2012년부터 매년 '붉은 머리카락 페스티벌'이 이젭스크에서 열리고 있는 만큼, 붉은 머리카락은 우드무르트인을 나타내는 인류학적 특징이다. 실제로 공화국 이곳저곳을 다니는 동안 태양이 이글거리는 듯한 붉은 머리카락의 우드무르트인들을 볼 수 있었다.

붉은 머리카락 외에도 우드무르트공화국이 자랑스럽게 내세우는 세 가지가 있다. 바로 펠멘, AK 자동소총, 부라노보 할머니 민속공연단이다. 일반적으로 러시아식 만두라고 알려진 펠멘은 우드무르트어 '펠냔'에서 기원했다. 우드무르트어로 '펠'은 '귀'를, '냔'은 '빵'을 의미한다. 즉, '빵으로 만든 귀'라는 뜻이다. 펠멘이 귀 모양과 닮았다는 데서 유래했다. 우드무르트인은 러시아의 모든 이가 즐겨 먹는 펠멘이 자신들의 전통음식이라는 데 큰 자부심을 느끼고 있다. 공화국에서는 2015년부터 매년 2월 '세계 펠멘의 날' 행사가 열린다. 이 행사는 '우드무르티야는 펠멘의 고향'이라는 하나의 지역 브랜드를 발전시키고 우드무르티야의 이미지와 전통문화를 널리 알리고자 시작되었다. 요리 대회, 요리 강좌, 먹거리 시장 등 여러 프로그램으로 구성된 이 행사는 우드무르트인을 비롯한 많은 이의 관심을 받고 있다.

이젭스크는 오랫동안 러시아의 '무기 수도'로 불렸다. 특히 이즈마시 공장은 칼라시니코프 자동소총 생산지로 유명하다. 사실 이 공장은 이미 제정 러시아 시기부터 무기를 생산하던 곳이었다. 우랄 지역의 제철공장을 경영했던 안드레이 데랴빈이 알렉산드르 1세의 명령을 받아 1807년 이 공장을 설립했다. 데랴빈은 독일과 스웨덴, 덴마크 등에서 수백 명의

■ 이젭스크 무기 제작공을 기념하는 동상(자료: 필자 제공).

무기 제작공과 러시아 여러 지역의 대장장이, 기구 제작공, 선반공 등 장인들을 불러들였다. 나폴레옹 군대에 대항했던 1812년 조국전쟁 시기 바로 이곳에서 러시아 군대를 위한 각종 무기가 집중적으로 생산되었다. 1835년에는 여기서 제작된 무기를 보관하기 위한 특별 병기고(현재 우드무르티야 국립박물관)가 마련되었으며, 최고의 무기 장인들은 황제에게서 특별한 의복을 하사받았다. 가슴 부분에 황금색 선으로 장식된 짙은 초록색 외투, 비단 모자와 장갑, 지팡이로 구성된 황제의 하사품은 이젭스크 무기 장인들의 상징이 되었다. 이후 이곳에서는 모든 종류의 화기가 만들어졌으며, 제2차 세계대전 당시에는 1000만 개 이상의 총을 비롯해 대전차포, 기관총, 연발 권총 등 각종 무기가 생산되었다.

역사적으로 무기 제작 전통을 가진 이곳이 더 유명해진 것은 AK 자동소총 덕분이다. 미하일 칼라시니코프는 제2차 세계대전 참전 당시 부상을 입은 후 자동화기 제작에 전념했는데, 그는 자신이 개발한 소총 모델 AK-47이 1947년 소련군의 표준 소총으로 채택된 후 이젭스크로 이주해 자신의 소총을 본격적으로 생산하기 시작했다. 칼라시니코프는 이 지역 출신이 아니지만, 이젭스크가 갖고 있던 무기 수도로서의 명성을 더 널리 알리는 데 지대한 역할을 담당했다. 그의 이름을 딴 이젭스크의 '칼라시니코프 콘체른'은 오늘날에도 AK 소총을 비롯해 군용과 민간용 무기를 만들고 있으며, 2018년에는 소형 전기차 모델을 선보이기도 했다.

우드무르티야가 러시아에서 또 한 번 주목을 받은 것은 우드무르티야 할머니 민속공연단이 2012년 유로비전에서 2등을 차지하면서다. 공화국 남부 부라노보 마을에서 결성된 이 합창단은 40년 이상의 전통을 자랑하며 러시아와 우드무르티야 민요를 주로 공연해 왔다. 2012년 아제르바이잔 바쿠에서 열린 유로비전에 참가할 당시 단원 평균 나이가 70세였던 이 공연단은 대회에서 2등을 차지하며 많은 주목을 받았다. 탄산음료 스프라이트 광고를 찍을 정도로 큰 인기를 누렸던 이 합창단은 여전히 활발하게 활동하고 있다.

필자가 볼가 지역 공화국들을 다니며 주목한 현상 중 하나는 수도를 중심으로 이루어진 도시 경관의 변화였다. 볼가 지역의 여섯 개 공화국은 튀르크계와 핀-우그르계로 나눠볼 수 있는데, 튀르크계 공화국들과 비교해 핀-우그르계 공화국들(우드무르티야, 마리엘, 모르도비야)은 사회·경제적 수준이 낮은 편이다. 특히 우드무르티야를 제외한 나머지 두 공화국에는 일반 비행기도 운항하지 않았다. 그러나 모르도비야는 수도 사란스크가 2018 월드컵 경기 개최지로 선정되며 대대적인 도시 재건이 이루어졌고, 마리엘공화국의 수도 요시카르-올라는 공화국 수반의 주도로 유럽 도시를 연상시킬 만큼 완전히 새로운 모습으로 탈바꿈했다.

우드무르티야가 세 개의 핀-우그르 공화국 중 사회·경제적 수준이 비교적 높았던 만큼, 마지막 행선지였던 이곳을 방문하기에 앞서 기대가 높았던 것이 사실이다. 그렇지만 필자의 기대와 달리 이곳은 소련 시기에 건설된 주택과 도로, 극장 대부분이 오래된 상태 그대로 남아 있는 등 세 공화국 도시 가운데 가장 낡은 모습이었다. 러시아의 많은 도시가 글로벌 도시로의 도약을 꿈꾸고 있는 오늘날 우드무르티야는 앞으로 어떤 모습으로 거듭날지 자못 궁금하다.

┃ 2018년 12월 3일 제505호

러시아 학술

2019년 열린 러시아 관련 첫 학술회의 '2019년 러시아를 전망한다'

기연수 | 한국외국어대학교 노어과 명예교수·한러교류협회 회장

야구에서 잘 치고 잘 막고 잘 달리는 세 가지 기술에 능한 선수를 삼박자를 갖춘 천부적 재능의 훌륭한 선수라고 한다. 2019년 1월 11일 한국외국어대학교 러시아연구소가 주최한 세미나 '2019년 러시아를 전망한다'는 발표자와 토론자, 사회자, 방청석이 함께 만들어낸, 삼박자가 아닌 사박자가 잘 갖춰진 훌륭한 학술회의였다. 방청석을 포함해 사박자를 이룬 면면을 살펴보면 오늘날 우리나라에서 러시아 관련 연구를 가장 활발히 하는 대표적인 중진 학자, 외교관, 후세대 대학(원)생들임을 한눈에 알 수 있었다.

나라 안팎의 일들이 어려울 때면 나라가 잘 되도록 충고와 비판을 아끼지 않는 충정 어린 글들이 도하의 지면을 장식한다. 특히 요즈음은 국가 대외정책의 난맥상을 지적하면서 '초토외교(焦土外交)', '길 잃은 외교', '북한 챙기느라 4대 강국 놓치는 외교 참사' 같은 말들이 우려스럽게 등장한다. 그러나 문재인 대통령 취임 후 1년 반 동안 한·러 관계만은 외

형상 퍽 양호했다고 할 수 있다. 문 대통령은 취임 후 과거와는 달리 주변 4강 중 가장 먼저 러시아를 방문했고 네 차례에 걸쳐 정상회담을 진행했다. 이 과정에서 러시아와의 경제협력 강화를 위한 '북방 경제협력위원회'를 출범시켰고 '나인 브리지 정책'을 제안했다. 특히 월드컵이 열리고 있던 2018년 6월 러시아를 국빈 방문한 문 대통령은 역사상 최초로 러시아 하원에서 연설하는 등 한·러 관계가 매우 긍정적으로 발전하는 양상을 보였다. 그리고 이러한 분위기는 2019년 상반기로 예상되는 블라디미르 푸틴 러시아 대통령의 방한과 더불어 앞으로도 계속해서 이어질 것으로 보인다. 그렇지만 외교 참사라고까지 평가하지는 않더라도, 왜 오늘날 한·러 관계의 전개 양상이 양국의 실무 전문가·학자 사이에서는 좀처럼 긍정적으로 평가받지 못하고 있고 어떤 면에서는 심지어 폄하되고 있는 것일까?

이에 대한 답을 얻으려면 2019년의 시작과 함께 열린 한국외국어대학교 러시아연구소의 연례보고서 ≪러시아 리포트(Russia Report)≫의 발표회 '2019년 러시아를 전망한다'를 반추해볼 필요가 있다. '푸틴 집권 4기의 야심 찬 출발, 그리고 수많은 난관'(국내 정치, 장세호), '러시아 2018년 경제성과와 2019 경제 전망'(경제 일반, 이종문), '기로에 선 러시아, 굴복할 것인가? 저항할 것인가?'(대외관계, 제성훈·김선래), '선진 강군 자부하며 질적 성장 추진'(군사안보, 김규철), '한·러 관계 회고와 전망: 북핵 문제 해결과 한반도 정착을 위한 한·러 간 전략적 소통 강화'(한·러 관계, 현승수), '축제가 끝나고 난 뒤: 환희와 환멸 사이'(사회문화, 라승도) 등 모두가 나름대로 귀중한 발표이지만 지면상 일일이 다 거론할 수는 없다. 그러나 발표문들(논문 형식도 있었고 보고문 형식도 있었다)에 제시된 의견의 큰 흐름을 꿰시히면 다 옴겨 간다.

우선 장기집권에 돌입한 푸틴 정권의 정치나 경제가 대내적으로는 현상태를 유지하면서 '안정 속에 혁신'을 강조하는 정책을 펼쳐나가리라는 전망이다. 이러한 일반적인 견해에 대해 토론자와 러시아 주재 한국 대사관의 전직 고위 외교관들이 지적하고 비판한 다음과 같은 내용은 매우 귀담아 들어야 한다. 즉, 푸틴 정권은 장기집권에 따른 약간의 반대세력을 무마하면서 현상 유지의 편안하고 느긋한 안정적 정책을 추구하기보다는 훨씬 더 강력한 혁신과 변화를 추구할 것이다. 따라서 그 방향과 내용이 무엇일지 학자들은 면밀히 주시해 학문적 대안을 제시해야 할 것이며, 실무 정책 결정자들은 이를 바탕으로 판단력을 동원해 러시아의 대내 사정을 올바로 이해하도록 노력해야 한다. 또한 대외정책에서는 국제질서가 다극화 시대로 본격적으로 접어들 것이라는 일반적인 예견 속에 러시아는 여전히 미국과는 제한적 협력 관계를 유지하고 중국, 인도와는 양자 협력 관계를 더욱 긴밀히 하며 NATO의 확장, 국제 테러리즘에 대비하는 것이 러시아 외교·안보 정책의 중심축이 될 것이다. 따라서 우리 정부 당국은 이러한 러시아의 대내외적 상황과 정책을 잘 이해해 대러 정책을 수립·수행해야 한다. 그렇지 않으면 이러한 학술회의나 관학 협동을 수행하는 의미가 없을 것이다.

특히 이 회의에서 통일연구원 현승수 박사가 '한·러 관계 회고와 전망'이라는 발표를 통해 분석·주장한 견해는 우리 모두가 특히 경청해야 할 내용이었다. 그의 발표 제목이 말해주듯 이날 학술회의의 근본 취지는 주지하다시피 러시아 전문가·학자들이 다양한 분야와 각도에서 오늘날 러시아의 대내외적인 상황을 분석·점검하고 한·러 관계를 조망함으로써 우리나라의 신북방정책과 러시아의 신동방정책이 전략적 합치점을 찾아 이를 현실화하는 한편, 북핵 문제를 해결하는 데서 러시아의 구체

▮ '2019 러시아를 전망하다' 제2회의에서 통일연구원 현승수 박사(왼쪽에서 둘째)는 한·러 관계에서 경제
로 정치를 보완하는 '이경보정 정책'을 제안했다(자료: 필자 제공).

적인 역할을 끌어낼 방법을 찾는 것이었다. 소련 붕괴 후 오늘날 러시아
는 국제무대에서 옛 소련만큼은 아니지만 그 영향력을 회복해 대미·대
세계정책을 수행하는 데 있어 유럽과 중동에서 주도적인 역할을 담당하
고 있으며, 동북아에서는 중국이 주도적인 역할을 담당하도록 역할 분담
을 추구하는 모습을 보인다. 그리고 자신들의 신동방정책을 수행하기
위해 한반도 정세의 안정을 바라면서 극동·시베리아 개발을 추구하는
데 초점을 맞추고 있다. 우리는 이러한 러시아의 대한반도 정책을 잘 이
해해 한반도 문제로 인해 한·미·일 삼각 구도와 북·중·러 삼각 구도가
갈등·대립하는 신냉전 체제가 형성되지 않도록 노력해야 한다. 동시에
여러모로 실질적인 남·북·러 삼각(경제) 협력 체제를 구축해야 할 것이
다. 여기서 최선의 방법은 바로 경제로 정치를 보완하는 '이경보정(以經
補政) 정책'이라고 현승수 박사는 제안하고 있다. 학자 전문가로서 정부
연구기관에서 일하고 있는 현 박사의 이에 대한 축약된 견해는 「평화와
번영의 한반도 구축 방안」(2018)이라는 그의 연구 보고서 요약문 '평화와

번영의 한반도 실현을 위한 대러 협력'에 잘 나타나 있다. 이는 모두에게 일독을 권하고 싶은 이 세미나의 백미라 할 수 있다.

마지막으로 덧붙여 강조하고 싶은 것은 이 세미나의 전반적인 회의 분위기다. 앞에서도 언급한 바 있지만, 사박자를 이루는 회의 참가자 대다수가 우선 러시아어를 바탕으로 한 1차 자료에 근거하고 동시에 현장에서 직접 목격한 경험을 바탕으로 자기 생각을 토로할 수 있었다는 사실이다. 다음으로는 대학에서 40여 년을 봉직한 후 정년을 맞은 지 벌써 10년을 넘어선 필자가 경험한 어느 학술회의보다도 참여자 모두가 토론에 활발히 참여했으며, 특히 회의가 끝나는 순간까지 방청석에서 자리를 뜨는 사람이 없었다. 그리고 이어서 주최자 측이 제공하는 조촐한 저녁 식사 자리에까지도 많이 참석해 보쌈김치, 돼지고기, 소주 한 잔에 학문적 우정을 나누는 선후배 간의 노소동락의 자리가 이루어졌다. 더군다나 이 모임은 필자를 제외하고는 최고 원로로서 2개월 후면 정년을 맞는 러시아연구소 소장 강덕수 교수가 회의 주관자로서 개회사와 더불어 만찬 종료 선언까지 하는 의미 있는 자리였다. 부디 이 회의가 우리 모두의 바람처럼 오늘날 우리나라의 외교 참사를 자성하고 대러 외교에 큰 보탬이 되는 계기가 되었으면 한다.

이런 학술회의 자리에 푸틴 대통령이나 러시아 학자·정부 당국자 또는 러시아 외교관들이 직접 참여하거나 참관한다면 러시아 자체의 발전은 물론 한·러 관계의 발전에도 큰 도움이 되리라는 생각이 이 순간까지도 줄곧 필자의 머릿속을 떠나지 않는다.

❙ 2019년 1월 21일 제512호

2018년 북미 AATSEEL 학회 참가기

윤새라 | 울산과학기술원 교수

AATSEEL(American Association of Teachers of Slavic and East European Languages)은 북미에서 러시아 어문학을 비롯해 동유럽 어문학에 대한 연구로는 양대 산맥을 이루는 굵직한 학회다. 다른 하나는 ASEEES(The Association for Slavic, East European, and Eurasian Studies)인데, ASEEES는 사회과학까지 포함해서 규모가 더 큰 반면, AATSEEL은 어문과 교육학, 문화에 집중한다. 북미 지역이 크다 보니 전국 학회는 1년에 한 번 개최하는데, 대신 큰 학술대회를 치를 수 있는 시설을 갖춘 호텔을 잡아 나흘 동안 열린다. 필자는 미국 유학 시절부터 AATSEEL 학술대회를 자주 다녔는데 한국에 돌아온 후에도 최근 4년간 세 번 참석해서 논문을 발표했다. AATSEEL 학회는 겨울 방학 기간에 열리기 때문에(ASEEES는 가을 학기 중에 열린다) 보강 수업을 하지 않고도 참석할 수 있어 대학 교수들이 선호하기도 한다.

다른 학회도 그렇지만, 학술대회에서 중요한 요소 중 하나는 장소다.

2018년 북미 AATSEEL 학회 참가기 **275**

▮ 2018년 AATSEEL 포스터(자료: www.conference.city).

미국 학회는 대체로 동부, 중부, 서부로 매년 지역을 바꿔가며 열린다. 2017년에는 서부 샌프란시스코에서 열렸고 2018년에는 미국의 수도 워싱턴에서 2월 1일부터 4일까지 개최되었다. 샌프란시스코에서 열릴 때는 한국 학자들도 너댓 명 참가했는데, 2018년 학회는 직항 비행기를 타도 14시간이 넘게 걸리는 동부에서 열려서인지 한국에서 참가한 회원은 필자밖에 없었다. 대신 유럽에서 온 학자들이 2017년보다 많아진 듯했다.

한국에서 활동하는 한국인 연구자로 북미 학술대회에 참가하니 예전 미국 유학 시절과는 다른 점들이 보인다. 예전에는 서툴기도 했고 미국인은 물론 러시아인들과도 일자리를 두고 경쟁하는 입장이라 버겁기만 했는데, 이제는 미국 취업 시장에 촉각을 곤두세우지 않아도 되어서인지 도리어 시야가 넓어진 느낌이다. 또 예전에는 다른 사람들의 논문 발표를 듣는 것이 솔직히 고역이었다. 모국어도 아닌 데다가 현학적인 문어체로 작성된 영어 논문을 읽는 걸 들으면 이해가 잘 안 되었다. 그러나 3

276 제3장 러시아 사회와 지역

_러시아 학술

년 전 밴쿠버에서 열린 학회에서 발표할 때 굉장한 지적 자극을 받았다. 필자와 같은 패널에 속했던 애나 버먼과 데이비드 허먼의 논문이 매우 흥미로웠으며, 청중으로 앉아 있던 캐릴 에머슨과 도나 오윈 같은 석학들과도 피드백을 주고 격의 없이 함께 토론했다. 무척 즐거운 경험이었다. 고백하자면 비로소 그때부터 AATSEEL 학회 발표에 열의를 갖게 되었다. 그 후로는 학회가 열리는 동안 학회장에 붙박이로 있으면서 관심이 가는 패널들을 다 찾아다니려고 노력한다.

2018년에도 예년과 같이 4일간 진행된 학술대회는 총 10개 세션으로 구성되어 바삐 돌아갔다. 특히 중간 이틀은 아침 8시부터 저녁 7시까지 온종일 발표 세션이 이어지고 밤에도 '작가와의 대화' 같은 문화 행사 및 대학원생들이 마련한 파티 등 다양한 행사가 기획되었다. 2018년에 '작가와의 대화'에 참석한 러시아 작가는 블라디미르 샤로프였다. 최근 샤로프의 소설이 영어로 번역 출간된 기념으로 샤로프 패널도 조직되었고 작가와의 대화도 기획되었다. 또 예년과 변함없이 기조연설은 물론이고 세션 중간에 명망 있는 교수들과의 티타임도 마련되었다. 통상 이틀째 되는 날 저녁에는 회장 주최로 리셉션이 열린다. 입석 파티인 셈인데 이 자리에서는 한 해를 결산하며 저서상, 공로상 등 수상식도 겸한다. 실로 다양한 행사를 즐길 수 있어서 학술대회 프로그램을 꼼꼼하게 점검하며 동선을 정해도 물리적으로 다 소화하기란 불가능하다.

기본적으로 AATSEEL 학술대회는 한 세션마다 패널이 여러 개 배치되고, 한 패널은 보통 서너 개의 발표로 짜인다. 한 발표당 20분 정도 주어진다. 발표 후에는 토론이 이어지는데, 지정 토론자가 있는 경우도 있고 없는 경우도 있다. 패널은 두 경로로 구성된다. 하나는 학회에 발표를 신청할 때 아예 패널을 짜서 내는 경우다. 그렇지 않으면 개인이 발표하고 싶은 논문 초록을 제출하고 학회 조직위가 심사를 거쳐 패널을 조합한다. 당연히 학회 측에서는 개인 신청보다 패널 신청을 선호한다.

한편 이전과는 다른 새로운 형식도 도입되었는데 2017년부터 '스트림'이라는 포맷이 등장했다. 간단히 설명하자면 같은 토픽으로 일련의 패널을 구성해 여러 세션에 걸쳐 쭉 이어지게 하는 것이다. 2018년 스트림 중 하나인 '도스토옙스키'를 예로 들어보겠다. 톨스토이와 도스토옙스키를 다루는 발표들로 예닐곱 개 패널을 만들어 세션마다 한 패널씩 배치한 것이다. 아무래도 러시아 문학 연구에서 톨스토이와 도스토옙스키만큼 인기 있는 연구와 강의 소재가 드물다 보니 이 스트림은 수십 명에 이르는 관중을 몰고 다니며 인기를 구가했다. 필자도 관심이 있어서 몇몇 도스토옙스키 패널에 들어가 보니 『백치』의 화자로 훌륭한 저서를 쓴 로빈 포이어 밀러를 비롯해 톨스토이 권위자 도나 오윈 등 저명한 학자들과 계속해서 마주치게 되었다. 2018년 학술대회에는 총 12개의 스트림이 만들어졌고 반응이 좋아 향후 계속해서 시도될 계획이라고 한다. 참고로 이번에 시도된 스트림으로는 도스토옙스키 외에도 나보코프, 러시아 예술과 미학 이론의 미메시스, 초급 언어 교수법, 1970~1980년대 소비에트 영화 속 인물형, 초기 소비에트 아동문학, 번역 등이 있었다.

또 기본적으로 논문 발표가 주가 되지만 라운드 테이블도 있고 이공계에서 흔히 하는 포스터 형식의 발표도 있다(포스터 발표는 이공계는 물론 사회과학 계열의 학회에서도 널리 자리를 잡았다고 알고 있지만, 필자는 어문계열에서는 한 번도 직접 경험한 적이 없어서 몹시 궁금하다. 언제 기회가 되면 꼭 한번 직접 보려고 한다).

이번에도 느꼈지만, 북미권 전국 학술대회의 발표들은 대체로 수준급이다. 적어도 학회가 열리기 반년 전에 발표문 초록을 심사하는데, 심사가 요식행위가 아니다. 그렇게 엄격한 심사를 통해 걸러도 수준 높은 발표자가 몇 백 명이 될 만큼 학술대회 규모가 큰데, 이토록 많은 학자, 특히 신진학자들이 이 학술대회에 몰리는 데는 그만 한 이유가 있다. 이 학술대회의 중요한 기능 중 하나가 취업 시장의 한 과정을 담당하는 것이기 때문이다. 보통 미국 대학들은 임용하기 1년 전쯤 채용 공고를 낸다. 9월에 신학기가 시작되는 걸 고려하면 보통 가을에 채용 공고가 많이 난다. 그리고 이듬해 봄까지 느리지만 신중하게 채용 절차를 밟아 나간다. AATSEEL 전국 학회에서는 서류 심사를 통과한 지원자들의 1차 인터뷰가 많이 열린다. 학술대회 프로그램에는 안 나오지만 논문 발표보다 더 중요하다고 할 수 있는 기능이다. 기본적으로 미국은 워낙 규모가 큰 탓에 전공 분야라도 서로 다 알 수가 없어서 전국 학회에서 논문 발표를 하며 네트워킹을 하고 서로의 실력을 가늠한다. 그러니까 새롭게 교수직에 도전하는 대학원생부터 다른 학교로 자리를 옮기려는 중진급 학자들, 또 종신 재직 심사에 필요한 동료 학자 추천서를 받아야 하는 교수들도 모두 학회에서 인지도와 평판을 쌓아야 한다. 상황이 이렇다 보니 박사과정 대학원생들도 적극적으로 학회에 참가하고 주로 학위 논문에서 발표문을 다듬어 온다. 이 대학원생들은 학문의 길에 접어든 기간이 짧지만 몇 년 동안 노력을 기울인 결과물이라 발표문의 수준이 꽤 높다.

이와 관련해 우리나라 학회와 달리 AATSEEL 학회는 대학원생들만 모아서 따로 패널을 구성하지 않는다는 점이 이채로웠다. 학회 방침 자체가 가능하다면 중진급과 신진급 학자, 그리고 대학원생들을 한 패널로 함께 구성해 신구 조화를 꾀하는 것이다. 대학원생을 곧 미래의 동료로 대우하는 미국 문화가 반영된 현상일 것이다. 실제로 이렇게 구성된 패널의 발표를 들여보니 대학원생의 발표가 더 참신해 좋은 평을 얻는 경우도 있었다.

또 이번 학회에서는 북미 노문학계에서 아시아계 학생이 늘어나는 추세라는 점도 확인할 수 있었다. 미국에서 학부부터 공부한 한국계 대학원생을 비롯해 중국계 학생들이 명문대에서 활동하고 있었으며, 이들은 이번 학회에서 러시아 문학과 동양이라는 주제로 패널을 조직하기도 했다. 물론 외국학회가 좋기만 한 것은 아니다. 몇 년 참가하면서 보니 저절로 학회 내의 이너서클도 눈에 띄고 이방인으로서 느낄 수밖에 없는 소외감도 따랐다. 그렇지만 북미의 노문학계 동향을 알아보기에 좋은 현장이라는 사실에는 변함이 없다.

▎2018년 4월 9일 제471호

러시아연구소와 IMEMO가 공동 주최한
국제 학술회의 참가기

김유정 | 모스크바국립대학교 경제학과 박사과정(국제경제 전공)
고주영 | 모스크바 굽킨석유가스대학교 국제석유가스비지니스과 박사과정(국제경제 전공)

2018년 4월 23일 모스크바에서는 한국외국어대학교 러시아연구소와 러시아 세계경제·국제관계연구소(IMEMO)가 주최하는 국제 심포지엄이 열렸다. 이번 심포지엄의 주제는 '푸틴 4.0과 동북아의 미래: 상호 의존인가 대결인가'였으며, 심포지엄에서는 블라디미르 푸틴 대통령 집권 4기와 동북아의 미래, 기술 변화와 리더십, 글로벌 가치 사슬의 변화 등에 관한 발표 및 깊이 있는 토론이 진행되었다. IMEMO는 매년 푸틴 대통령과 러시아의 주요 정치 안보 책임자들, 세계 저명인사들이 참여하는 '프리마코프 리딩' 국제회의를 개최하고 브루킹스, 채텀, 애틀랜틱 카운슬, 중국 사회과학원, 일본 국제문제연구소 등 각국의 유명 연구소들과 정례적인 합동 심포지엄과 행사를 진행하는 러시아의 대표적인 싱크 탱크다. 한국외국어대 러시아연구소와 IMEMO의 협력관계는 양국 관계가 수립하던 초기부터 시작되었으며 최근에는 양 연구소가 공동으로 ≪러시아 폴리시 리뷰(Russia Policy Review)≫를 연 4회 발간하는 등 협력이 심화하고 있다.

이번 심포지엄은 푸틴 대통령 집권 4기를 앞두고 러시아의 국내외 정책의 향방과 러시아 전문가들이 진단하는 동북아 지역의 미래에 대한 분석, 글로벌 가치 사슬의 변화 과정에서 한·러 간 새로운 협력 가능성 등을 모색할 목적으로 기획되었다. IMEMO에서는 러시아 학술원 정회원이기도 한 바실리 미헤예프 부원장과 알렉산드르 페드롭스키 아시아·태평양 연구부장을 비롯해 미국, 일본, 중국, 아세안 전문가들이 참여했다. 한국에서는 강덕수 러시아연구소장, 김석환 한국외대 초빙교수, 황성우 러시아연구소 HK교수, 한남주 러시아 한인상공회의소 회장 등이 참석했다. 또 젊은 연구자들에게 국제 심포지엄에 참가할 기회를 확대하고 한국의 학문 후속세대와 러시아의 국책 연구기관 전문가들의 네트워킹 기회를 확대한다는 취지에서 모스크바국립대학교 경제학과 박사과정인 김유정과 굽킨석유가스대학교 박사과정인 고주영이 특별히 참가했다.

회의는 통상적인 심포지엄과는 조금 다른 방식으로 진행되었다. 행사 시작 전에 서로 발표 원고를 교환하고 관심사에 대한 질문지를 교환했으며 행사 당일에는 발표를 15분 단위로 가급적 짧게 진행하면서 발표 후 토론을 심화하는 방식으로 진행되었다. 덕분에 토론의 시간이나 내용이 매우 풍부해졌고 행사 참가자 모두 다양한 시각을 적극적으로 제시할 수 있었다. 회의는 참가자들의 긴장을 유지시키고 관심의 영역을 다양하게 표출시킬 수 있었다는 점에서 매우 효율적이었다.

이날 발표의 주제는 모두 재미있었지만, 그중에서도 알렉산드르 페드롭스키 박사가 발표한 '러시아와 아시아 태평양 지역'이 특히 인상 깊었다. 페드롭스키 박사는 주요 2개국(G2)인 미국과 중국이 아태 공간에서 갖는 실질적인 영향력과 역할을 다각도로 분석했다. 그는 현재 세계적

추세를 보면 이념보다는 실용적인 측면이 강하게 투영되고 있다고 강조했다. 그러므로 미·중의 관계도 겉으로 드러나는 갈등적 요소가 있긴 하지만 실용적 측면에서 경제와 안보 목표가 조정되고 타협될 수 있으리라고 예견했다. 러시아와 중국 관계와 관련해서도 러시아에 있어 현재의 중국은 위협적인 요소를 내재하고 있으며, 러시아와 중국은 연합 관계가 아니라 단지 동반자 관계일 뿐이라고 강조했다. 즉, 동맹이 아닌 밀접한 파트너라는 점을 강조한 것으로 러시아와 중국의 관계 역시 실용적인 정치·경제 관계를 추구하고 있다는 점을 분명히 했다.

남북한 협력에 대한 전망에서는 북한 핵 위기의 완전한 해결에 의혹의 눈길이 쏠렸다. 이 부분에 대한 견해는 페드롭스키 박사뿐만 아니라 미혜예프 부원장도 비슷했다. 특히 미혜예프 부원장은 행사 뒤풀이 시간에 걸러온 러시아 국내외 언론 매체들과의 전화 인터뷰에서도 북한은 인도식 해법을 추구하며 비핵화 협상을 하겠지만 사실상의 핵보유국 대접을 받으려 한다는 견해를 밝혔다. 러시아 참가자들은 북한 경제의 침체성에 주목했다. 주변국 및 미국 등과 긴장 관계를 지속해서 유지할 경우 안보 문제로 발전이 지체되고 다시 위기를 불러오는 악순환의 고리를 탈피하기 어려우리라는 점을 강조했다. 페드롭스키 박사와 스빗코 박사는 이 밖에도 아태 지역 내의 미래와 현재에 관해 활발한 의견을 개진했다. 이들은 아태 지역 공간에서 미국과 러시아가 직면한 협력과 갈등의 요인을 분석하면서 아태 지역 대표 국가들과 러시아 간 관계를 미국과 이들 국가 간 관계와 비교했다. 또한 러시아와 한국은 정치적 대화와 경제 협력, 인도주의 협력을 강화할 필요가 있다고 역설했다.

이날 발표 가운데 러시아 연구자들에게 특별히 큰 관심을 끈 것은 한국외대 러시아연구소 황성우 교수의 발표였다. 황 교수는 한·러 협력의 미래를 과거의 역사적 선례와 비교해 설명하면서 혁신적인 상상력이 필요하다고 강조했다. 황 교수는 1860년대에 많은 한국인이 러시아 연해주로 이주할 당시의 상황을 한국 내 기근과 같은 경제적 상황뿐 아니라 러시아의 내부 정책 및 이민정책과의 연계성을 들어 설명했다. 당시 한인들의 연해주 이주에는 다양한 요인이 작용했지만, 이 지역에 대해 이민 장려 정책을 펼치던 러시아 내부 정책 덕분에 환영을 받았다는 사실을 지적했다. 극동·시베리아 지역 개발에 필요한 노동력을 유치하기 위해 러시아가 주변국 국민의 이주에 대해 아주 오래전부터 관심을 두고 있었다는 것이다. 현재 한국과 러시아 간에 논의되는 무역 관련 협력의 확대와 자유무역 협력의 첫 번째 사례로는 1860년대부터 시작된 국경 자유 교역지대의 역사적 의미를 강조했다. 1880년대 한·러 국경 지역에서 쇠고기 무역 등이 이루어졌으며 이 시기에 이미 한국과 러시아 사이에 질병 치료에 관한 협약이 체결되는 등 국경 지역에서 공동 협력과 관리가 이루어진 사례가 있었다. 또한 일본에 빌린 부채를 갚기 위해 1898년 3월 세워진 한·러 은행 사례는 러시아 측 참가자들로부터 많은 관심을 끌어냈다.

러시아 경제 전공으로 모스크바국립대학교에서 박사과정을 밟고 있는 필자는 황성우 교수의 발표에서 한·러 간 경제 협력사의 사례를 통해 미래 협력의 방향과 실제를 가늠할 수 있으리라는 토론자들과 발표자의 의견에 전적으로 공감했다. 또한 소련 해체 이후 러시아 경제의 변화에 관해서만 연구하기보다는 한국과 러시아의 경제 관계를 더 폭넓게 연구해야 할 필요성을 느꼈다.

대표적인 일본 전문가로 야블린스키의 경제 자문 그룹에도 관여하는 스빗코 박사는 러시아 경제 전망에 대해 발표했다. 스빗코 박사는 미국

▌ 학문 후속 세대를 대표해 고주영은 '한국 시장에서 미국과 러시아 LNG의 수출 경쟁력'에 관해 발표했다
(자료: 한국외대).

과 유럽의 대러 경제 제재에도 불구하고 러시아 정부는 국내 경제 정책에 성과를 내왔다고 평가하고 푸틴 4기의 경제 정책도 과거와 비교해 큰 변화 없이 지속할 것으로 예상했다. 참가자들은 경제 제재로 인해 서방 국가들과 러시아의 전반적인 대립 관계가 지속하는 상황에서 지리적으로 인접한 동북아 지역으로의 협력 확대가 논리적으로 부상하고 있으며, 한국과 북한의 화해 분위기가 지속된다면 한국과 러시아의 협력이 더욱 확대될 수 있다고 분석했다.

학문 후속 세대를 대표해 고주영은 '한국 시장에서 미국과 러시아 LNG의 수출 경쟁력'에 관해 발표했다. 고주영은 미국이 셰일가스 등 세일 에너지 생산에 힘입어 40년 가까이 유지했던 에너지 수출 금지를 해제하고 아시아 지역 수출을 강화하면서 러시아와 미국의 가스 수출 경쟁이 아시아 지역에서 심화하고 있다는 점을 강조했다. 미국과 러시아의 LNG 수출 경쟁력은 단순한 상품 가격 경쟁만이 아닌 지정학적 동맹 및 정치 상황과도 복합적으로 연계되지만, 기본적으로 상품 시장 경쟁력을 놓고 볼 때 러시아가 우위를 점할 수 있는 다양한 형태의 이점이 있다는 점을 예시했다.

한국과 러시아의 실질 경제 협력 상황에 대해 한남주 러시아 한인상공회의소 회장과 IMEMO 연구위원들 사이에 이루어진 토론은 심포지엄의 백미였다. 한남주 회장은 러시아에서의 한국 기업의 비즈니스 가능성과 미국의 제재 상황 속에서 실질 협력이 확대할 가능성에 대해 IMEMO 연구위원들과 토론하면서 열띤 질의와 응답을 교환했다.

열띤 토론은 심포지엄 후 늦은 오찬 장소에까지 이어졌다. 오찬 장소는 모스크바 학술원의 단골 식당인 유즈나야였다. 이 식당은 국제적인 러시아 전문가들에게는 초대되는 것 자체가 영광으로 인식되는 유서 깊은 곳이다. 박사과정을 밟고 있는 후학으로서 향후 한국과 러시아 관계 발전에 대한 심포지엄에 참석하고 뒤풀이까지 초대받은 것은 흔치 않은 경험이다. 특히 유학 생활 중 러시아 최고 권위자인 학술원 전문가들과 IMEMO 석학들을 알게 된 것은 학자로서의 경력을 쌓아가는 데 큰 도움이 될 것이다.

❘ 2018년 5월 14일 제476호

'프리마코프 독해 2018' 참관기

박정호 | 대외경제정책연구원 연구위원

러시아의 대표적인 국제 포럼인 프리마코프 독해가 2018년 5월 29일부터 5월 30일까지 이틀간 모스크바 소재 크라운 플라자 컨퍼런스홀에서 열렸다. 필자는 세계경제·국제관계연구소(IMEMO)의 초청을 받아 2018년 제3차 프리마코프 독해에 참여할 수 있었다. 주지하듯이, 이 국제 포럼은 러시아의 정치가·관료·학자로서 명성을 날린 예브게니 프리마코프 전 총리의 위대한 업적을 기념하고자 2016년에 창설되었으며, 국제 외교와 안보, 경제 문제는 물론이고, 러시아 외교와 경제 정책 방향 등 다양한 대내외 이슈와 쟁점을 논의하는 일종의 경연장이다.

제3차 프리마코프 독해의 주제는 '불안정한 세계 질서의 위기 방지'였다. 첫째 날에는 개회식을 비롯해 '새로운 양극성: 신화인가 아니면 현실인가?', '인도양·태평양 지역의 인프라 경쟁: 육지와 해상에서', '중동 지역에서의 신 거대 게임', '우크라이나 위기: 탈출 전략 모색' 등의 세션이 진행되었다. 둘째 날에는 세르게이 라브로프 러시아 외무장관의 기조연

■ 2018년 5월 29~30일 개최된 제3차 프리마코프 독해의 포스터(자료: www.imemo.ru).

설을 필두로 '무기 통제 체제의 미래는 있는가?', '러시아와 EU: 상호의존
인가 아니면 대결인가?', '기술 진보와 변화하는 사회: 공간과 경계를 넘
어' 같은 세션이 이어졌으며, 알렉세이 쿠드린 러시아 감사원장의 '러시
아 경제의 미래 전망'에 대한 특별연설로 공식 행사가 모두 종료되었다.

이번 행사는 IMEMO와 러시아 상공회의소가 공동 주관했으며, 세계
22개국 60여 명의 러시아 전문가, 600여 명의 러시아 학계·정계·재계 인
사, 500여 명이 넘는 내외신 기자가 참석해 대성황을 이루었다. 개회식
행사에는 알렉산드르 딘킨 IMEMO 명예원장을 비롯해 유리 우샤코프 러
시아 대통령 외교 담당 보좌관, 발렌티나 마트비옌코 러시아 상원의장,
블라디미르 지리놉스키 하원의원, 세르게이 카티린 러시아 상공회의소
회장이 참석해 프리마코프 독해 개최의 의미와 중요성, 국제 외교·안보
및 경제 이슈에 대한 공동 논의와 국제 협력의 필요성을 강조했다.

이 글에서는 포럼 내용을 전부 다룰 수 없어 라브로프 외무장관의 기
조연설, 쿠드린 감사원장의 특별연설에 논의의 초점을 두고자 한다.

세르게이 라브로프 외무장관의 기조연설

라브로프 장관은 오늘날 세계 체제가 중대한 도전을 받고 있으며, 다양한 요인에 의해 충돌하는 경향을 보인다고 언급했다. 그는 탈냉전 시기에 진행된 세계화가 경제 발전, 기술 개발 촉진, 국가 간 상호 연계성 증진, 시대사적인 도전 과제들에 대한 공동 대처와 국제 협력의 필요성을 제시해 주었지만, 국가적·문화적 정체성에 기초한 주권국들의 존재 역시 현대 세계의 주요 특징 중 하나라는 사실을 강조했다. 그래서 독립국의 내정에 대한 외부 세력들의 간섭과 비판, 부당하고 무분별한 형태의 압력과 무력 사용, 중대한 국제 문제에서의 주요 국가 간 대화 단절 등은 상호 간 신뢰 훼손과 더불어 기존 규범과 규칙에 대한 무시를 초래하는 것은 물론 국제사회의 정치적 불안정성도 초래하고 있다고 라브로프는 지적했다.

라브로프에 따르면, 특히 핵무기 보유국들은 세계의 전략적 안정성을 유지하는 데 특별한 책임을 안고 있으며, 그런 이유로 푸틴 대통령은 공동의 국제 안보와 지속 가능한 문명 발전 시스템을 구축하기 위해 다자간 협력이 필요하다고 강조하면서 다음과 같이 말했다고 한다. "우리는 다자간 접근법과 국제법에 기초한 모든 노력을 존중하지만, 주요 국제이슈들(북한 핵 문제, 우크라이나 내부 분쟁, 시리아의 테러와의 전쟁 등)에 대해 강제적이고 독단적인 수단을 적용할 경우 실패할 것으로 생각한다."

라브로프는 러시아 대외정책의 우선 과제는 국가 주권과 안보 확립, 국민들의 생활수준 향상을 위한 국가의 지속 가능한 발전 촉진 등이며, 러시아는 혁신적인 경제·사회 발전 프로젝트 수행, 현대적인 산업 인프라 구축, 디지털 통신망 및 운송 회랑 확대를 위해 상호 이익이 되는 국제

협력 등을 추구해 나갈 것이고 동맹국들과의 경제적 통합을 통해 국가적 과제들을 함께 해결할 계획이라고 강조했다.

한편 프리마코프는 러시아 외무장관 재직 시에 『다극의 개념』을 저술하면서 러시아·인도·중국 삼각 협력 구도를 바탕으로 서방과의 관계를 재설정해 나가야 한다고 주장했으며, 이러한 연장선에서 푸틴 정부도 동방정책(러시아·중국 간 포괄적 형태의 전략적 파트너십, 러시아·인도 간 파트너십, 러시아·아세안 국가들 간 협력, 한국 및 일본과의 협력 등)을 추진하고 있다고 지적했다.

이와 함께 러시아는 유럽과 미국 등 서방 국가들과의 외교·안보 및 경제 협력을 추진하기 위해 항시 열린 자세를 갖고 있으며, 세계 정치, 안보, 군사, 경제 영역에서의 공통 관심사를 토대로 국가 간 상호 존중하며 협력을 추진할 계획이라고 언급했다.

라브로프 장관은 북한 방문 목적에 대해 언급하면서, 러시아는 6자회담의 당사국으로서 한반도의 비핵화 문제에 큰 관심을 두고 있으므로 북한의 초청을 받고 방문하는 것은 당연한 일이며, 한반도의 평화와 안정을 위해서는 북한 당국과의 협의뿐 아니라 앞으로 다자간의 협상과 노력도 필요하다고 강조했다.

알렉세이 쿠드린 감사원장의 특별연설

쿠드린은 앞으로 6년 동안 러시아 정부의 국정 과제 목표를 제시한 대통령령이 발효되었다고 언급했다. 그는 2018년 5월 7일 취임식과 동시에 발표된 러시아 대통령령에 따르면 러시아는 개발도상국 그룹에서 선진국 그룹으로 이동해야 하며 그러한 작업을 통해 발전되고 부유한 국가라는 새로운 이미지를 국제사회에서 형성할 수 있다고 지적했다.

푸틴 대통령은 집권 4기 동안 경제적 도약(세계 5위 대국 건설)의 중요성과 국내적 선결 과제(러시아 국민의 삶의 질 개선)에 집중해야 할 필요성을 역설했는데, 러시아의 지속적인 경제 성장을 위해서는 구조 개혁을 바로 오늘부터 시작함과 동시에 러시아 투자 환경 개선을 위한 제반 토대를 마련할 필요성이 있다고 강조했다.

쿠드린의 견해에 따르면, 푸틴 대통령이 제안한 국정 과제 가운데 교육과 보건의료 분야의 발전 문제는 가장 중요한 사안이지만, 이를 위해서는 막대한 투자금을 확보해야 하며, 디지털화는 가장 바람직한 정책 방향이지만 제도적 개혁이 선행되어야 할 것이다.

특히 러시아의 지속 가능한 발전을 위해서는 경제 부문에서 민간 부문의 역할을 더욱 강화하면서 국가의 역할을 점차 축소해 나가야 하며, 주요 개혁 정책 가운데 공공행정 부문을 개혁하고 지방 권력을 확대하는 것도 중요한 사안이라고 쿠드린은 언급했다.

▎2018년 6월 11일 제480호

발트 3국에서 한국의 미래를 보다

라트비아 국제학술회의 참관기

조준래 | 한국외국어대학교 미네르바 교양대학 교수

필자는 2018년 7월 18일부터 19일까지 이틀간 라트비아국립대학교에서 열린 국제학술회의('발트국가의 지역 정체성과 한국의 중견국 외국 3+1 플랫폼')에 논문 발표자로 참석했다. 한국슬라브·유라시아학회와 국제교류재단, 라트비아국립대학교 한국학연구소가 공동으로 개최한 이 국제학술회의는 2018년 2월 평창 동계올림픽에 즈음해 발트 3국(에스토니아, 라트비아, 리투아니아) 정상들이 방한한 이후 한국과 발트 3국 간 협력 방안을 구체적으로 모색하는 가운데 이루어진 학술행사라는 점에서 뜻깊은 사건이 아닐 수 없다. 이 학술회의에는 강대국 중심의 국제질서에서 한국과 발트 3국의 중견국의 역사적 경험을 공유하고 바람직한 미래의 역할을 도모하기 위해 당사국들을 포함해 러시아, 핀란드, 폴란드 등 7개국 학자들이 참석했고, 특별 세션과 일반 세션, 라운드테이블을 통해 생산적이고 미래지향적인 담론을 교환했다. 발트 3국의 중심에 있는 라트비아를 학술회의 장소로 선택한 데서도 이 학술회의가 갖는 상징적 중

▌ 한국슬라브·유라시아학회, 국제교류재단, 라트비아국립대학교 한국학연구소가 공동 개최한 라트비아 국제학술회의 참석자들(자료: 필자 제공).

요성을 부각하기 위한 주최 측의 사려 깊은 세심함이 돋보였다. 발표 주제의 시의성과 발표자의 균형감 있는 배치, 오랜 시간에 걸쳐 준비한 흔적이 역력한 유려한 진행이 학술회의 참가자로서 필자가 느낀 전체적인 인상이다. 아울러 한국 슬라브학의 지평이 동유럽과 EU의 경계 지점인 발트 3국으로까지 확대되었다는 것은 학술적 측면에서도 질적 변화를 초래할 수 있는 어떤 변곡점에 도달했다는 인상을 줄 만큼 매우 고무적인 일이 아닐 수 없다.

이 학술회의는 이상준 한국슬라브·유라시아학회 회장(국민대학교 유라시아학과 교수 겸 유라시아연구소 소장)과 이시형 국제교류재단 이사장의 개회사, 일그바르스 클랴바 라트비아 외교부 양자협력국장과 이나 드루비에테 라트비아국립대학교 부총장의 축사, 김현택 한국외국어대학교 부총장의 기조연설을 통해 개막했다. 이상준 회장은 디지털 기술을 비롯한 산업·과학기술 분야에서 한국과 발트 3국 간 실질적 협력 비전을 제시했으며, 이시형 국제교류재단 이사장은 2018년 2월 발트 3국 정상의 방한으로 구체화한 한국과 발트 3국 간 정상 외교의 의의, 2018년 독립 100주년을 맞이한 라트비아와 2019년에 대한민국 임시정부 수립 100주년을 맞는 한국의 독립과 민주주의를 향한 열정에서 나타나는 양국 간의 정서적 가까움을 강조했다. 기조연설에서 김현택 부총장은 이 학술회의가 열린 라트비아의 지정학적 중요성뿐 아니라 세계 문화에 이바지한 유수한 인재를 발굴해 낸 문화적 발원지로서의 위치를 강조하면서, 안보, 경제 번영의 관점에서 한국과 발트 3국 간 문화 교류와 공공외교의 필요성을 지적했다.

특별 세션의 발표자로 참가한 홍완석 교수(한국외국어대학교 국제지역대학 러시아학과)는 발트 3국과 한국의 관계가 한국의 중견국 외교 공간의 확장이라는 측면에서 내포하는 외교적 함의를 강조했고, 발표자로 참가한 이상준 회장은 단기간에 체제 전환을 이룩한 발트 3국의 경제개혁이 한국과 발트 3국 간 협력에 주는 시사점을 언급했다.

특별 세션의 또 다른 주제는 발트 3국과 한국의 공공외교에서 중요한 역할을 해온 해외 한국학의 동향과 전망에 관한 것이었다. 이 세션의 첫 발표는 지난 수년간 발트 3국에서 해외 한국학의 거점 역할을 맡아온 라트비아국립대학교 한국학연구소의 서진석 교수가 맡았고, 발트 3국과 가까운 거리에 있는 핀란드와 폴란드, 러시아 등 인접국 출신 해외 한국학 교수들이 오늘날 자국에서의 한국학 교육과 연구 동향에 대해 차례로 발표했다. 서진석 교수는 해외 한국학의 궁극적 목표가 현지화와 자생적 발전의 구축이라고 지적했으며, 핀란드 투르쿠대학교의 레페넨 교수와 폴란드 아담 미츠케비치대학교의 스트르나드 교수, 러시아과학아카데미 극동연구소의 마리야 오세트로바 박사는 해외 한국학의 실무자들이 교육자인 동시에 관리자라는 특성을 띠고 있음에 동의하면서 해외 한국학 연구가 격동기를 지나 안정과 발전기에 접어들었지만, 해외 한국학 연구의 동력을 유지하기 위해 대내외적인 노력이 지속해서 필요하다고 입을 모았다. 특히 '러시아 내의 한국학 동향'이라는 주제로 발표를 맡은 오세트로바 박사는 한국학 연구를 개척했던 소련 시절의 초창기 연구자들과 포스트소비에트 시대 신진 연구자들처럼 러시아 내 한국학 연구자들 사이에서도 세대 격차가 나타나고 있고 남북한 관계의 진전이 향후 러시아 내 한국학 연구에 긍정적으로 작용할 수 있음을 강조했다. 이 세션에서는 해외 한국학 연구를 실질적으로 지원하고 관리하는 정부기관의 대표로서 이시형 국제교류재단 이사장이 참석해 해외 한국학 연구의 실태와 수행 과정에서의 문제점과 애로사항을 경청했고, 학술회의 후 리가 시내에 있는 라트비아국립대학교 한국학연구소를 방문해 실무자인 서진석 교수를 격려했다.

이 국제학술회의는 무엇보다도 발트 3국과 한국 간 실질적인 협력을 위한 플랫폼을 구축한다는 데 의미가 있다. 이미 오래 전 유로존과 유럽 표준에 들어서 있는 발트 3국이 유럽 시장 진출을 위한 전진 기지로서 갖는 중요성에 관해서는 재론할 필요가 없을 것이다. 에스토니아는 세계 최초로 전자거주증제도와 전자투표를 도입한 디지털 전자정부 선도 국가로 IT 분야에서 세계적으로 높은 기술을 보유하고 있으므로 에스토니아와의 협력은 IT 분야에서 세계를 선도할 수 있는 가능성을 열어줄 것이다. 리투아니아와는 클라이페다항 액화천연가스(LNG) 터미널 건설 사업의 핵심인 LNG 저장선 건조 경험을 토대로 과학·에너지 분야에서의 협력을 확대해 나갈 수 있다. 또한 소련 시절부터 바이오·제약 분야를 선도해 온 라드비아와의 협력을 통해서는 한국 기업이 성장할 가능성이 열려 있다.

이틀간의 학술회의를 마치고 잠시 발트 3국의 거점 도시를 둘러볼 기회가 있었다. 발트 3국 어디를 가더라도 EU 회원국이라는 새로운 위상, 그 위상과 어울리지 않는 역사적 고통과 비애의 흔적을 느낄 수 있었다. 주권을 되찾은 지 26년째이지만, 주변 강대국들에게 당한 오랜 억압의 상처가 아직도 완전히 아물지 않는 듯한 느낌을 주었다. 발트 3국을 여행하면서 한반도의 모습이 겹쳐 보인 것은 필자 한 명만이 아니었을 것이다.

강대국의 압제의 흔적과 독립과 자유에 대한 열망은 곳곳에서 찾아볼 수 있었다. 라트비아 수도 리가의 오늘날 대표적인 랜드마크로 도심에 자리 잡은 43m 높이의 '자유의 여신상'의 측면 부조에는 라트비아의 독립과 관련된 역사적 인물들이 표현되어 있고, 도심에 포화되어 있는 아름다운 아르누보 양식의 건물들에서는 이곳 사람들의 예술과 자유에 대한 동경을 읽을 수 있었다. 리가에서 가장 아름다운 건물 중 하나로 손꼽히는 '블랙헤드 길드 전당'과 에스토니아 타르투 중앙광장에 위치한 '상인들의 저택'은 13세기부터 17세기까지 발트 3국의 주요 도시를 지배한 중세 무역 연합인 한자동맹이 융성했던 시기의 흥취를 떠올리게 하는 동시에, 그 쇠퇴의 자취는 물류와 교통의 중심지인 이곳을 차지하고자 했던 강대국들의 폭압의 역사를 되새기게 했다.

발트 3국은 유독 우리나라를 생각나게 했다. 에스토니아의 높은 한류 열풍이라든지, 높은 상공에서 보면 한반도를 닮은 듯 보이는 리투아니아 트라카이성의 호수 때문만은 아니었다. 독립 후 가입한 NATO와 러시아의 틈바구니에서 숨죽인 채로 상황을 주시하며 빠른 변화의 물살에 적응하기 위해 몸부림치는 이 나라들의 모습이 우리나라를 떠올리게 했다.

리투아니아를 여행하면서 가슴이 벅찬 순간이 있었는데, 바로 대한민국 임시정부의 외교 활동을 담당했던 소양 조용은(조소앙, 1887~1958) 선생이 일제의 만행을 폭로하고 조국의 독립을 호소하기 위해 1920년 리투아니아 제2의 도시 카우나스 중심가에 소재한 대통령궁을 다녀갔다는 이야기를 들었을 때다. 2019년이 대한민국 임시정부 수립 100주년인 해라서, 조소앙 선생이 필자의 종친 증조부뻘인 분이라서 더욱 그랬다.

❙ 2018년 7월 30일 제487호

인도의 시각으로 본 러시아,
그리고 한국·인도·러시아 관계

송준서 | 한국외국어대학교 러시아연구소 HK연구교수

2018년 12월 13~14일 한국외국어대학교 러시아연구소는 한국외대 인도연구소, 러시아 상트페테르부르크국립대학교 동서사회연구소, 인도 자와할랄 네루대학교 국제학대학교와 함께 '한국·인도·러시아: 상호 이해를 바탕으로 한 새로운 협력 시대 모색'이라는 주제로 국제학술회의를 개최했다.

왜 오늘날 한국의 러시아 연구자가 인도와 러시아의 관계를 알아야 하며, 인도가 러시아를 어떻게 이해하는지 알아야 하는가? 사실 10년 전, 아니 5년 전만 해도 이러한 주제는 국내 러시아 전문가들에게 특별한 호소력을 발휘하지 못했다. 하지만 지금은 아니다. 최근 1~2년간 한반도를 둘러싼 국제정세가 급변했기 때문이다.

2017년 고고도미사일방어체계(THAAD)의 배치 문제로 중국과 외교, 무역 마찰을 빚은 이후 문재인 정부는 한국 경제가 중국에 지나치게 의존하는 문제에 대한 타개책으로 그해 11월 인도와 아세안 국가 간 경제

▌ 2018년 12월 13~14일 한국외국어대학교에서 열린 한국·인도·러시아 국제
학술회의 모습(자료: 한국외대 러시아연구소).

협력을 강화하기 위해 '신남방정책'을 공식 천명했다. 이후 인도와 IT 산업 협력, 스타트업 센터 설립 등 경제 협력 다각화를 강화하고 있으며, 2018년 8월에는 대통령 직속 정책기획위원회 아래 '신남방정책 특별위원회'를 설치했다. 또 러시아를 향해서는 신북방정책이라는 이름 아래 2017년 8월 대통령 직속 '북방경제협력위원회'를 신설하고 철도, 가스, 전력, 조선, 항만, 북극항로 등 이른바 '나인 브리지'로 불리는 분야에서 양국 간 경제 협력 강화를 추진하고 있다. 그런가 하면 2014년 출범한 인도의 모디 정부는 인도판 신동방정책인 '액트 이스트 폴리시(Act East Policy)'를 통해 한국과 밀접한 관계를 발전시키고 있는데, 최근 문재인 대통령의 부인인 김정숙 여사를 공식 초청해 큰 환대를 베풀면서 양국 간 문화 교류를 증진하고 양국의 이해를 도모하는 소프트파워 전략을 구사하고 있다. 인도는 영국 식민지에서 독립한 1947년에 소련과 공식 외교 관계를 수립했고 오늘날까지 러시아와 전략적 파트너 관계를 발전시켜 왔는데, 특히 인도 국방을 위해 다량의 러시아 무기를 수입해 오고 있으며 동시에 러시아와 함께 브릭스 회원국으로 양국 간 경제 협력도 꾸준히 강화해 오고 있다. 러시아도 푸틴 3기부터 시작된 아시아 중시 정책을 2014년 크림 지역 병합 이후 서방의 제재가 시작되면서 더욱더 적극적으로 추진해 오고 있는데, 구체적인 실천 행보로는 극동 지역 개발을 위한 역내 교통과 물류 인프라 건설 확대를 들 수 있다.

결국 한국 정부가 신남방정책과 신북방정책을 동시에 추진하고 있고 이 정책의 주요 대상 국가인 인도와 러시아가 전통적 우방으로서 70년 이상 긴밀한 관계를 발전시켜 온 사실을 상기한다면 한국의 러시아 전문 가들은 그동안 주로 한국·러시아라는 양자 관계와 동북아 지역에 한정 했던 공간적·지리적 사고의 틀을 서남아시아 지역으로 확장할 필요가 있다. 왜냐하면 그동안 한국·러시아 양자 관계, 그리고 동북아의 틀 내 에서 풀지 못한 문제를 한국·인도·러시아 협력 관계를 이용해 해결할 수도 있기 때문이다.

바로 이런 사고의 전환과 문제의식을 바탕으로 러시아연구소와 인도 연구소가 공동 학술회의를 개최하는 데 합의했고, 문재인 정부가 출범한 직후 국정기획자문위원회 위원장을 역임하면서 신남방정책과 신북방정 책을 신정부의 주요 정책으로 설정했던 김진표 더불어민주당 의원이 이 학술회의의 취지에 공감해 흔쾌히 축사를 맡아주었다. 이 밖에 이 학술 회의의 시의성과 중요성을 인정한 러시아대사관과 인도대사관에서도 각각 대표를 보내 학술회의 개최를 축하했다.

필자를 포함한 국내 러시아 전문가들에게 새롭고 흥미로운 발표는 역 시 인도 학자들이 러시아를 어떻게 보고 있으며 한국·인도·러시아 관계 의 접점을 어떻게, 어디서 찾고 있느냐 하는 것이었다. 인도 네루대학교 의 우탐 교수는 러시아가 크림반도를 점령한 이후 서방 국가들에서 강력 한 제재를 받기 시작하자 극동 아시아 국가들과의 협력 강화 정책을 더 적극적으로 추진하기 시작했다고 보았다. 다만 러시아가 동아시아 국가들과의 경제 협력을 통해 성공적인 결실을 맺으려면 러시아가 '또 다른 유럽' 국가가 아닌 일종의 또 하나의 아시아 국가가 되어야 한다고 주장했다. 이런 의미에서 우탐 교수는 '유라시아(Eurasia)'를 러시아의 유럽적 성격이 강조된 명칭으로 보면서 러시아는 아시아 성격을 지닌 러시아, 즉 'Russia'와 'Asia'의 합성어인 '루아시아(Ruasia)'로 거듭나야 한다고 강조했다. 그러면서 우탐 교수는 알렉산드르 두긴과 같은 네오유라시아주의자들의 유라시아주의는 국수주의적·민족주의적 성격이 강해 아시아 국가들과 조화로운 연합을 이룰 수 없기 때문에 진정으로 러시아의 신동방정책을 성공시키기를 원한다면 '유라시아' 정체성에서 벗어나 탈민족주의적 성격에 기초한 '루아시아' 정체성으로의 전환이 필요하다고 역설했다.

이처럼 '루아시아'로의 정체성 전환이 이루어진다면 한국·인도·러시아의 경제 협력 관계가 발전하기 쉬워지는데, 구체적으로는 러시아 극동 시베리아 지역의 자원을 부산항으로 실어 날라 부산항에서 동남아를 거쳐 인도 동부의 대표 항구인 콜카타로 운송하는 러시아-한국-인도 수송로(RKITC) 개발이 가능하다고 우탐 교수는 주장했다. 이 새로운 수송로는 한국, 아세안 국가 등 자원 수요 시장과 활력이 큰 국가들을 지나기 때문에 경제적 이윤이 커서 상대적으로 시장 규모가 작은 지역을 지나는 국제남북수송로(INSTC: 인도 뭄바이-이란-아제르바이잔-러시아 남부 아스트라한 통과)를 대체할 수 있다고 보았다.

한국외대 인도연구소 김찬완 교수는 미국이 중국을 견제하기 위해 주도하는 인도·태평양 정책과 중국의 일대일로 정책이 충돌하고 있을 뿐만 아니라 인도와 국경 분쟁을 일으켰던 중국-파키스탄 경제회랑을 중국이 건설함으로써 인도와 인접국 간 긴장이 고조되고 있다고 분석하면서, 이에 대한 해결책을 한국·인도·러시아 관계를 강화하는 데서 찾았다. 구체적인 방법으로는 한국과 인도가 러시아가 주도하고 벨라루스, 카자흐스탄 등으로 구성된 유라시아경제연합에 가입하는 것을 고려할 수 있다고 보았다. 이는 결국 한국의 신북방정책, 신남방정책을 결합해 그 목표를 이룰 수 있게 하는 것으로 인도, 러시아, 한국이 중국을 견제하면서 모두 경제적 이득을 올릴 수 있음을 암시한다.

러시아 상트페테르부르크국립대학교의 일린 교수는 아시아 국가인 인도와 한국이 러시아에 미친 영향에서 어떤 차이점이 있는지를 소개했다. 그는 인도와 한국 모두 러시아의 세계화에 영향을 미쳤는데, 구체적으로는 러시아 일상생활을 '동양화(Easternization)'하는 데 영향을 미쳤음을 보여주었다. 하지만 두 국가가 미친 영향의 성격은 달랐다. 소련 붕괴 이후 인도에서 들어오기 시작한 인도의 차, 영화, 음식 등은 러시아인들이 그동안 경험하지 못한 동양적 요소를 일상생활에서 새롭게 경험하게 한 반면, 한국의 영향은 러시아 일상생활의 '서구화'에 영향을 미쳤다는 것이다. 즉, 서구에서 먼저 개발되고 만들어진 제품들, 예를 들면 자동차, 세탁기, 텔레비전, 컴퓨터, 무선전화기 등을 한국에서 만들기 시작해 러시아에 수출했는데 이로써 러시아인들은 한국에서 수입된 물건을 통해 서구화를 간접적으로 경험했다고 주장했다. 즉, 한국에 의한 러시아 일상생활의 동양화는 사실 궁극적으로는 러시아의 '서양화'로, 한국은 러시아 일상생활이 서양화되는 데 매개체 역할을 수행했다는 것이다. 실로 역설적이다.

21세기 들어 유라시아 지역 국가들은 국경을 넘어 안전성, 경제성 및 시장성이 보장된 새로운 수송로를 확보하기 위해 지속해서 노력하고 있다. 한국은 신북방정책과 신남방정책, 북극항로 개발, 한반도 종단철도 연결 등을 추진하고 있으며, 러시아와 인도는 신동방정책, 중국은 일대일로 정책 등을 추신하고 있다. 이처럼 지경학적·지정학적 상황이 변화함에 따라 국내 러시아·유라시아 전문가들은 국가 단위의 분석, 지방 단위의 분석과 함께 사고의 전환과 확장을 통해 좀 더 멀리, 더 넓게 보고 글로벌 차원에서 분석도 병행해야 할 때가 되었다. 이번 한국·인도·러시아 공동 학술대회는 그런 필요성을 새삼 일깨워주는 기회였다.

▌2018년 12월 24일 제508호

제4장

러시아 문화와 역사

- 러시아 문화
- 러시아 역사

러시아 문화

경계를 넘나드는 영화

포스트소비에트 시대의 문화적 혼종성

라승도 | 한국외국어대학교 러시아연구소 HK연구교수

2018년 5월 19일 성황리에 막을 내린 제71회 칸영화제는 러시아 영화계에서 볼 때도 특기할 만했다. 경쟁 부문에 진출한 세르게이 드보르체보이 감독의 〈아이카〉는 생애 두 번째로 영화에 출연해 모스크바 내 중앙아시아 출신 이주노동자의 신산한 삶을 탁월하게 연기한 주연 배우에게 여우주연상을 안겨주었다. 또 세르게이 로즈니차 감독의 〈돈바스〉는 우크라이나 동부의 친러시아 분리주의 지역에서 일어난 실제 사건들을 재구성해 만든 희비극 영화로 '주목할 만한 시선' 상을 받았다. 끝으로, 키릴 세레브렌니코프 감독의 〈여름〉(한국 개봉명 〈레토〉)은 소련 록 음악의 전설로 기억되는 빅토르 최에 관한 영화로, 비록 수상하지는 못했지만 출연진이 영화제 공개 석상에서 현재 횡령 혐의로 가택연금 상태에 있는 감독의 석방을 요구하는 푯말을 들어 보여 화제가 되었다.

흥미로운 사실은 2018년 칸영화제에 진출한 이 세 명의 감독은 현재 국적도 다르고 민족도 다르지만, 1960년대에 소련에서 태어났고 다소 차

▌ 영화 〈아이카〉에서 열연해 제71회 칸영화제 여우주연상을 받은 사말 예슬랴모바와 세르게이 드보르체보이 감독(자료: ru.sputnik.kg).

이는 있지만 20대까지 공통된 경험 공간과 감정 구조 속에 살았다는 점이다. 특히 드보르체보이 감독과 로즈니차 감독은 1991년 소련이 붕괴된 이후 각각 러시아와 우크라이나 시민으로 국적이 달라졌음에도 다양한 창작 활동을 통해 포스트소비에트 공간 안팎에서 민족과 국가 간 경계를 자유롭게 넘나들고 있다. 먼저 드보르체보이는 러시아인으로 1962년 카자흐스탄 침켄트에서 태어나 이곳에서 스물다섯 살까지 보냈다. 이후 그는 1990년대 초에 모스크바로 이주해 영화학교를 졸업했고 1997년에 다큐멘터리 단편 영화 〈행복〉을 만들면서 본격적으로 창작 활동을 시작했다. 그로부터 약 10년 뒤인 2008년에는 첫 번째 장편 극영화 〈튤립〉을 만들었고 그해 칸영화제에서 '주목할 만한 시선' 상을 받았다. 2018년 칸영화제 여우주연상을 받은 사말 예슬랴모바가 자기 이름과 똑같은 여주인공 사말 역을 맡아 생애 처음으로 연기를 시작한 영화도 바로 〈튤립〉이었다.

〈튤립〉은 전통과 현대, 초원과 도시의 갈림길에 놓인 포스트소비에트 시대 카자흐스탄 유목민 가족을 둘러싼 이야기를 들려준다. 이 영화에서 가장 극적이고 인상적인 장면은 초원에서 길을 잃은 어미 양 한 마리가 기진맥진하며 새끼를 낳는 대목이다. 여기서 주인공 아사는 고통 속에 있는 어미 양의 분만을 성공적으로 유도할 뿐 아니라 초원의 열악한 환경에서 갓 태어난 새끼 양도 호흡곤란으로 죽기 직전 인공호흡법을 사용해 간신히 살려낸다. 이 장면은 10여 분 동안 길게 이어지는 롱테이크와 다큐멘터리 기법으로 찍었는데, 한 편의 영화 안에서 허구와 실제의 경계를 자유롭게 넘나드는 촬영 방식은 〈아이카〉에서도 찾아볼 수 있다.

이러한 탈경계성은 영화 촬영 방식으로만 그치지 않고 국적과 국경을 초월하는 제작 방식에서도 두드러진다. 예를 들면, 〈튤립〉은 카자흐스탄, 러시아, 폴란드 등 6개국 합작 영화로 모스크바에서 활동하는 카자흐스탄 태생의 러시아인 감독이 카자흐 초원을 배경으로 만들었다. 또 〈아이카〉는 카자흐스탄, 러시아, 독일 등 5개국 합작 영화로 카자흐 출신 여배우가 모스크바에 사는 키르기스 출신 여성 이주노동자를 연기했다. 이런 점에서 볼 때 드보르체보이 감독은 분명히 포스트소비에트 공간에 새롭게 형성된 국가와 민족 간 경계들을 자유롭게 넘나드는 대표적인 문화적 혼혈인 가운데 한 명이라고 할 수 있다.

이번 칸영화제에서 〈돈바스〉로 '주목할 만한 시선' 상을 받은 로즈니차 감독도 드보르체보이 감독 못지않게 포스트소비에트 시대의 문화적 혼종성을 대표한다. 우크라이나인인 로즈니차는 1964년 벨라루스 브레스트주 바라노비치에서 태어났고 1981년 키예프에서 대학을 졸업했다. 소련이 붕괴한 해인 1991년에는 모스크바로 이주해 러시아영화학교에 들어갔고 1997년에 우등으로 졸업했다. 이후 2000년에는 상트페테르부르크의 한 영화 스튜디오에서 일하다가 이듬해인 2001년에는 독일로 이주해 살면서 창작 활동을 하고 있다.

이처럼 로즈니차의 영화에는 벨라루스와 우크라이나, 러시아의 문화적 피가 섞여 흐른다. 그는 벨라루스에서 태어나 거기서 일정 기간 자랐고 우크라이나에서 대학에 다녔으며 러시아에서 영화를 공부했다. 현재 그는 우크라이나 시민으로 독일에서 살고 있지만, 우크라이나와 러시아를 중심으로 왕성한 창작 활동을 펼치고 있다. 게다가 로즈니차는 드보르체보이와 마찬가지로 다큐멘터리 영화를 만들면서 창작 활동을 시작했고 2018년 전주국제영화제에 초대된 〈승리의 날〉(2017) 같은 다큐멘터리 영화를 2년에 한 번꼴로 찍고 있다. 또 그의 극영화들도 다국적 제작이 특징인데, 장편 극영화로 데뷔작인 〈나의 행복〉(2010)은 우크라이나, 네덜란드, 독일 3개국, 전쟁영화 〈안개 속에서〉(2012)는 러시아, 벨라루스, 라트비아 3개국, 〈온순한 여자〉(2017)는 러시아, 우크라이나, 프랑스 등 7개국 합작으로 제작되었다. 이 중에서 〈나의 행복〉과 〈온순한 여자〉는 동시대 러시아 사회의 부조리를 신랄하게 비판하는 사회성 짙은 작품으로 높은 평가를 받았다.

드보르체보이와 로즈니차 감독의 사례에서 알 수 있듯이 포스트소비에트 시대의 문화적 혼종성은 민족과 국가 간 경계를 종횡으로 넘나드는 영화산업에서 두드러진다. 특히 출생과 성장, 창작 활동에서 비슷한 배경을 가진 두 감독의 영화가 제작 방식과 배역 설정, 주제 구성 등에서 선택의 폭을 넓혀주는 동시에, 포스트소비에트 공간에서 새롭게 형성된 역사적 현실을 다양한 관점에서 보여주며 인식의 지평을 넓혀주는 것도 바로 이러한 혼종성 덕분이다. 다른 한편, 러시아와 긴밀하게 연결되어 있는 이들 감독의 영화에 나타난 문화적 혼종성은 포스트소비에트 공간에서 이른바 '루스키 미르(러시아 세계)'를 확장하는 데에도 일정 부분 이바지한다고 볼 수 있다.

▮ 2018년 5월 28일 제478호

러시아에서 니체가 갖는 의미와 그의 도덕 이념

천호강 | 부산외국어대학교 러시아중앙아시아연구소 전임연구원

니체의 철학이 기존의 논리적이고 철학적인 논의 틀에서 해석되기 어려운 첫째 이유는 그의 사유 전개에 문학적 상상력이 동원되기 때문이다. 기본적으로 그의 철학적 구상은 기존 사유의 틀을 부수고, 현존하는 가치 혹은 가치체계를 도덕적으로 문제 삼는다. 기존의 도덕 틀에 묶여 추방당한 이른바 '이상하고 수수께끼' 같은 것의 탐색을 철학의 문제로 제기한 것이다.

이러한 니체의 사상은 세기말의 러시아 문화사에 독특한 흔적을 남겼다. 역사상 서구의 예술과 학문은 러시아 문화 발전에 지대한 영향을 미쳤다. 대체로 서구의 발전된 기술이 러시아에 도입되어 러시아 과학의 일부분으로 확고히 자리 잡았지만, 니체의 철학은 러시아 정신문화의 고유한 부분과 결합해서 그 문화의 일부분, 즉 니체적인 것으로 남았을 뿐만 아니라, 그의 철학이 러시아적인 것과 화학적으로 융합되었다고 할 수 있다.

문화적 격랑의 시기였던 19~20세기 전환기 러시아에서 니체의 도덕 철학은 기존의 낡은 관습에 대한 반란의 전형으로 이해되었다. 그 당시 러시아는 인텔리겐치아가 고수하던 공리주의적이고 자유주의적인 세계 관이 퇴색하는 상황에서 새로운 것을 탐색하고 있었다. 그런데도 1870 년대 세대에게는 지식인의 사회적 임무가 고귀한 가치로 여겨지고 있었 다. 그러나 이러한 인민주의적 이데올로기가 1880년대 이후 새로운 세 대에게는 환멸을 일으켰고, 러시아의 지성계는 이념적인 진공상태에 빠 져들었다. 러시아의 니체 연구자들은 이러한 세기 전환기를 그의 용어 를 빌려 '가치의 재평가' 시대로 평가하기도 했다.

가령 솔로비요프는 1890년대 러시아의 지적 경향은 1830~1840년대 의 헤겔주의, 1850~1860년대의 실증주의처럼 사람들의 의견이 하나의 무리를 지어 단일한 목적을 향해 직선적으로 나아가는 것이 아니라, 다 양한 지적 운동 속에서 다원화되었다고 설명한다. 그런데도 그는 세 가 지 경향, 즉 경제적 유물론(마르크스), 추상적 도덕주의(톨스토이), 초인의 악마주의(니체)가 이 시기의 주된 흐름이었다고 언급한다.

이렇듯 러시아 내부에 자리 잡고 있던 지적 경향과 니체의 사상이 서 로 호응한 결과 독특한 반향을 불러일으킬 수 있었다. 당대 실증주의적 미덕으로 여겨지던 '합리적 이기주의'의 발현은 '속물근성'으로 느껴지 기 시작했고, 러시아 문학에 자주 등장하는 '작은 인간'의 속성으로서의 나약함은 이미 러시아 지식인들에게 끊임없는 공격의 대상이었다. 이러 한 지적 경향이 바로 문화(특히 문학적 형상들) 속에 구현된 '도덕적 반란' 의 전통이라고 할 수 있다. 이러한 흐름 속에 소심함과 평범함, 순종과 자기만족 등의 대중적 미덕을 격렬하게 공격하면서 '망치를 들고 출현' 한 이른바 오만한 철학자의 도덕 이념은 독특한 러시아적 수용을 설명할

￭ 뭉크, 「니체」(1906).

수 있는 실마리가 되었다.

니체의 도덕 이념은 관념론자들이 주장하는 '더 실재적인 세계'가 더는 존재하지 않는다는 관점에서 시작된다. 인간의 도덕적 본성이라는 문제에 접근하면서 그는 선구자로서 쇼펜하우어, 스탕달과 더불어 도스토옙스키에게서 다양한 영향을 받은 것으로 언급된다. 니체는 '도덕적 사실'은 존재하지 않고 다만 '어떤 현상에 대한 해석, 더 정확히는 오독'만이 있을 뿐이라고 주장함으로써 모든 도덕적 가치의 토대를 허물어 없애려 했다. 러시아 소설과 관련된 예로 니체는 도스토옙스키의 『지하생활자의 수기』를 읽은 후 도덕성과 형이상학적 욕구가 가장 추한 최악의 감정, 즉 자기비하, 심술, 잔인함과 양심 등에서 발생한다고 주장했다. 도덕적 의식의 기원에 대한 그의 탐색은 사실상 심리 현상을 개념적으로 설명하지 않고 구체적으로 형상화해서 내세우기 때문에 다양한 이해의 가능성을 낳는다. 다시 말해, 니체가 내세우는 전형들('금발의 짐승', '주인', '노예', '자유로운 정신', '성직자', '철학자' 등)은 사회적이고 정치적인 전형이 아닌 심리적인 지향으로 인식해야 한다. 이렇게 도스토옙스키 소설의 등장인물 속에서 사회적 전형이 아닌 인간 내면의 심리적 본질을 보게 된다면, 니체의 해석은 아주 적절할지도 모른다.

그런데 니체는 동정과 이웃 사랑이라는 기독교적 개념을 거부하고 특히 사랑에 대한 자신의 개념을 재정립하고자 했다. 간단히 말해, 기독교적 이타주의에서의 동정은 분노한 자와 약한 자에게 느끼는 '건강'하고 고귀한 자의 감정이며, 약한 자가 정신적으로 우월하다고 상상된 지위에 있는 자에게 자신을 낮추는 것이다. 이러한 동정은 타락한 자와 약한 자를 향한 위장된 악의일 뿐이고, 타자의 고통을 한층 더 강화할 뿐이다. 반면에 진정한 사랑은 적어도 서로 동등한 자격을 갖춘 상대들 사이에서 가능하다. 따라서 니체에게서는 이웃에 대한 사랑보다는 자기애라는 이념이 더 중요하게 부각된다. 여기서 더 나아가 니체는 지상의 활동에서 이해할 수 있는 응집된 힘의 결정적 원칙으로서 '권력에의 의지'를 설파했다. 그에게서 권력에의 의지를 발현하는 것은 창조적 만족을 주고 삶을 긍정하는 것이며, 자기부정에 입각한 기독교적 사제의 니힐리즘에 대립한다.

이처럼 그는 기존의 도덕을 비판하면서 새로운 유형의 도덕을 제안한다. 여기서 동물적인 것과 정신적인 것, 자연적인 것과 도덕적인 것, 지상과 천상, 선과 악, 주인과 노예 같은 총체적인 구분은 폐기된다. 니체는 이러한 이항 대립적인 성분이 결합한 연속체를 주장한다. 다시 말해, 대립적인 가치들이 진정으로 전투를 벌이는 장소가 정신이고 이러한 정신에 근거해서 '건강'이라는 새로운 개념을 제안한 셈이다. 이러한 기반에서 니체는 새로운 메시아인 '초인'을 '기독교적 내세관'과 무관심 속에서 가만히 쉬게 내버려두지 않고, 위대한 사랑과 경멸, 창조적 정신의 구원자로 제안한다. 다만 이러한 니체적 메시아인 '초인'은 내세가 아니라 지상적 존재라 하더라도 아직은 존재하지 않으며, 기독교의 메시아처럼 초인도 미래에 출현할 것이라 주장한다.

한편 니체가 도덕철학을 제시하던 시기에 러시아에서도 니체의 사유와 맥락을 함께하는 도덕에 대해 다양한 논의가 있었고, 특히 니힐리스트적 원형들은 니체의 '반란하는 개성'과 적지 않은 유사성을 공유한다. 더 나아가 현존하는 가치체계의 붕괴를 체감한 러시아의 니힐리스트들과 니체의 도덕적 반란자들은 다 같이 '새로운 인간'의 고유한 원형을 창조한다. 우리는 이러한 원형들을 러시아 소설의 주인공들인 라스콜리니코프, 스타브로긴, 키릴로프와 바자로프 등의 형상 속에서 고찰할 수 있다. 특히 니체의 초인사상은 도스토옙스키의 『악령』에 등장하는 키릴로프의 '인신' 사상과 비교할 수 있다. 여기서 무엇보다 자기 인식을 통해 미래의 변형이 형성된다는 공통점에도 불구하고, 키릴로프는 인간 심연을 엿보고 나서 부정의 극단적 형식으로서의 자살을 선택하지만, 니체의 초인은 삶에 대한 '긍정'을 승인한다는 점에서 차이가 난다. 이렇게 초인은 무의식적, '육체적' 존재의 힘을 승인하고, 창조의 능동성과 자기 존재를 찬양하는 힘의 승화로서 존재의 힘을 개인에게 부여한다.

더 나아가 '신은 죽었다'라는 그의 도발적인 언급은 '신'의 개념이 인간 존재를 정당화하는 기능을 상실했다는 것을 의미한다. 그럼에도 그의 철학에서는 일정한 종교적 감수성이 느껴진다. 이러한 그의 세계관은 이후 러시아 상징주의자들(메레지콥스키와 벨리 등)과 사실주의자들(고리

키와 루나차르스키 등)의 '구신주의' 및 '건신주의' 이념을 형성하는 데 강한 영향을 주었을 것으로 보인다. 이러한 맥락에서 그의 철학 역시 당대에 유행했던 도덕적 니힐리즘에 맞서는 역할을 담당한 것으로 볼 수 있는데, 그것은 니체가 존재의 의미를 만드는 힘을 인간 정신의 내적 세계에서 찾았기 때문이다.

전반적으로 이러한 니체의 도덕 이념은 러시아적인 도덕적 반란의 전통과 함께 이후 러시아 문화에 지대한 영향을 미쳤다고 할 수 있다. 특히 러시아 상징주의, 네오리얼리즘, 그리고 모더니즘 경향의 음악과 미술에도 영향을 미쳤다. 이러한 예술과 관련해서 19세기 말 20세기 초의 전환기를 곧잘 '러시아 문화의 르네상스' 혹은 '은세기'라고 일컫는다. 그러나 이러한 은세기 직전의 러시아는 오히려 문화적 침체와 위기의 시기였다. 예술은 현실을 반영해야 하고 현실과 일정하게 합류해야 한다는 사실주의적 이상이 예술의 자기부정이라는 위협에 봉착해 있었다. 19세기 말 이러한 사실주의 시대에 현실의 핍진한 묘사라는 이념을 공격해 파괴하고 현실에 대한 다양하고 기묘한 형상적 반영을 주창하는 원천의 하나로 니체의 이념이 자리한다고 말할 수 있다. 요약하면, 당시 러시아에는 문화 사상적으로 도덕적 반란이라 할 만한 현상이 존재했고 니체가 러시아에 소개되기 시작하자 이러한 러시아적 이념과 니체의 도덕 사상이 결합한 결과 불가피하게 그 시대의 '문화의 폭발'로 이어졌다.

소련 붕괴 이후 지금까지 러시아의 진로는 어떠한가? 우리는 소련 및 과거와 다른 새로운 러시아를 바라는 것이 아니라 과거의 영광과 정신세계로의 복귀를 바라는 러시아의 집단의식을 마주하곤 한다. 강력한 국가와 러시아 정교의 부활은 거대한 제국 이데올로기를 떠받치는 이념이고, 그 부당함을 주장하는 개인은 무력할 뿐이다. 그러나 러시아인들이 공유하는 의식 속에는 이러한 이념만이 존재하는 것은 아니고, 도덕적 반란과 현세적 '초인'에 대한 이상이 공존한다는 측면에서 니체의 도덕 이념은 러시아의 미래를 예측하는 중요한 근기 중 하나가 될 것으로 보인다.

▌2018년 4월 23일 제473호

톨스토이와 나무, 그리고 수압승강기

김은희 | 청주대학교 학술연구교수

고향 야스나야 폴랴나가 없다면 러시아도, 러시아에 대한 내 관계도 상상할 수 없다.

　　　　　　　　　　　　　　　　　　　　　　　　　- 레프 톨스토이

톨스토이는 문학계의 성자였다. 많은 작가가 나름의 이유를 들고 성지를 순례하듯 톨스토이의 영지를 방문하곤 했다. 방문객들은 '백작'이었던 톨스토이의 웅장한 저택을 내심 기대했을지 모른다. 그러나 그들을 맞이한 것은 수많은 나무와 크고 작은 연못이다. 나무들을 지나고 지나야 톨스토이의 생가로 갈 수 있다. 나무들을 만나고 헤어지고 또 다른 나무들을 만나고 그들의 이야기를 들어야 톨스토이에게 이를 수 있는 것이다.

톨스토이의 영지는 '야스나야(밝은) 폴랴나(들)'다. 직역하면 '밝은 들'이라는 뜻이지만, 박물관 해설사는 '물푸레나무(야센)의 들'로도 해석할 수 있다고 한다[물푸레나무의 형용사형은 '야스네비(яснeвый)'이지만 말이다]. "이 지역에 물푸레나무가 많고, 물푸레나무의 명칭은 '야센'이다. 야센이 라는 말은 형용사 형내인 '야스니(ясный, 밝은, 선명한)'에서 유래한 것이 니 '야스나야 폴랴나'를 물푸레나무의 들이라고 해도 무방하다"라고 말 한다. 물푸레나무는 하얀 꽃이 피고 몸통은 회색이다. 전체적으로 밝은 빛이기에 '야센'으로 불리었다고 전한다. 슬라브계열의 모든 민족에서 이 나무의 명칭은 거의 유사하게 '야센'으로 발음되며 독일어나 영어로 도 '잿빛 나무(Retuse Ash)'로 불린다. 모두 밝음을 이 나무의 특징으로 삼 고 있다. 이러한 연유로 야스나야 폴랴나는 물푸레나무(야센)들이 울창 한 '밝은 들'이라는 이름으로 불리게 되었을 것이다.

고대 슬라브인들에게 물푸레나무는 숭배의 대상이었고 토템 나무였 다. 서슬라브 민족 중 하나인 폴라브인은 물푸레나무가 독사를 물리쳐 준다고 믿었기에 집 주변에 둘러 심었다. 물푸레나무를 신성시했던 것 은 슬라브족뿐만 아니다. 스웨덴과 캅카스의 여러 민족, 인도의 소수민 족들도 그랬다. 우리나라에서 물푸레나무는 어린 가지의 껍질을 벗겨 물에 담가보면 파란 물이 우러나기에 '물을 푸르게 하는 나무'라는 뜻으 로 이름 붙여졌다 한다.

톨스토이는 야스나야 폴랴나에 물푸레나무들을 직접 심기도 했는데, 그가 심은 물푸레나무 중 세 그루는 아직도 살아서 그 위용을 자랑하고 있다.

야스나야 폴랴나에는 이 세 그루의 물푸레나무 외에도 톨스토이가 심 은 나무들이 봄이면 새순을 피우고 여름이면 잎을 드리우고 가을이면 열 매를 내놓고 있다. 저택 앞에 펼쳐진 사과나무 뜰이 대표적이다. 야스나 야 폴랴나에 처음 사과나무를 들여 온 것은 1763년 톨스토이의 외증조부 세르게이 볼콘스키 공작이 이 영지를 사들인 직후였다. 영지의 나무를 베어 갈아엎고 약 3헥타르의 땅에 사과나무를 심었다. 19세기 초 톨스토이의 외조부 니콜라이 볼콘스키는 당시 유행했던 스타일로 공원식 정원을 설계해서 저택을 재정비하고 엄격한 '영국식' 정원을 꾸몄다. 그러다가 사과나무들이 열매를 맺기 시작하자 사과나무를 점점 더 많이 심기 시작했다고 한다. 톨스토이는 처녀작『유년 시절』에서 사과나무와의 얽힌 추억을 회상하며 "나는 채소나 과일이 익어가던 채소밭이나 과수원 뜰로 그것들을 먹으러 자주 돌아다녔다. 그리고 이 일은 내게 가장 즐거운 일 중 하나였다"라고 고백하고 있다.

1847년 톨스토이는 야스나야 폴랴나의 영지 1600헥타르와 330명의 농노, 주변 마을들을 상속받았다. 하지만 군 복무 중에 방탕한 생활로 진 빚을 갚기 위해 조부의 저택과 상속분 일부를 팔아서 나중에는 약 1200헥타르의 영지와 주변 마을 하나만 남았다. 톨스토이는 영지를 경영하면서 숲과 과수원을 더 넓혔으며 조부의 사과나무 뜰을 더 확장했다. 사과나무 과수원은 조부 때보다 네 배나 늘어났고 40헥타르가 넘었다. 현재 야스나야 폴랴나의 면적은 384헥타르이며 저택 부속 영지가 54헥타르, 건초용 풀밭이 40헥타르, 숲이 242헥타르이며 나머지가 경작지다.

톨스토이는 장남 세르게이가 태어나자 기념으로 저택 바로 앞에도 사과나무 뜰을 꾸몄다. 장남 세르게이 톨스토이의 수기에 따르면 영지의 정원에는 6385그루의 다양한 유실수를 심었고 사과나무는 7900그루에 달했다고 한다.

매년 봄이면 톨스토이 가족은 꽃피는 정원에서 특별한 아름다움을 만끽하곤 했다. 톨스토이의 아내 소피야는 그중에서도 사과나무 꽃에 감탄해 일기에 다음과 같이 기록했다. "사과나무는 특히나 아름답게 꽃을

■ 사과나무 뜰을 걷고 있는 레프 톨스토이와 그의 식솔들(자료: nvkuznetsova.blog
spot.com/2017/08/blog-post_19.html?m=1).

피웠다. 사과나무가 꽃을 피우면 마법 같고 광기와도 같은 무엇인가가
넘실거렸다. 그런 것은 본 적이 없다. 창문 너머로 뜰을 보면, 저 멀리 연
둣빛을 배경 삼아 분홍빛 그림자들을 곳곳에 드리운, 허공에 뜬 하얀 꽃
구름에 매번 감동받는다."

이 과수원들은 톨스토이 집안에 안정적인 수입원이기도 했다. 수확한
사과 일부를 톨스토이 가족에게 주는 조건으로 과수원들은 1년에 2000
루블에서 5000루블(당시 모스크바의 단독저택이 1만 2000루블 정도였다)로
임대되었다.

그래서 톨스토이 가족의 식단에서 사과는 매우 중요한 자리를 차지했
다. 톨스토이의 아내 소피야의 사과 조리법은 요리책에 들어갔을 정도
다. 소피야는 모스크바 의사 안케의 조리법에 따라 사과 향이 물씬 풍기
는 투명한 호박색의 사과 잼을 졸이곤 했으며, 사과 파이와 비스킷을 굽
고, 사과와 흑빵을 원료로 푸딩을 만들어 가족과 손님들을 위해 내놓았

다. 야스나야 폴랴나에는 레프 톨스토이와 그 가족을 기억하는 92그루의 토박이 사과나무가 현재까지도 자리를 지키며 탐스러운 사과를 해마다 열매 맺고 있다.

2017년 야스나야 폴랴나에서는 '가난한 자들의 나무'가 있던 자리에 나무를 심는 행사가 열렸다. '가난한 자들의 나무'는 야스나야 폴랴나의 가장 유명한 나무 중 하나였다. 느릅나무였는데, 이 나무는 평생 톨스토이와 함께했다. 이 느릅나무 아래서 톨스토이는 매일 아침 이런저런 청탁을 하러 오거나 구걸하러 오는 사람들을 기다리곤 했다. 농부와 거지, 병자, 부탁할 곳을 찾아온 사람들이 대다수였다. 그래서 이 느릅나무의 이름이 '가난한 자들의 나무'라고 불리게 되었다. 톨스토이는 나무 아래 벤치에 앉아 자신을 찾은 러시아 문화계 인사들이나 작가들과 대화를 나누곤 했다. 나무에는 조그만 종이 하나 달려 있는데 식사할 때가 되면 으레 그 종을 울려 사람들을 식탁으로 초대했다. 세월이 흐르자 나무는 너무 자라서 굵어지고 가지가 무성해져서 휘어지고 줄기에 구멍이 났다. 결국 1955년 가장 큰 가지(지름이 40cm였다)를 잘라냈는데, 나이테로 가늠해 본 수령이 당시 기준으로 120년 정도였다. 1970년 봄이 되자 나뭇잎이 더는 달리지 않았고, 결국 나무는 베어졌다. 톨스토이보다 60년 더 산 셈이다.

톨스토이의 영지에는 떡갈나무도 많다. 톨스토이는 『전쟁과 평화』에서 안드레이 볼콘스키와 오래된 떡갈나무의 만남을 묘사한다. 이 일화는 소설의 전환점이 되는 일화 중 하나다. 안드레이는 이후 인생의 새로운 단계로 접어들고 세계관의 변화를 겪는다. 그에게 민중과 하나가 되는 새롭고 기쁜 인생이 열린다. 떡갈나무는 안드레이 마음속에 일어나는 근본적인 변화를 상징한다. 그렇게 떡갈나무는 '러시아 대지와 러시

■ '가난한 자들의 나무'와 톨스토이(자료: www.mk.tula.ru).

아인은 하나다'라는 연대의식을 드러내고자 했던 톨스토이의 생각을 잘 보여준다.

야스나야 폴랴나에서는 해마다 다채로운 행사가 열리곤 한다. 영지에서는 과실수들이 꽃을 피우고 열매를 맺고 그 열매를 수확하고 있으며, 늙은 나무들은 베어져 어린나무들에 제자리를 내주고 있다. 톨스토이가 '가난한 자들의 나무' 아래서 '가난한' 자들을 기다렸듯이, 그의 저택은 박물관처럼 화석화되지 않고 현재 진행형의 삶들을 살아가고 있다. 이반 부닌의 단편 소설 『안토노프 사과』에서 사과나무는 과거로 사라져가는 기억처럼 아련한 러시아를 상징했다. 하지만 야스나야 폴랴나의 사과나무와 오래된 나무들은 현재의 어린 나무들과 여전히 같이 숨 쉰다.

여성 괴학자 호프 자런은 『랩걸』에서 단풍나무의 '수압승강기' 현상을 소개한다. 다 자란 나무는 밑으로 뻗어 내려간 뿌리를 통해 필요한 수분 대부분을 공급받는다. 반면 지표면 가까이 자리 잡은 뿌리는 횡으로 뻗어나가며 그물 같은 짜임을 만들어 나무가 쓰러지는 것을 막는다. 그런데 가로로 퍼져간 뿌리들이 단순히 쓰러짐 방지 기능만을 수행하는 것은 아니다. 지표면에 바싹 붙은 이 뿌리들은 밤이 되면 주변의 건조한 흙으로 수분을 흘려보내는데, 큰 나무들 근처에 사는 작은 나무들은 이렇게 재활용된 물에서 필요한 물의 절반 이상을 얻는다. 깊이 뿌리 내리지 못해 수분을 얻기 힘든 어린 나무들에겐 정말 소중한 자원이 아닐 수 없다.

물푸레나무와 사과나무를 지나 가난한 자들의 느릅나무가 있던 자리에 이르는 길. 그 길에서 야스나야 폴랴나의 오래된 나무들은 10년마다 프랑스 크기의 숲이 지구에서 사라져가는 지금도 횡으로 뻗은 뿌리들을 통해 수분을 흘려보내며 작은 나무들에게 필요한 물을 공급하고 있다.

▎2018년 9월 3일 제492호

르엘 오페라단 공연,
블라디보스토크에 부는 한·러 음악 교류 바람

장일범 | 음악평론가·국악방송 〈창호에 드린 햇살〉 진행자

　블라디보스토크의 아르바트 거리에는 한국 20대 청년들 반 러시아 사람 반이었다. 한국 방송들이 이른바 '먹방' 프로그램에 블라디보스토크를 자주 비추더니 이렇게나 많은 한국 청년이 '한국에서 가장 가까운 유럽'으로 불리는 블라디보스토크에 그냥 놀러오고 있었다. 역시 홍보가 무섭다고 생각했다. 참 반가운 현상이었다. 이제부터 연해주와 진정한 교류가 시작되겠구나 하는 느낌이 강하게 들었다. 거의 15년 만에 다시 찾은 블라디보스토크는 깜짝 놀랄 만큼 변해 있었다.

　2003년 나는 남성 합창단 일원으로 블라디보스토크를 처음 찾았다. 러시아 민요 「칼린카」를 솔로로 불렀고 러시아어로 공연 사회를 맡았다. 블라디보스토크와 나홋카에서 열린 공연에서는 우리 남성 합창단이 「칼린카」와 「카튜샤」 접속곡, 「모스크바 근교의 밤」 등을 러시아어로 부르자 러시아 청중이 흥분하기 시작했고, 심지어 공연 후반부에는 무대 위로 러시아 바부시기(할머니)들이 차례로 뛰어 올라와 나의 마이크를

빼앗더니 이것은 '기적'이라며 우리 팀을 엄청나게 칭찬하기도 했다. 나는 당연히 합창단원 모두가 이 상황을 기뻐했을 줄 알았는데 나중에 보니 러시아어를 모르는 합창단원들은 도대체 뭐라고 무섭게 말하는 거냐고 걱정해서 한참 웃으며 설명해 주었던 일도 있었다. 그랬던 블라디보스토크에서 15년 만에 다시 공연을 하게 되니 감회가 새로웠다. 시골 대합실 같던 공항부터 시원스럽게 바뀌었고 투숙한 솔네치니 문화센터 기숙사도 15년 전과는 비교할 수 없을 만큼 현대식으로 탈바꿈했다.

이번 공연은 르엘 오페라단이 솔네치니 문화센터의 초청을 받아 2018년 11월 16일 푸시킨 극장에서 리허설을 했으며 17일에는 오후 5시에 '오페라 갈라 콘서트'를 열었다. 한국 성악가들은 다양한 목소리의 주인공들로 구성되었는데, 필자는 블라디보스토크 스타일로 곡마다 러시아어로 해설했다. 리릭 레제로 소프라노인 이소연은 로시니의 〈세비야의 이발사〉 중 「방금 들린 그 목소리」를 부르며 블라디보스토크 청중에게 르엘 오페라단을 대신해 첫인사를 했고, 테너 강신모와 바리톤 김인휘는 베르디 오페라 〈돈 카를로〉의 카를로 왕자와 포자 후작 로드리고의 우정의 2중창을 남성미 넘치게 들려주었다. 이어 소프라노 이수현은 오펜바흐의 오페라 〈호프만의 이야기〉 중 로마의 스팔란차니 박사가 제작한 자동인형이 사람처럼 부르는 노래 「소사나무 위에서는」을 빼어나게 불렀는데, 태엽이 다 풀렸을 때 태엽 감는 박사 역할을 내가 맡아서 했더니 '브라보!'를 외치는 청중이 있었을 정도로 이수현의 콜로라투라 기교에 힘찬 박수와 반응을 보여주었다.

이때부터 콘서트는 크게 활기를 띠기 시작했다. 바리톤 김인휘가 부르는 베르디 오페라 〈리골레토〉의 「궁정 가신들아」가 끝나고 드디어 러시아 오페라 아리아가 등장했다. 그것도 러시아 오페라 아리아 중 가장 긴 표토르 차이콥스키 오페라 〈예브게니 오네긴〉 중 '타티야나의 편지'의 아리아 「당신께 편지를 씁니다」를 소프라노 오해은이 긴 호흡으로 소화해 냈다. 특히 이 곡은 19세기 러시아 문학의 백미일 뿐만 아니라 러시아 오페라 중에서도 백미로 불릴 만한 작품이다. 러시아인들은 한국 성악가가 타티야나가 된 듯 이 작품을 열정적으로 소화해 내는 것을 보고 매우 놀라고 기뻐했다. 베이스 남완과 소프라노 이소연은 모차르트 오페라 〈돈 조반니〉 중 체를리나와 돈 조반니의 2중창 「자, 우리 저리로 가서 손을 잡을까요?」를 코믹한 연기를 더해 불렀으며, 1부의 마지막으로는 소프라노 이수현이 빅터 허버트의 오페레타 〈말괄량이 마리에타〉 중 「이탈리안 스트리트 송」을 발랄한 목소리로 불러 청중을 행복하게 해주었다. 1부가 오페라 무대였다면 중간 휴식 후 2부는 가곡 무대였다.

　테너 강신모는 멕시코 작곡가 라라의 「그라나다」를 신바람 나게 불렀고 라카예의 「아마폴라」를 바리톤 김인휘와 함께 듀엣으로 불러 색다른 즐거움을 안겨주었다. 이제는 러시아 가곡 차례. 라흐마니노프의 짧지만 파라다이스처럼 아름다운 곡 「여기가 좋아요」를 불렀다. 성서 구절에서 인용되었다고도 하는 이 곡의 태생적 아름다움을 소프라노 이수현이 훌륭히 표현해 주었으며 모스크바음악원 출신의 바리톤 남완은 포민의 '인생에서 단 한 번 진정한 사랑을 만난다는데 난 그 사랑과 지금 헤어지고 말았네'라는 아름답고 구슬픈 사랑 이야기가 담긴 로망스 「단 한 번만」을 감수성을 자극하며 불렀다.

　2부에서도 알렉산드르 푸시킨의 작품이 연주되었다. 1부에서 푸시킨의 운문 소설 『예브게니 오네긴』 중 '타티야나의 편지'의 아리아를 부른데 이어 이번에는 푸시킨의 시에 곡을 붙인 「미인이여, 내 옆에서 노래하지 마오」를 소프라노 이소연이 아름다운 비브라투로 들을 수 있었다,

■ 블라디보스토크 공연 이후 르엘 오페라단과 사회자 장일범의 기념 촬영 모습(자료: 필자 제공).

미하일 레르몬토프의 철학적이고 명상적인 시에 곡을 붙인 다리야 샤시노이의 로망스 「나 홀로 길을 걷네」에서 테너 강신모는 소프라노 오해은이 썼던 편지를 활용해서 시 낭독을 하듯 읊조리며 이 곡을 불러 청중으로부터 큰 박수를 받기도 했다. 이어 바리톤 김인휘는 트로이카에 얽힌 러시아 민요 「마부여, 말을 재촉하지 마오」를 불렀다. 김인휘는 사랑하는 연인을 잃고 돌아갈 곳 없는 화자의 아픔을 절절히 불러내어 힘찬 박수를 받았다. 소프라노 오해은은 1부 '타티야나의 편지'의 아리아에 이어 2부에서도 차이콥스키의 가곡을 불러 사랑을 받았다. 마지막 곡은 바리톤 남완이 장식했다. 괴테의 『파우스트』에 등장하는 벼룩 이야기를 모데스트 무소륵스키가 생동감 넘치는 가곡으로 만든 「벼룩」을 남완의 빼어난 연기와 함께 감상하니 감칠맛이 났다.

블라디보스토크 청중의 뜨거운 박수갈채와 꽃다발, 브라보 연호에 르엘 오페라단 출연진들은 「오 솔레 미오」와 베르디 오페라 〈라 트라비아타〉 중 「축배의 노래」로 즐겁고 흥겹게 무대를 마무리했다. 공연이 끝난 뒤 르엘 오페라단은 바로 앙코르 공연 요청을 받았다. 연해주 마린스키 극장에서는 극장장이 와서 자신들이 주최하는 2019년 7월 페스티벌에 와달라고 초청해, 이 공연은 2018년에만 아니라 2019년까지 계속 이어질 예정이다. 또한 블라디보스토크 음악협회인 필하모니에서도 2019년 9월 공연 초청이 들어와 푸시킨 극장에서의 공연은 6월이나 10월로 일정을 조정하고 있다. 이번 공연을 통해 그야말로 블라디보스토크 사람들의 마음을 사로잡은 르엘 오페라단은 대단히 큰 인기를 누렸다. 예전부터 블라디보스토크와는 다양한 교류가 있었지만, 이번 공연을 통해 비로소 본격적인 문화예술 교류가 시작되었다고 할 정도로 모종의 전환점이 된 것 같아 해설자이자 사회자로서 무척 기뻤다. 김경아 르엘 오페라단 단장은 이번 방문 공연 소회를 이렇게 밝혔다. "러시아에서 공연한 후 많은 축하를 받았다. 출연한 모든 선생님이 러시아 음악에 보여준 열정과 사랑으로 이런 성과를 낼 수 있었다고 생각한다. 러시아 유학 1세대인 내가 단장이 된 후 러시아에서 콘서트를 열게 되어 더욱더 기쁘고 특별한 마음이었다. 앞으로도 좋은 음악 교류를 통해 러시아와 한국 음악을 연결하는 오페라단이 되도록 노력하겠다." 블라디보스토크에서 르엘 오페라단의 멋진 공연과 함께 한·러 음악 교류가 본격적으로 이어질 2019년 새해가 벌써 기대된다.

‖ 2018년 12월 10일 제506호

러시아 역사

문학 거장 불가코프가 문예기자로서 체험한 1920년대 모스크바

강수경 | 부산대학교 노어노문학과 강사

1917년 10월 혁명은 모스크바를 소비에트 러시아의 수도로 재탄생시켰다. 많은 작가가 모스크바를 창작 활동의 주요 무대로 삼아 작품의 핵심 공간으로 등장시켰고, 모스크바는 일약 당대 사회와 역사, 현실을 진지하게 바라보고자 하는 지식인-작가들의 예술적 사유의 출발점이 되었다. 침체된 모스크바 예술극장의 부흥을 도우며 당대 희곡 작가로 이름을 떨쳤고, 사후에는 20세기 최대의 소설 『거장과 마르가리타』로 불멸의 작가가 된 미하일 불가코프의 예술세계에서도 모스크바는 여러 층위에 걸쳐 깊숙이 관여하고 있다.

의사 출신 작가인 불가코프의 작품 활동은 오체르크(실화 문학), 팸플릿, 펠리에톤(기사, 일화, 비사 등에 평을 달아 발표하는 출판 형식)을 쓰는 저널리즘 공간에서 출발했다. 내전 당시 군의관으로 근무하던 북캅카스의 한 지방 신문에 몇 편의 펠리에톤을 발표한 것으로 알려졌지만, 그의 본격적인 작가로서의 길은 모스크바에서 시작되었다. 1921년 가을 '영원

▌미하일 불가코프(자료: www.ria.ru).

한 정착을 위해' 모스크바에 도착한 이후 사도바야거리 10번 아파트의 한 공동주택에서 시작된 그의 모스크바 생활은 물질적으로나 정신적으로 고통스러운 시간으로 기록되어 있다.

키예프 지방 출신의 무명작가였던 불가코프가 모스크바에서 '작가'로 정착하기 위해 처음 한 일은 여러 신문과 잡지의 문예란에 글을 기고하는 문인 기자 일이었다. 그는 생존을 위해 글을 써야 했던 저널리스트로서의 경험에 대해 경멸과 증오를 감추지 않았다. 하지만 당시 꽤 많은 독자를 보유했던 철도노동자 기관지 ≪경적≫과 베를린 망명지 ≪전야≫의 모스크바판에서 약 1926년까지 지속한 문예기자 생활은 불가코프에게 "모스크바에 영원히 남을 수 있는" 여지를 마련해 주었고, 작가로서의 명성을 쌓을 기회도 제공했다.

문예기자로서 도시 모스크바의 거리를 활보했던 불가코프에게 특히 신경제정책(New Economic Policy: NEP, 이후 네프)으로 새로운 변화의 시기를 맞이한 모스크바는 비상한 관심과 세심한 주의의 대상이 아닐 수 없었다. 실제로 그는 "1920년대의 모스크바"(≪전야≫, 1924년 5월 27일 자)

라는 글에서 그가 당시 모스크바를 속속들이 알고 있었고 도시를 종횡으로 누비고 다니면서 1921년부터 1924년까지 모스크바를 연구했다고 밝히고 있다. 베를린으로 망명한 러시아인 독자들을 대상으로 했던 신문 ≪전야≫에서 연작 형태로 모스크바의 도시 풍경을 그린 불가코프의 펠리에톤 작품들은 1920년대 네프 시대 소비에트 러시아의 모습을 개인적인 체험의 공간에서 시화한 작업이다.

1921년 9월 말 소비에트의 수도 모스크바에 도착한 불가코프의 눈앞에 펼쳐진 도시는 '공사 중'이었다. ≪전야≫에 게재한 첫 작품인 "붉은 돌의 모스크바"(1922년 7월 30일 자)에서 불가코프는 재건되고 있는 모스크바의 화려하고 소란스러운 풍경을 묘사하고 있다. 각종 화려한 가게 간판들, '구 엘리세예프 가게'의 진열장 너머로 보이는 "캐비어, 피라미드처럼 쌓여 있는 사과와 오렌지", 고급 승용차를 몰고 다니는 네프맨들과 거리를 활보하는 모스크바 주민들은 모스크바의 거리를 장식하는 새로운 구경거리였다.

그는 "서류철 속 수도"(≪전야≫, 1922년 12월 21일 자)에서 모스크바에 둥지를 튼 '수리의 신'을 소개하고, 도시에 불어 닥친 미증유의 재건축 바람으로 인해 이전과는 완전히 달라진 도시 경관을 이렇게 묘사했다. "루뱐카광장에, 먀스니츠카야거리 구석에 무엇이 있었는지는 아무도 모른다. 깨진 벽돌조각과 병 조각으로 뒤덮인, 구멍이 숭숭 난 닳아빠진 어떤 것이 있었을 뿐이다. 그런데 지금은, 물론 1층짜리이긴 하지만, 어쨌든 건물이 서 있다! 건-물! 통유리가 끼워져 있다. 모두가 제대로다."

거리의 산책자인 작가 불가코프의 눈에 비친 새롭게 재건되는 모스크바의 변화는 속도, 소음, 소란으로 특징지어지고, 소리는 빠른 움직임으로 연결된다. "'안누시카'가 윙윙거리고, 소리를 내며, 부지직거리고 덜

▮ 루뱐카광장을 달리는 전차(자료: gluhovski-igor.livejournal.com).

커덩거린다. 크렘린 강변을 따라 예수승천사원으로 날아간다. … 자전
거를 탄 사람들이 줄지어 간다. 오토바이. 자동차. 마치 따발총을 쏘아
대는 것처럼 휙휙 소리를 내고 깍깍거린다. … 전차가 와글거리는 소리,
소란, 경적 사이로 지나쳐간다. 시내로 향한다. 모스크바 거리 옆을 달린
다. 간판에 간판. 선명한 색상이 눈을 때린다. 그리고 없는 게 없다."

　'안누시카' 전차가 내는 '소리'는 밤을 거쳐 다시 아침이 올 때까지 '소
리'로 이어진다. 전차 정류장도 북새통 한가지다. 이곳에서는 소란스럽
고 와자지껄한 가운데 신문 판매원의 목쉰 소리가 소란스러움을 더한
다. 거리는 밤늦은 시간까지 시끌벅적하다.

　"늦은 밤까지 거리는 시끌벅적하다. … 불 밝힌 둥근 시계의 시침이 새
벽 두 시를 향해 기어갈 무렵에도 트베르스카야 거리는 여전히 숨을 쉬
고, 뒤치락거리고, 소리를 내고 있다. … 그러나 점점 소리는 조용히 잦
아든다. 골목 창문의 불도 꺼진다. … 붉은 명절을 앞둔 와자지껄한 하루

를 보낸 모스크바가 잠을 잔다."

불가코프의 주관적인 시선은 파노라마처럼 제시되는 모스크바의 풍경에 자유로운 사유와 성찰의 기제를 더한다. 그렇게 해서 드러나는 도시 모스크바는 지속적인 고통과 모순의 장소다. 도시를 가득 채웠던 '소리'들이 결국은 "으르렁"대는 소리였음이 밝혀진다. 전차의 덜커덩거리는 소리와 거리의 밤을 환히 밝히는 불빛들은 모스크바가 눈도 감지 못한 채 잠들게 하는 방해꾼이다.

"이것은 분명한 소리였다. 모스크바는 으르렁대었고, 안에서는 아우성치고 있었다. … 모스크바는 매일 더욱더 강하게 불빛들에 잠긴다. 가게 창문에서는 밤새도록 비상등이 꺼지지 않는다. … 모스크바는, 밤에도 그 모든 불빛 눈을 꺼트리지 못하고, 이제 잠을 잔다."

불가코프의 시선은 이제 곧 철거하기로 예정된 '성(聖)대순교자 파라스케바사원'으로 이어진다. 그의 눈에 비친 파라스케바사원은 이 소란스러운 모스크바 거리를 슬프고도 희미하게 바라보고 있다. 오랜 세월 좁은 골목에서 이 거리를 바라보아 왔던 파라스케바사원의 시선은 자연스레 불가코프의 시선과 연결된다.

"그러나 파라스케바사원은 슬프고도 희미하게 바라본다. 사원을 철거한다고 한다. 유감이다. … 거리의 정중앙에 세워진 교회의 흰 벽 사이로 얼마나 오랜 세월 동안 이 좁은 골목을 바라보았는가."

불가코프는 문예란에 실은 자신의 펠리에톤 작품들을 통해 모스크바 거리의 관찰자로서뿐만 아니라 거리의 삶에 직접 동참한 참여자로서 자신이 경험한 1920년대 모스크바의 시공간으로 독자들을 인도한다. 우리는 그가 펠리에톤을 통해 재건 중인 모스크바 내에서 벌어지는 소란스러움과 혼돈된 사회상을 작가의 생생한 목소리로 전달하고 있으며 그의 풍

▌1920년대 철거되기 전 파라스케바사원(자료: nevsedoma.com.ua).

자적 시선과 냉철한 관찰이 과거의 기억과 전통을 점점 거세해 가는 모스크바 공간의 본질을 꿰뚫고 있음을 확인할 수 있다. 현대의 도시 모스크바에서는 당시의 면면을 찾아볼 수 없지만 불가코프의 펠리에톤에서는 1920년대의 기억과 역사가 여전히 보존되고 있음에 안타까운 마음을 위로해 본다.

▌2018년 5월 21일 제477호

다시, 비극을 어떻게 애도해야 좋을까?

시베리아횡단철도에서 만난 고려인 강제이주의 기억

최진석 | 문학평론가·서울대학교 강사

2018년 1월 평창올림픽을 계기로 문화관광체육부와 서울대학교가 주관한 국제인문포럼에 참여할 기회가 생겼다. 세계 유수의 작가들을 초청해 인문학적 관점에서 시대의 현황을 짚어보고 토론해 보자는 취지로 열린 제법 큰 국제 문학대회였다. 사흘 간 서울과 평창에서 분단과 분쟁, 여성과 젠더, 언어와 문화 다양성, 빈곤, 자연과 생태 등에 걸쳐 여러 가지 논제가 다루어졌고, 세계 각지에서 초청된 작가들이 자신의 관점과 목소리로 다양한 이야기를 들려주었다. 문학평론가로 활동하는 나 역시 한국 문인의 일원으로 여기에 참여했으며, 21세기의 문화예술이 세계인의 소통과 화합에 어떻게 이바지할 수 있을지 질문을 던지고 답안을 찾는 모험에 뛰어들었다.

대회 개최 전부터 나는 주최 측으로부터 특별한 부탁을 하나 받았는데, 카자흐스탄에서 온 고려인 작가와 자주 어울리고 대화를 나눠달라는 것이었다. 러시아어 통역이 있었으나 한국어가 다소 서툴러서 러시아

▌카자흐스탄에 거주하는 고려인 작가 알렉산드르 강(자료: 필자 제공).

전공자인 내 도움이 필요했던 것이다. 알렉산드르 강과의 만남은 그렇게 시작되었다.

1960년 평양에서 태어난 그의 아버지는 북한 사람이었으나 어머니는 러시아 국적의 고려인이었다. 어머니 밑에서 자란 그는 러시아식으로 교육받고 대학까지 나왔지만, 자기 존재에 대한 깊은 회의에 빠져 방황하다가 문학을 통해 삶의 의미를 깨닫게 되었다고 털어놨다. 특히 중앙아시아 고려인들이 겪은 역사적 비극, 즉 1937년 강제이주를 문학적으로 형상화하는 데 매진했다는 그의 사연에는 절로 고개가 수그러지는 지점들이 있었다. 아직 채 100년도 지나지 않은, 우리와 같은 말을 쓰고 같은 문화를 공유하는 사람들이 겪은 실제 사실임에도 지금 누가 강제이주에 관해 기억하는가? 한민족의 일원으로서 자신의 문학적 소명은 그 비극을 예술적으로 그려내는 데 있다는 그의 고백은 오랫동안 잊고 지내던 무언가를 떠올리게 하기에 충분했다. 그렇게 우리는 짧은 여정 동안 많은 이야기를 나누고 헤어졌다.

　그러다 8월이 되어 우연히 한겨레문화재단이 주최하는 '바이칼 대장정'이라는 행사에 동행하게 되었다. 블라디보스토크에서 출발하는 시베리아횡단철도를 타고 우수리스크와 하바롭스크를 거쳐 이르쿠츠크 근처의 바이칼호수까지 가는 역사탐방 기행인데, 그 여정의 인문학 강사로 초빙된 것이다. 마침 서울대 아시아연구소의 웹진 ≪다양성+Asia≫에 "1937년, 애도 받지 못한 비극: 고려인 강제이주를 어떻게 기억할 것인가?"라는 칼럼을 송고한 후였다. 여러모로 2018년 한 해의 개인적 사색의 주제를 고려인과 강제이주의 역사로 정했던 터라 흔쾌히 여행길에 오르기로 했다.

　강제이주(deportation)란 19세기 후반 이래 연해주 일대에 널리 흩어져 살던 이주 한인들, 지금 우리가 '고려인'이라고 부르는 동포들이 제2차 세계대전 직전 일본과의 전쟁을 대비하던 스탈린의 명령에 따라 중앙아시아의 여러 지역으로 강제 이동된 사건을 가리킨다. 1937년 가을께 시작된 이주는 약 석 달 동안 18만 명에 이르는 고려인을 카자흐스탄이나 우즈베키스탄으로 옮겨놓았고, 그 과정은 실로 참혹하기 그지없었다. 대개 일주일 안팎으로 이주를 통보받은 그들은 아무런 여장도 꾸리지 못한 채 최소한의 가재도구와 음식물만 소지해 기차에 태워졌고, 그다음부터는 거의 지옥도에 가까운 광경이 펼쳐졌다고 한다. 정차할 때마다 처음에는 생리현상과 굶주림을 해결하기 위해 분주했으나, 도착지에 근접할 무렵에는 땅을 파고 죽은 사람을 매장하기에 바빴을 지경이라고 하니 상상하기도 두려울 정도다. 그렇게 죽을 고생을 다해 중앙아시아에 도착한 고려인들은 다시 그곳에서 삶의 터전을 꾸려나가야 했다. 바로 그것이 1990년대 소련 해체 이후 우리가 고려인이라 불렀던 동포들의 역사다.

요즈음 많은 한국인이 낭만과 휴식을 찾아 탑승하는 시베리아횡단철도는 1937년 당시 고려인들이 강제로 이송된 철도 길을 그대로 따라가고 있다. 블라디보스토크에서 출발해 우수리스크와 하바롭스크, 블라고베셴스크, 모고차, 치타, 이르쿠츠크를 거쳐, 서쪽으로 다시 그만큼을 더 가면 카자흐스탄과 우즈베키스탄에 이르는 것이다. 이번 여정의 강의는 강제이주 당시의 상황과 정치·사회적 역학 등에 관한 것이었다. 동승한 여행객 중에는 이런 사정에 관해 조금이나마 아는 사람들도 있었으나 대다수가 시베리아횡단철도와 강제이주가 역사적으로 얼마나 긴밀하게 연결된 주제인지 모르고 있었다. 당연한 노릇이다. 나 역시 연초에 알렉산드르 강을 만나 구체적인 이야기를 나눠보지 않았더라면 그런 사실이 있었음을 막연하게 아는 정도에 불과했을 것이다. 강연하면서도 새삼 부끄러워지는 것은 어쩔 수 없었다.

블라디보스토크 근교의 신한촌에 들렀던 감상을 전하며 글을 마치려 한다. 알다시피 그곳은 1920년 4월 일본군의 공격으로 조선인들이 대량으로 학살당했던 처참한 사건의 현장이었다. 지금은 러시아인들이 사는 동네의 한쪽 언덕에 마치 병풍을 둘러놓은 듯한 세 개의 기념비를 통해서만 그때의 역사를 알 수 있는 형편이다. 요즘은 찾아오는 사람도 그다지 많지 않고 여행사의 패키지 일정에 간신히 포함되어 한국인들이 들르는 형편이지만 그마저도 생략하는 경우가 많다고 한다. 기념비 우측에 저간의 상황을 설명하는 비문이 세워져 있지만, 쓰라린 마음 탓인지 충분해 보이지 않았다. 비극이 비극으로 남겨져 교훈과 성찰의 계기가 되려면 그 역사적 맥락에 대한 지속적인 환기와 관심이 있어야 할 텐데, 안타깝게도 지금 우리는 전혀 그런 시대를 살고 있지 않다.

한·러 수교가 맺어진 지 벌써 30년 가까이 흘렀다. 소련 시절에 봉인된 기록들이 속속 공개되었으며 여러 학자가 연구한 결과도 널리 알려졌기에 강제이주에 관한 이야기가 아주 낯선 주제는 아니다. 하지만 시간이 흐를수록 그것은 망각의 깊은 골에 파묻히고 있고, 이를 주제로 삼은 이야기는 장르를 불문하고 거의 찾아볼 수 없다. 내가 굳이 이런 이야기를 꺼내는 까닭은 국제인문포럼에서 만난 알렉산드르 강의 눈빛과 어조에서 무언가 심상찮은 문제의식을 접했던 탓이다. '민족의 비극', '실존의 고통'이라는 표현으로는 감당할 수 없는 윤리적 무게감이 거기에 담겨 있음은 누구라도 잘 알 것이다. '중앙아시아 고려인'에 대한 상징적 표식과도 같은 게 바로 강제이주라는 비극적 사건이지만, 우리는 그 이상, 더 이상 아는 바가 없다. 아니, 기억할 의지가 없는지도 모르겠다.

때늦은 민족주의적 감정으로 동포들이 겪은 수난의 과거를 추모하고 애도해야 한다는 주장을 하려는 것은 아니다. 어쩌면 그와 같은 추모와 애도는 이미 수없이 이루어졌을지 모른다. 하지만 지금, 21세기에 그러한 애도가 충분하다고 말하긴 어려워 보인다. 우리는 오히려 그 같은 애도의 거대 서사, 민족적이고 국가적인 차원의 애도야말로 강제이주에 대한 또 다른 폭력적인 처리 방식이 아닌지 자문할 필요가 있다. 애도는 상처의 봉합이 아니라 진정과 치유가 되어야 하며, 그리하여 새 출발을 가능케 하는 위로가 되어야 한다. 감히 말하건대, 지금까지의 애도는 불충분했으며, 거꾸로 강제이주의 상흔을 봉합하는 방식에 가까웠다고 말하는 게 옳으리라. 탈근대를 바라보는 오늘의 시점에서 1937년에 대한 애도는 국가적이고 민족적인 차원의 기억과는 다른 방식이 이루어져야 한다.

흥미롭게도 알렉산드르 강은 강제이주를 한민족의 역사적 시련으로 기념한다면 그것은 '우리' 이상의 공감과 동감을 얻기 어려울 것이라 단언했다. 마치 홀로코스트에서 죽어간 유대인의 희생이 비단 유대인뿐만 아니라 전후 세계인 모두에게 통절한 기억으로 남고 반성의 계기를 만들어 주었듯이, 강제이주라는 비극 또한 고려인뿐만 아니라 러시아인과 한국인, 세계인에게 인간성을 돌아보는 보편적 계기로 전달되어야 한다는 게 그의 믿음이었다. 민족과 국가의 근대적 기억 형식에 속박되지 않는, 다른 방식의 기억과 애도, 그런 노력이 비단 알렉산드르 강 혼자만의 것이 되지 않길 진심으로 바란다.

▮ 2018년 10월 22일 제499호

고려인 독립유공자 제2차 사진 자료전과
김경천 장군 탄생 130주년 기념식

안동진 | 한국외국어대학교 러시아연구소 연구교수

2018년 10월 26일 모스크바상공회의소에서 한국외국어대학교 러시아연구소 토대연구단과 고려인독립유공자후손협회의 두 번째 공동 사진전과 함께 조선 독립운동의 전설적인 영웅 김경천 장군 탄생 130주년 기념식이 열렸다. 이 기념식은 김경천 장군의 일기를 모은 『선택. 김경천 일기』의 출판기념회를 겸하는 자리이기도 했다(국한문 혼용으로 쓰인 일기를 김병학 교수가 러시아어로 번역해 출간했다).

2018년 4월 모스크바 고려인연합회 회의장에서 열렸던 제1회 공동 사진전에서 한국외국어대학교 러시아연구소 토대연구단은 자신들의 연구 방향을 고려인독립유공자후손협회 회원들에게 소개할 기회가 있었다. 그리고 고려인독립유공자후손협회 회원들도 일제 강점기 러시아 한인 관련 러시아 고문서 자료들을 수집하고 정리하며 데이터베이스화한다는 토대연구단 연구 방향의 필요성에 공감을 표하면서 사진과 영상 자료를 공유하겠다는 협력 의사를 적극적으로 표명했다. 그 결과가 2018년

10월 제2차 공동 사진전으로 나타났다. 고려인독립유공자후손협회 발렌틴 최(문재인 대통령이 지난 방러 기간 중 직접 언급한 독립유공자 4인 가운데한 명인 최재형 선생의 친손자) 회장과 러시아연구소 토대연구단은 『사진으로 본 러시아 한인의 항일 독립운동 제3권』을 공동으로 출간하기로 합의했다. 이 책은 조훈, 김단야, 박애, 바실리 박 등 1920~1930년대를 치열하게 살았던 러시아 한인 독립운동가 50명을 조명하는 저작으로, 사진과 함께 핵심 활동을 간결하게 정리할 예정이다.

필자는 두 번의 공동 사진전을 기획하고 참여했다. 이 과정에서 고려인독립유공자후손협회와 토대연구단의 협력 작업을 조율하고 성과를 구체화하기 위해 여러 사람을 만났다. 이때 고려인독립유공자후손협회의 발렌틴 최 회장과 김경천 장군의 외손녀 갈리나 필랸스카야 여사를 알게 되었다. 최 회장과 필랸스카야 여사는 첫 번째 공동 사진전에 적극적으로 참여해 많은 관심을 보여주었으며, 두 번째 공동 사진전을 김경천 장군 탄생 130주년 기념식에 앞서 개최할 수 있도록 도와주었다. 그리고 김경천 장군 130주년 기념식에 공식적으로 초청해 주고 출간된 김경천 장군 일기와 관련 사진을 선물로 주었다.

김경천 장군 탄생 130주년 기념행사는 고려인독립유공자후손협회와 모스크바 주재 한국대사관, 모스크바 한국문화원 주관으로 열렸다. 기념식은 최 회장의 인사말로 시작되었다. 최 회장은 항일독립운동에서의 김경천 장군의 위상과 그 후손의 현주소에 대해 언급하며, 1920~1930년대 연해주와 시베리아를 중심으로 전설적인 위명을 날렸던 김경천 장군의 일대기를 회고했다. 최 회장에 이어 한국대사관의 하용국 영사와 고려인연합회의 모이세이 김, 러시아 정부의 마리나 수슬로바 등이 김경천 장군의 일기 출간과 130주년 기념식을 축하하는 환영사를 했다. 이 행사에서는 러시아과학아카데미 동방학연구소 벨라 박 교수가 '고려인의 민족해방투쟁'에 관해 기조 발제했다. 또한 김경천 장군의 외손녀 필랸스카야 여사가 '김경천. 인생이 업적이다'라는 내용으로 후손이 간직해 온 김경천 장군의 사진들을 공개하고 2012년 12월 6일 KBS 〈역사스페셜〉에서 방영된 '백마 탄 김장군, 김경천! 시베리아의 전설이 되다'의 주요 장면을 보여주면서 김 장군의 일생을 소개했다.

김경천 장군(1888~1942)은 조선의 무관 집안에서 태어났다. 아버지 김정우는 35세에 일본에서 유학하고 돌아와 육군 군기창장을 지냈으며 당시 군부대신 윤웅렬의 부관을 역임하기도 했다. 김경천은 일본에서 유학하고 진로를 결정할 때 고위 무관이던 아버지의 영향으로 일본 육군사관학교를 지원했다(당시 조선인이 일본 육사에 입학하려면 일왕의 허가가 있어야 했다). 그리고 가장 우수한 성적으로 졸업했다. 당시 상황으로 보건대 김경천의 앞날이 훤히 열린 것은 말할 필요가 없었다. 그러나 김경천은 꽃길을 단호히 거부했다. 조선이 망했기 때문이다. 일본 육사를 졸업하고 조선으로 돌아온 김경천은 일본의 역량을 더 정확하게 파악하기 위해 기병 장교로 근무하면서, 동시에 방탕한 생활을 하는 척했다고 한다. 그래야 일본의 감시에서 벗어나 만주로 탈주하기가 용이했기 때문이다. 그는 1919년 3·1운동을 기점으로 만주로 향했다. 이후 만주와 연해주 지역에서 혁혁한 무공을 세웠다. 당시 김경천 장군의 활약상은 나혜석의 오빠이자 ≪동아일보≫ 객원기자로 활동한 나경석이 쓴 1922년 1월 ≪동아일보≫ 기사에 잘 드러나 있다. "의용군을 조직해 당시 만주를 휩쓸던 마적을 토벌한, 만주에 가면 누구나 아는 이름 경천 김 장군"이라고 나경석은 쓰고 있다. 이후 김경천은 수청의병대 사령관, 고려혁명군 동부사령관, 1923년 상해 국민대표회의 군사 담당 위원 등을 역임했다.

그러나 김경천의 활동은 1930년대 후반 갑자기 중단되었다. 1936년 소련 당국에 의해 체포되어 9월 국경수비대 군법회의에서 3년 금고형을 받았던 것이다. 그 이후 1937년 연해주 한인 이주정책에 따라 중앙아시아로 옮겨가 복역을 마친 다음 1939년 2월에 풀려나 카자흐스탄 카라칸다로 갔다. 그러나 4월에 다시 체포되어 국가반역죄로 8년 형을 선고 받고 코틀라스에 있는 강제노동수용소에 이감되었다. 그곳에서 1942년 1월 사망했는데, 사인은 중노동과 영양 결핍이었다. 김경천의 시신은 무덤도 없이 수용소 근처에 구덩이를 파고 다른 사망자들과 함께 묻혔다고 전해진다.

김경천 장군 130주년 기념행사를 지켜보면서 느낀 바를 몇 가지 술회하자면, 무엇보다도 먼저 그의 삶에 존경심이 들었다. 『선택』이라는 책

제목에서도 드러나듯이, 김경천 장군은 '나의 인생은 왜 이다지도 굴곡이 많은가'라고 자조 섞인 고백을 하면서도, 일본군 장교로서 식민지 조선에서 부와 영화를 누릴 수 있는 친일의 길을 버리고 외롭고 고통스러운 항일의 길을 선택했다. 그 선택은 현재를 살아가는 우리에게 경외감을 불러일으키기에 충분했다. 그리고 그의 아내 유정화 여사는 낯설고 엄혹한 소련 땅에서 홀로 자녀들을 지켜내고 키우면서 아버지를 잊지 않고 독립운동가의 후손으로서 자긍심을 간직할 수 있도록 했는데, 이 또한 존경을 받기에 충분했다.

둘째는 안타까움이다. 한국 정부는 1998년에야 김경천 장군의 공로를 인정했다. 연해주 한인들에게 신생 소련 정부는 일본 제국주의를 막아줄 방어막 중 하나였다. 하지만 소련 정부가 안정되면서 소련 정부는 연해주 한인들을 언제든 일본과 연계될 수 있는 불안 요소로 간주하기 시작했을 것이다. 그렇게 김경천과 한인 독립운동가 대다수는 소련 정부에 의해 억울한 누명이 씌워지고 역사 속에서 지워진 존재가 되었다. 그런데 러시아와 구소련 지역에서 조선의 독립을 위해 활동했던 인물들은, 냉전 체제에서 한국 정부에 의해서도 제대로 조명받지 못하고 잊힌 존재였다. 김경천은 러시아와 한국에서 언급되어서는 안 되는 존재가 되어버린 것이다. 조국 해방을 위해 노력한 흔적들이 지워지고 잊히는 역사 현실이 안타깝다. 그렇지만 김경천의 경우는 그나마도 낫다. 후손의 적극적인 노력으로 이제라도 그의 '선택'이 빛을 보았기 때문이다. 얼마나 많은 인물이 이름 없이 역사에서 사라져 시베리아의 동토에 얼어붙어 있을까.

셋째는 기록의 필요성과 기록자로서의 의무감이다. 김경천의 친필일기 『경천아일록』(소련에서 정치탄압으로 체포될 당시 비밀경찰에 의해 압수되었다가 복권된 후 후손이 돌려받았다)은 1919~1925년까지 기록한 수기로, 만주와 시베리아, 연해주의 조선 독립운동에 관한 전투일지이자 동료와 부하 등에 대한 애정과 헌신이 남긴 생생한 증언이다. 우리는 이 기록이 존재한 덕분에 대한독립운동사의 여정과 한 독립운동가의 인간애를 살펴볼 수 있다.

그런 의미에서 김경천 탄생 130주년 기념행사는 또 다른 기록이다. 기념식에 참석한 사람들의 면모가 선하다. 비록 30여 명이 참석한 조촐한 행사였으나 세대가 혼융되어 과거의 역사를 현재의 기록으로 이어가는 현장이었다. 그 기록이 더 객관적이고 공고해질 수 있도록 모두의 노력이 필요한 시점이다.

❚ 2018년 11월 19일 제503호

≪러시아·유라시아 포커스≫ 지령 500호를 맞이하며

강덕수 | 한국외국어대학교 부총장·러시아연구소 소장

한국외국어대학교 러시아연구소가 발행하는 주간 온라인 칼럼 ≪러시아·유라시아 포커스≫가 지령 500호를 맞이했다. 2009년 4월 6일 제성훈 교수의 칼럼 "북한의 위성 발사와 러시아"를 제1호로 출발한 ≪러시아·유라시아 포커스≫는 최진석 평론가의 칼럼 "다시, 비극을 어떻게 애도해야 좋을까"로 499호에 이르렀다. 9년 7개월의 시간이 흘렀다. 10년 가까운 세월을 단 한 번의 지연이나 결호 없이 발행하는 일은 결코 쉬운 일이 아니다. 그걸 해낸 것만으로도 ≪러시아·유라시아 포커스≫ 500호는 자부심을 가질 만하다. 500호를 위해 열과 성을 다해온 러시아연구소 교수들의 노고에 감사하지 않을 수 없다. 특히 김선래 교수와 라승도 교수는 집필진 섭외와 편집, 윤문을 도맡아 헌신했다. 두 교수는 러시아 현지 방문 중에도 임무를 스스로 챙겼다. 2018년 8월 초 러시아연구소는 콜리마대로 학술탐사단을 조직해 야쿠츠크에서 마가단까지 육로로 북동 시베리아를 횡단했다. 이것은 '러시아연방 인문공간의 한국

▌ 한국외국어대학교 러시아연구소 HK 연구진은 2018년 7월 말 8월 초 야쿠츠크에서 마가단까지 러시아 북동
시베리아 콜리마대로 학술탐사를 수행했다. 사진은 콜리마강에서의 기념 촬영 모습(자료: 한국외대 러시아
연구소).

적 재해석'이라는 러시아연구소의 HK(인문한국) 10년 프로젝트를 마감
하기 위한 원정이었다. 큰 강과 험준한 산을 넘어야 하는 이 탐사는 한여
름에도 쉽지 않은 여정이었다. 산간벽지에서는 통신도 원활하지 않았
다. 그런 조건에서도 ≪러시아·유라시아 포커스≫ 편집진이 월요일 아
침 발행되는 칼럼 일정을 지키기 위해 노심초사하는 것은 옆에서 지켜보
는 것만으로도 감동적이었다. 이제 러시아연구소는 러시아를 연구하는
모든 연구자에게 "월요일 아침은 ≪러시아·유라시아 포커스≫ 칼럼이
열어드립니다"라고 자신 있게 말할 수 있게 되었다.

지령 500호를 맞으면서 ≪러시아·유라시아 포커스≫ 칼럼은 러시아
의 현대사를 기록하는 자료가 되었다. 정치, 경제, 외교, 안보, 역사, 사
회, 문화, 예술, 스포츠 등 모든 분야에서 현안을 중심으로 러시아와 관
련된 수준 높은 의견을 제시했다. 러시아 대통령 선거를 전후해서는 러

시아 정치의 향방을 예측하고 분석했다. 러시아 대통령 선거가 끝나자 마자 푸틴 4기가 출범하기도 전에 칼럼은 러시아 정치의 방향을 예측했 다. 2018 러시아 월드컵 대회 중에는 이와 관련된 생생한 소식을 분석과 함께 실었다. 블라디보스토크에서 동방경제포럼이 열렸을 때는 동방경 제포럼을 생중계하듯 분위기를 전하고, 사후엔 포럼의 정치적·경제적 의미를 분석했다.

지금까지 칼럼을 써준 분은 모두 200여 명에 이른다. 지령 500호에 이 르기까지 기고자가 200여 명이라는 것은 러시아연구소의 인적 네트워 크가 그만큼 열려 있음을 보여준다. 이는 ≪러시아·유라시아 포커스≫ 칼럼이 10여 년간 결호 없이 버텨온 힘이다. 이러한 네트워크는 러시아 연구소가 콜로키움, 국내외 학술회의, 인문포럼, 러시아어 토론대회, 국 내외 학술지 발간 등 다양한 프로그램을 차질 없이 수행하는 데 탄탄한 받침이 되었다.

≪러시아·유라시아 포커스≫ 칼럼을 구독하는 회원 수는 3000명을 넘는다. 이는 학술 분야에서 결코 작은 수가 아니다. 이 숫자에는 전문 학자뿐만 아니라 정치인, 관료, 기업인, 언론인, 대학원 석박사 과정생, 러시아 유학생들이 포함된다. 이 숫자는 러시아연구소가 사회적으로 얼 마나 영향력 있는 조직이 되었는지를 나타내는 지표다. 그리고 러시아 연구소가 ≪러시아·유라시아 포커스≫ 칼럼을 통해 우리 사회와 얼마나 활발하게 소통하고 있는지를 보여주는 증거이기도 하다. 이것이 바로 러시아연구소가 비바람을 맞더라도 ≪러시아·유라시아 포커스≫ 칼럼 을 멈출 수 없는 이유다. 이와 동시에 러시아연구소가 대한민국에 왜 꼭 필요한 연구소인지를 보여주는 근거다.

≪러시아·유라시아 포커스≫ 칼럼이 빛나는 또 다른 이유는 전공 분

야의 다양성이다. 정치에서 예술, 문화, 스포츠에 이르기까지 칼럼의 범위가 어느 한 분야에 치우치지 않는다. 이는 러시아연구소의 연구 스펙트럼이 그만큼 넓다는 것을 보여주는 증거다. 이러한 진공의 다양성 덕분에 지금까지 러시아연구소는 85개 연방 주체를 섭렵하면서 다양한 정보를 축적했다. 지역적으로는 모스크바 중앙 정부로부터 마가단 지방정부에 이르기까지 모든 지역을 포괄한다. 분야별로는 정치, 경제, 문화, 예술 등 모든 분야를 망라한다. 민족적으로는 북극 지역에서 남부 시베리아와 캅카스 지역에 산재한 모든 소수민족에 관심을 기울여 왔다.

≪러시아·유라시아 포커스≫ 칼럼이 자랑스러운 점은 단순히 지령 500호를 맞이했다는 데 있지 않다. 대한민국에서 러시아로 가기 위해서는 바로 한국외국어대학교 러시아 연구소를 통해야 한다는 것을 입증했다는 데 있다. 이제 지령 500호를 맞이하며 러시아연구소가 당면한 도전은 ≪러시아·유라시아 포커스≫ 칼럼을 세계가 인정하는 칼럼이 되도록 하는 것이다. 그리고 더 많은 필진을 ≪러시아·유라시아 포커스≫에 초빙해 칼럼의 방향을 다양화하고 내용을 깊이 있게 만드는 것이다. 이와 함께 더 많은 독자를 확보해 명실공히 러시아에 관한 최고 네트워크를 구축해 국가가 필요로 하는 정보와 아이디어를 더 많은 사람과 공유하는 것이다.

▌2018년 10월 29일 제500호

부록

블라디미르 푸틴 대통령은 누구인가?

손정주 | 한국외대 러시아연구소 조교

1. 푸틴은 어떤 인물인가

미국의 경제신문 ≪포브스≫에서 2013~2014년 2년 연속 세계에서 가장 영향력 있는 인물 1위로 선정된 2019년 현 러시아연방 대통령이자 본명 블라디미르 블라디미로비치 푸틴에 대해 소개하고자 한다. 그는 2018년 러시아 대통령 선거에서 76%의 득표율로 러시아연방 7대 대통령으로 당선되었다. 그는 대통령 중임으로 8년, 실세 총리 4년, 현 6년 임기 대통령에 이어 이번에 6년 임기의 대통령 재집권에 성공해 무려 24년 동안 장기 집권을 하게 되었다.

블라디미르 푸틴은 1952년 10월 7일에 레닌그라드(현재 상트페테르부르크)에서 태어났으며, 1975년에 상트페테르부르크대학교 국제법학과를 졸업했다. 그는 어릴 적 〈창과 방패〉라는 영화를 본 뒤 수천만 명의

▎블라디미르 푸틴(자료: http://www.kremlin.ru/).

군대가 하지 못하는 임무를 첩보원 단 한 명이 완수하면서 국가의 운명을 결정하는 것에 감명을 받아 첩보원이 되기로 다짐했다. 그리하여 졸업한 그 해에 그는 현 러시아 연방보안국(FSB)의 전신이자 옛 소련 시절 자국민을 감시·통제하고 대외 첩보 활동을 벌이던 비밀경찰 및 첩보조직인 국가보안위원회(KGB)에서 근무를 시작했다. 그는 KGB 해외공작 부서 해외정보원으로 독일 드레스덴 지부에 파견되어 러시아 반체제 망명 인사를 감시하고 NATO에 관한 정보 등 러시아에 필요한 각종 정보를 수집하는 활동을 했다. 그는 뛰어난 협상력을 발휘해 '노련한 추기경'이라는 별명이 붙기도 했다. 그는 베를린장벽이 무너지고 동독이 서독으로 흡수되는 역사적 사건을 경험한 뒤 귀국했다. 귀국한 후 그는 16년간 근무했던 국가보안위원회를 떠나 당시 민주개혁운동가 중 한 명인 상트페테르부르크 시의회 의장 아나톨리 솝차크를 만나 1990년에서 1996년

국가보안위원회 요원 시절(자료: http://
www.kremlin.ru/).

러시아 연방보안국 국장 시절(1998)
(자료: http://www.fsb.ru/fsb/history
/leaders/).

까지 그의 특별보좌관과 상트페테르부르크 제1부시장을 역임했다. 상
트페테르부르크 부시장으로 재임하던 시기에 국외자본 유치, 부패 척결
등 뛰어난 업무능력을 보여 보리스 옐친 정부로부터 신임을 얻었고,
1997년에 대통령 행정실 부차장, 그리고 1998년에는 연방보안국 국장을

▌ 2018년 5월 7일 블라디미르 푸틴 러시아 대통령 취임식(자료: http://www.kremlin.ru/).

역임했다.

그는 1999년 8월 국무총리로 지명되어 다시 주목을 받았다. 정치적으로 공세에 몰린 옐친 대통령이 자기의 후계자로 푸틴을 지명하고, 그 해 12월 31일 옐친 대통령이 사임하자 푸틴은 총리로서 권한대행으로 대통령직을 수행했다. 그는 2000년 3월 26일 대선에 출마해 러시아의 3대 대통령으로 당선되었고, 2004년 3월 14일 대선에서 70%의 득표율을 얻어 재선에 성공해 4대 대통령이 되었다. 2008년 당시 러시아 헌법상 3선 연임할 수 없어 그는 자신의 후계자로 드미트리 메드베데프를 지명하고, 드미트리 메드베데프가 5대 대통령으로 당선되자 푸틴은 총리로 지명을 받아 총리직을 수행했다. 2009년 대통령 임기를 4년에서 6년으로 연장하는 헌법 개정안이 통과되었고, 2012년 3월 4일 대통령 선거에서 푸틴은 다시 출마해 63.6%의 득표율로 당선되어 6대 대통령이 되었다. 그는 2018년 3월 18일 또다시 대통령선거에서 76.7% 득표율을 얻어 연임에 성공해 7대 대통령이 되었으며, 2024년까지 대통령직을 수행할 예정이다.

2. 블라디미르 푸틴의 강인한 모습

스트롱맨, 만능스포츠맨

블라디미르 푸틴 대통령은 대중매체에 자신의 근육질 몸매를 과시하고, 직접 헬기를 몰며 산불을 진화하거나 잠수함을 타고 깊은 바다를 탐사하는 등 여러 가지 다양한 활동을 보여주었다. 이처럼 강인하고 카리스마 있는 모습과 활동으로 그는 사람들에게 '스트롱맨'이라고 불린다. 또한 유도, 스키, 아이스하키, 승마, 낚시와 야영, 사격 등 다양한 스포츠를 즐겨 '만능스포츠맨'이라고도 불린다. 스포츠에 대한 그의 사랑은 세계적으로 유명하다. 유도와 삼보를 좋아하는 그는 어릴 적부터 유도를 시작해 자신의 고향인 상트페테르부르크 유도대회에서 챔피언이 되기도 했다. 현재 그는 국제유도연맹(IJF) 공인 8단이며, 명예회장까지 맡고 있다. 2010년에는 한국의 용인대학원에서 유도학 명예박사학위를 받기도 했으며, 유도 교본 저서를 공동 집필 및 출간하기도 했다. 그는 환갑을 넘긴 나이에도 불구하고 유도에 대한 사랑을 버리지 않고 틈나는 대로 연습과 대련을 실시해 일본에 방문했을 당시 일본 선수들과 시범경기를 치르기도 했다. 또한 임기 동안에도 각종 국제유도대회에 초청을 받아 참석해 경기를 관람한 바 있다.

블라디미르 푸틴은 아이스하키를 즐기며, 아이스하키에 대한 애정이 많다. 그는 2012년 처음으로 아이스하키 링크에 모습을 드러낸 이후 여

▌ 2018년 8월 러시아 티바에서 휴가를 보내는 푸틴 대통령(자료: http://www.kremlin.ru/).

▌ 2018년 바쿠에서 개최된 세계유도선수권 대회에 참석한 푸틴 대통령(자료: http://www.kremlin.ru/)

▌ 2018년 연례 송년행사인 아이스하키 경기에 참여한 푸틴 대통령(자료: http://www.kremlin.ru/).

러 친선 경기에 출전하고 있다. 또한 매년 크렘린 궁 앞 붉은 광장에서 열리는 연례 송년행사인 아이스하키 경기에 직접 선수로 참여한다. 자신의 63번째 생일을 아이스하키 경기를 하면서 보내기도 했다. 스포츠에 대한 국민의 관심을 높이고 아이스하키를 대중화하기 위한 그의 제안으로 야간 아마추어 리그가 2011년부터 시작되었다. 몇몇 전문가의 분석에 따르면 그가 다양한 스포츠 활동에 참여하는 데에는 그가 환갑을 넘긴 나이임에도 건강한 지도자임을 국민에게 알리고자 하는 목적이 있다고 한다.

지각대장

블라디미르 푸틴은 각국 정상회담에서 예정된 회담 시간보다 자주 늦게 도착해 국제 외교 무대에서 '지각 대장'이라는 별명을 가지고 있다. 그는 2018년 7월 트럼프 미국 대통령과의 정상회담에도 회담 장소인 핀란드 대통령궁에 예정 시간보다 35분 늦게 도착했다. 푸틴이 자주 지각한다는 사실을 알고 있는 트럼프 대통령도 당시 회담 장소에 일부러 늦게 도착해 이날 회남은 예정 시간보다 70분이나 늦게 시작되었다. 미국 대통령과의 회담 외에 메르켈 독일 총리는 4시간 15분, 아베 신조 일본 총리는 3시간, 2018년 6월 문재인 대통령은 52분을 기다렸다. 그의 이러한 상습적인 지각행위는 KGB 첩보원 시절 교육을 받은 심리적 전술이며, 상대방과의 협상에서 우위를 점하기 위한 의도적인 행위라고 보는 시각이 있다. 하지만 그의 전처 류드밀라의 자서전에는 데이트할 때부터 매번 1시간 이상 지각했다고 쓰여 있어 사람들은 그의 지각행위가 단순히 개인적인 습관이라고 반론하기도 한다. 하지만 지난 아세안 정상회의에서 가진 한국과 러시아 간 정상회담에서는 블라디미르 푸틴이 회담 예정 시간보다 5분 일찍 나와 문재인 대통령을 기다리는 해프닝이 벌어지기도 했다.

3. 블라디미르 푸틴의 부드러운 모습

블라디미르 푸틴 대통령은 강인한 모습뿐만 아니라 러시아 국민들의 마음을 감동시키는 따뜻한 모습도 가지고 있다. 브랸스크주의 한 여학생이 어머니의 오랜 소원을 위해 푸틴에게 편지를 보내자 푸틴은 그녀에게 레브라도 강아지를 선물했다. 높은 곳에서 한눈에 상트페테르부르크시를 바라보고 싶다는 꿈을 지닌 레닌그라드주의 어느 중증 아이를 위해서는 그 아이의 가족을 헬리콥터에 태워 꿈을 이루어주었다. 푸틴 대통령은 아픈 아이와 자원봉사자들에게 많은 관심을 가지고 그들과 함께 교제하고 있다. 2018년에는 러시아 전역의 자원봉사 단체 대표들이 모이

■ 도브로볼레츠 포럼에 참가한 푸틴 대통령(자료: https://www.nsk.kp.ru/daily/26917.4/3963060/).

는 도브로볼레츠 포럼에 자원봉사자로 참가했으며, '올해의 자원봉사자상'을 시상하기도 했다.

블라디미르 푸틴 대통령은 사람들에게뿐만 아니라 동물들에 대한 애정도 각별하다. 말에게 뽀뽀하고, 바다코끼리와 악수하고, 돌고래에게 먹이를 주고 새끼사슴에게 우유를 먹인다. 또한 그는 치타, 호랑이 등 멸종위기에 처한 야생동물 보호에도 관심이 많다. 그는 2012년 러시아 야생동물 보호 전문가들이 구조한 새끼 호랑이 다섯 마리 중 세 마리를 사냥 훈련을 시킨 뒤 방사한 적이 있다. 그는 직접 마취 총을 쏘아 호랑이를 쓰러뜨리기도 했다. 또한 페르시아 표범번식·복원센터에 방문해 화난 표범을 진정시키고 표범과의 스킨십을 보여주기도 했다. 그는 강아지부터 바다코끼리, 심지어 호랑이까지 다양한 동물을 도우면서 동물들에 대한 관심과 애정을 꾸준히 보여주고 있다. 이러한 모습에 사람들은

▌ 직접 마취총을 쏘고 호랑이 목에 위성추적기를 달아주는 푸틴 대통령(자료: https://kris potupchik.livejournal.com/ 565352.html)

▌ 새끼 사슴에게 우유를 먹이는 푸틴 대통령(자료: https://krispotupchik.live journal.com/565352.html).

그를 '동물애호가'라고 부르기도 한다.

애견인

블라디미르 푸틴은 강인한 이미지로 잘 알려져 있지만 개에 대한 애정

■ 유메, 베르니와 푸틴 대통령(자료: Womanadvice.ru).

또한 각별해 다정다감한 '애견인'이라고 알려져 있다. 그는 어릴 적부터 반려견이 있었으며, 현재는 셰퍼드 버피, 아키타현 토종견 유메, 투르크메니스탄의 국가 유산으로 등록된 양치기 개 알라바이 베르니까지 총 세 마리의 반려견을 두고 있다. 베르니는 그의 65번째 생일을 맞이해 투르크메니스탄 대통령으로부터 선물 받은 반려견인데, 베르니는 러시아어로 '충실한'이라는 의미를 지닌다. 다양한 매체에서 그는 반려견에게 따뜻한 행동을 보이며 애견인다운 모습을 보인다. 그의 반려견들은 여러 정상회담장에 나타났으며, 매체들에 의해 세계적인 유명견이 되었다. 얼마 전에 죽은, 그가 가장 사랑했던 반려견인 검은 래브라도레트리버 코니에 관해서는 유명한 일화가 있는데, 2007년 러시아와 독일 간 정상회담장에 코니가 나타난 것이다. 이를 두고 개 공포증이 있는 메르켈 독일 총리에게 정치적 무기로 이용했다는 논란이 일기도 했다.

꽃을 든 푸틴

3월 8일 '세계 여성의 날'에 러시아에서는 모든 여성에게 꽃을 건네며 축하한다. 러시아혁명 당시 러시아 여성들의 운동과 독소전쟁 당시 여

▎2007년 러시아와 독일 간 정상회담장에 나타난 코니(자료: https://www.resetera.com/threads/trump-putin-is-very-insulted-by-accusations-of-election-meddling.5455/page-2).

성들의 후방 지원은 러시아 역사에 중요한 공헌을 했고, 여성들의 평등권을 신장하는 계기가 되었다. 여성의 날은 러시아 여성들의 공헌을 기념하는 날로, 러시아에서 아주 유명한 축제가 되었다. 이러한 자국의 문화 속에 자라온 블라디미르 푸틴 대통령은 각국 정상회담에서 각국 정상의 아내에게 선물과 꽃을 주며 회담장에서 훈훈한 분위기를 만들곤 한다. 2018년 5월 러시아와 프랑스 간 정상회담에서 프랑스 대통령 마크롱의 아내인 브리짓에게 꽃다발을 건네며 부드러운 모습을 보여주었다. 2018년 러시아와 독일 간 정상회담에서는 메르켈 독일 총리에게 꽃다발을 선사했는데, 이를 두고 독일 언론에서는 푸틴이 메르켈 총리를 한 국가의 정상으로서가 아닌 여성으로서의 여성성을 강조한 것이라고 비판하기도 했다. 물론 러시아 측은 이에 대해 반박하며 단순히 전통에 따른

▌2018년 러시아와 프랑스 간 정상회담에서 마크롱 부부에게 꽃다발을 건네는 푸틴 대통령(자료: https://rueconomics.ru/)

▌2018년 러시아와 독일 간 정상회담에서 푸틴 대통령으로부터 꽃다발을 받는 메르켈 독일 총리(자료: http://www.kremlin.ru/.

선물이라고 반론했다. 이처럼 국제 외교 무대에서 블라디미르 푸틴 대통령은 강인한 모습뿐만 아니라 부드러운 모습도 보여주고 있다.

4. 정치적 인물로서의 푸틴: '21세기 차르'

2018년 3월 18일 대통령 선거에서 블라디미르 푸틴의 연임으로 푸틴 4기 정부가 출범했고, 그는 2000년부터 2008년, 2012년부터 2024년까지 총 24년간(총리 시절 포함) 장기 집권을 하고 있다. 현대 러시아에서 스탈린 이후 역대 두 번째로 장기집권을 하는 그가 러시아에서 이토록 지지를 받는 이유와 현재 러시아 전역에서 반정부 시위가 일어나는 상황 속에서 그를 반대하는 이유는 무엇인지 살펴보겠다.

그가 정치인으로서 대중에게 본격적인 관심을 받기 시작한 것은 1999년 8월 러시아 국무총리로 지명된 이후부터다. 옐친 대통령이 사임한 후 그가 대통령 권한을 대행했을 당시 러시아는 정치적 혼란과 경제 침체 등 시급한 국가적 과제를 대거 안고 있었다. 그의 목표는 소련이 붕괴한 후 추락한 러시아의 위상을 되찾고 강한 러시아를 만드는 것이었다. 그는 1999년 총리에 취임한 후 체첸사태의 문제를 해결하고 국제테러조직에 강력하게 대응함으로써 국민의 지지를 얻기 시작했다. 푸틴이 집권한 후에는 국제 유가가 상승하면서 석유와 천연가스가 풍부한 러시아는 경제가 급속도로 성장하기 시작했다. 또한 러시아 국민의 삶의 수준이 변화하기 시작했다. 그는 연방 공안국 전문가 출신으로서 철저한 사전 정보 수집과 강력한 리더십을 발휘해 혼란한 국내 정치 문제를 해결하려고 노력했으며, 국내 정치 문제의 주요 원인인 재벌, 범죄, 세금 횡령, 부패 등을 해결해 국내적으로 정치 안정을 도모했다. 그리고 그는 우크라

■ 2017년 6월 22일 제2차 세계대전 참전용사 추모식에서 헌화하는 푸틴 대통령(자료: http://www.kremlin. ru/).

이나 사태, 크림반도 합병 등을 통해 볼 수 있듯이 자국의 이익을 최우선시했다. 그는 대외적으로 서방국가들과 대치해 서방국가에 대한 강경노선을 택했다. 그는 러시아를 강력한 국가로 만들어 일방적인 미국 중심의 단극 체제를 벗어나 중국, 러시아 등의 다극 체제로 국제질서를 새롭게 재편하고자 한다.

푸틴은 애국심으로도 유명한데, 이에 대한 유명한 일화가 있다. 제2차 세계대전 참전용사 추모식 도중 갑자기 폭우가 쏟아졌는데, 그는 아랑곳하지 않고 의연하게 헌화를 하며 추모와 애도의 시간을 가졌다. 한 기자가 추모식이 끝난 후 그에게 "왜 폭우 속에서도 추모했느냐?"라고 묻자 그는 "전쟁 당시 전투에 나섰던 군인들은 비를 맞으며 전투를 했다. 우리는 설탕이 아니다. 비를 맞는다고 녹지 않는다"라고 답변했고, 그의 답변은 국민들을 감동시켰다.

블라디미르 푸틴 대통령이 장기집권을 하자 일부 야당 인사 및 시민 단체는 그에 대한 비판과 비난의 목소리를 높이고 있으며, 러시아 곳곳에서 정권 퇴진을 요구하는 반정부시위가 일어나고 있다. 2011년 러시아 의회 선거에서 당시 정권이 부정선거에 개입했다는 논란이 일자 반정부시위가 일어났으며, 2014년에는 러시아의 우크라이나 군사 개입을 반대하는 반전시위도 일어났다. 그는 정부에 대한 비판적인 언론을 통제하고 자신의 정적과 시위대를 강경하게 탄압했다. 그를 비판했던 여러 언론인의 죽음 및 그의 정적인 보리스 넴초프의 죽음이 푸틴 대통령과 연루되어 있다는 의혹이 일어나자 시위는 더욱 격화되었다. 최근 현직 러시아 총리인 드미트리 메드베데프와 고위 관료들의 부정부패에 대한 의혹에서부터 시작된 국민들의 반감은 반정부시위를 이끄는 유력 야권 인사 알렉세이 나발니의 체포와 대선 출마 좌절로 인해 폭발했고, 러시아 전역 110여 개 도시에서 반정부 시위가 일어났다. 이에 러시아 정부는 1600여 명의 시민을 불법 시위 혐의로 연행하는 등 무력으로 진압했다.

푸틴 대통령은 2018년 대통령선거에서 4선에 성공해 2024년까지 집권할 예정이다. 현재 서방의 러시아 경제제재와 국내의 혼란한 정치 상황 속에서 앞으로 그가 자국민에게 영웅으로 자리매김 할지 독재자로 자리매김 할지 주목된다.

참고자료

〈EBS 시사다큐멘터리 특별기획 러시아〉. 2004. 제1부 '푸틴, KGB에서 크렘린까지'. 2004년 9월 15일.

〈KBS 파노라마〉. 2014. '21세기 짜르의 탄생, 푸틴'. 2014년 11월 21일.

news1. 2017. "푸틴의 반려견 사랑… 65번째 생일선물도 '강아지'". 2017.10.12. http://news1.kr/articles/?3121382

pmg 지식엔진연구소 시사상식사전. 2018. 블라디미르 푸틴.

기가진. 2017. "푸틴의 명언, 폭우 속 흠뻑 젖은 푸틴에게 왜 우산을 쓰지 않았는지 문자 대답은". 2017.10.31. https://gigazine.kr/bbs/board.php?bo_table=mankind&wr_id=16

노컷뉴스. 2014. "푸틴 이번엔 페르시아 표범 길들이기 나서". 2014.2.5. https://www.nocutnews.co.kr/news/1179666

≪매일경제≫. 2015. "곰 흔적도 없이 잡아먹은 '푸틴 호랑이'". 2015.7.16. http://news.mk.co.kr/newsRead.php?year=2015&no=681633

업다운 뉴스. 2018. "푸틴 출구조사 압승, 24년 집권 '21세기 차르' 등극…'스트롱맨' 삼국지에 신냉전 우려". 2018.3.19. https://m.post.naver.com/viewer/postView.nhn?volumeNo=13984700&memberNo=36765180&vType=VERTICAL

연합뉴스TV. 2018. "아이스하키 선수로 변신한 푸틴… 건강미 과시". 2018.12.31. http://www.yonhapnewstv.co.kr/MYH20181231006300038/

≪조선일보≫. 2008. "호랑이 잡은 푸틴". 2008.9.2. http://news.chosun.com/site/data/html_dir/2008/09/01/2008090101767.html

≪조선일보≫. 2018. "'지각대장' 푸틴… 고도의 심리전?". 2018.7.18 . http://news.chosun.com/site/data/html_dir/2018/07/18/2018071800179.html

≪중앙일보≫. 2012. "블라디미르 푸틴 러시아 대통령, 유도 8단이 되다". 2012.10.11. https://news.joins.com/article/9557227

≪한겨레≫. 2018. "메르켈에 선물한 '푸틴 꽃다발' 논란… 독일 언론 "예의 아닌 모독"". 2018.5.21. http://www.hani.co.kr/arti/international/europe/845649.html

В Кремле объяснили, почему Путин подарил Меркель цветы, НТВ, https://www.ntv.ru/novosti/2020724/

Дмитрий Смирнов, Путин пообещал исполнить мечты пяти тяжело больн ых детей, комсомольская правда, https://www.nsk.kp.ru/daily/26917.4/ 3963060/

Екатерина Пархоменко, Путин подарил цветы Брижит Макрон и провел для пары экскурсию, ФБА «Экономика сегодня», https://rueconomics.ru/328164-putin-podaril-cvety-brizhit-makron-i-provel-dlya-pary-ekskursiyu

Константин Тигров, Путин подарил щенка лабрадора семье школьницы из Б

рянской области, Телекнал «Звезда», https://tvzvezda.ru/news/
vstrane_i_mire/content/201712181535-de63.htm

Полет тяжелобольного мальчика на вертолете Путина: видео, НТВ, https://
www.ntv.ru/novosti/2123161/

Почему Путин стал часто общаться с больными детьми и волонтерами,
online812, http://www.online812.ru/2018/12/21/011/

편저자

강덕수
미국 위스콘신대학교 매디슨캠퍼스에서 언어학 박사학위를 취득했다. 한국슬라브학회장, 음운론학회장을 역임하고, 한국외국어대학교 부총장·노어과 교수·러시아연구소 소장으로 근무했으며, 한국사하친선협회 회장을 맡고 있다. 주요 저서로는『러시아어 문장의 이해』,『야쿠티아: 맘모스와 다이아몬드와 착한 사람들의 나라』,『야쿠트어』,『에벤어의 형태와 구조』등이 있다.

김선래
러시아 세계경제·국제관계연구원(IMEMO)에서 정치학 박사학위를 취득했고, 한국외국어대학교 러시아연구소 HK연구교수로 재직 중이다. 주요 저서로는『유라시아시대 러시아의 국가경쟁력』,『중국과 러시아의 현재』,『푸틴의 러시아』등이 있다.

최우익
러시아 모스크바국립대학교에서 사회학 박사학위를 취득했고, 한국외국어대학교 러시아연구소 HK교수로 재직 중이다. 주요 저서로는『러시아의 심장부: 중앙연방관구』,『북극의 별 네네츠: 툰드라와 순록, 그리고 석유의 땅』,『북방의 등대: 러시아 북서연방관구』등이 있다.

한울아카데미 2153

2019 러시아는 어디로 가는가?

ⓒ 강덕수·김선래·최우익, 2019

편저자 | 강덕수·김선래·최우익
펴낸이 | 김종수
펴낸곳 | 한울엠플러스(주)
편집 | 신순남

초판 1쇄 인쇄 | 2019년 3월 29일
초판 1쇄 발행 | 2019년 4월 5일

주소 | 10881 경기도 파주시 광인사길 153 한울시소빌딩 3층
전화 | 031-955-0655
팩스 | 031-955-0656
홈페이지 | www.hanulmplus.kr
등록번호 | 제406-2015-000143호

Printed in Korea.
ISBN 978-89-460-7153-7 93300

※ 책값은 겉표지에 표시되어 있습니다.